Anna Krylova

•

Soviet Women in Combat

A History of Violence on the Eastern Front

Cambridge University Press

Cambridge, UK / New York

2010

Анна Крылова

•

Женщина, социализм и война

Academic Studies Press

Библиороссика

Бостон / Санкт-Петербург

2025

УДК 94(470)"1941/1945"
ББК 63.3(2)622
К85

Перевод с английского Андрея Степанова

Серийное оформление Ивана Граве

Оформление обложки Ивана Граве и Татьяны Кузнецовой

Текст книги переработан и дополнен автором специально для российского издания

Крылова, Анна.
К85   Женщина, социализм и война / Анна Крылова ; [пер. с англ. А. Степанова]. — СПб.: Academic Studies Press / Библиороссика, 2025. — 362 с. — (Серия «Современная западная русистика» = «Contemporary Western Rusistika»).

ISBN 979-8-901270-67-7 (Academic Studies Press)
ISBN 978-5-907918-50-4 (Библиороссика)

Книга Анны Крыловой, профессора кафедры современной русской истории в Университете Дьюк, предлагает переосмыслить феномен женщин-добровольцев, которые вместе со своими любимыми и близкими ушли на фронт в 1941-м. Пулеметчицы и снайперы, зенитчицы и летчицы, саперы и танкистки, и даже командиры мужских подразделений — женщины наравне с мужчинами сражались на фронтах Второй мировой войны. Какие изменения должны были произойти в гендерном мировоззрении довоенного сталинского общества, чтобы феномен женщины-добровольца, женщины-солдата и женщины-командира стал культурно, социально и психологически возможным? Как менялись фронтовые отношения между женщинами и мужчинами, а также гендерные представления в армии и обществе в целом во время и после войны? Книга Анны Крыловой дает ответы на эти вопросы.

УДК 94(470)"1941/1945"
ББК 63.3(2)622

© Anna Krylova, text, 2010
© Cambridge University Press, 2010
© А. Д. Степанов, перевод с английского, 2025
© Academic Studies Press, 2025
© Оформление и макет.
ООО «Библиороссика», 2025

ISBN 979-8-901270-67-7
ISBN 978-5-907918-50-4

Моей матери Тамаре Петровне Крыловой

Введение
Женщина-ветеран как мемуарист Великой Отечественной войны

— Мама, я не могу объяснить тебе этого, — сказала Таня, — но я на фронт хочу. Я не хочу в тыловой... Я, если в тыловой будут назначать, попрошусь на фронт. <...> Вот в подполье была и с трудом представляю, как опять на это пойти. Боюсь! А на фронт не боюсь. Не представляю себе, как же так: война еще идет, а я не буду на фронте... Мы когда в подполье были, я у одной старухи там жила, мы ночью, бывало, с ней лежим, не спим — она тоже врач была, — лежим, не спим, и я ей говорю: «Софья Леонидовна, чего бы я только не дала, чтобы сейчас на фронте быть! Какое это счастье — где-нибудь в медсанбате находиться среди своих! Вы меня понимаете?» Мы о фронте как о счастье говорили. Мы же среди немцев жили, понимаешь? Нас каждую минуту взять могли.

Монолог Тани Овчинниковой из романа Константина Симонова «Солдатами не рождаются» (вторая часть трилогии «Живые и мертвые») [Симонов 1982: 20]

— Пришла — пусть заходит, — услышала я голос <лейтенанта>. <...> — начал Самусев. — Решили мы вас временно оставить при штабе вместе с санинструктором Марией Ивановной. Кровь бросилась мне в лицо:
— Разрешите, товарищ лейтенант! <...> Санитаркой быть не могу. Раненых перевязывать не умею. Меня учили стрелять из пулемета. <...> Я пулеметчица, товарищ лейтенант!

«Опаленная юность». Военные мемуары Зои Медведевой, советской пулеметчицы, старшего лейтенанта, женщины — командира роты пулеметчиков-мужчин во время Великой Отечественной войны [Смирнова-Медведева 1967: 14]

Весной 1967 года одним из официальных мест для чествования Девятого мая — Дня Победы Советского Союза над нацистской Германией — был выбран Севастополь. Закрытый портовый город праздновал двадцать пятую годовщину своей героической обороны — 250 дней противостояния глубоко за линией фронта.

Став нерабочим днем в 1965 году, Девятое мая быстро приобретал статус второго по значению праздника страны. Все новые и новые общественные ритуалы, которые знаменовали этот день, были бы просто невозможны без государственной инициативы и поддержки. Военные парады в крупных городах, юбилейные медали для ветеранов, приуроченные к годовщинам песни, выпуск военных кинофильмов и телесериалов, празднования отдельных дат — таких как 25-я годовщина героической обороны Севастополя.

Новые масштабы всенародного празднества, однако, не отменили народные ритуалы памяти, созданные самими бывшими бойцами до 1965 года[1]. Пока главные города страны готовили свои центральные площади для парадов в честь Победы, тысячи советских людей, как и в предыдущие годы, преображались, превращаясь из повседневно одетых граждан в воинов-ветеранов. Они облачались в свои лучшие костюмы, некоторые надевали военную форму или добавляли к гражданской одежде военные атрибуты: ордена, медали, нашивки за полученные на войне ранения. Превратившись в ветеранов, они выходили из дому и на несколько дней делили советское общество на тех, кто воевал, и тех, кто на фронте не был. Среди ветеранов-воинов, подобным образом требовавших признания своего военного прошлого, было немало женщин.

Во время войны в регулярных частях Красной армии служили 520 тысяч женщин, а еще 300 тысяч проходили службу в боевых и тыловых подразделениях ПВО. По степени участия женщин в войне СССР превосходил показатели британских, американ-

---

[1] О развитии советского ветеранского движения и о его культуре см. [Зубкова 1993; Edele 2008: ch. 7–8].

ских и немецких вооруженных сил. Желание участниц войны публично заявить о своем военном прошлом составляло привычную особенность как неформальных, так и официальных празднований Победы в 1960-е и последующие годы, вплоть до наших дней. Чтобы влиться в сообщество ветеранов и подчеркнуть при этом его неоднородный гендерный состав, они создавали подчеркнуто женские образы ветерана-воина. Они надевали награды, но отнюдь не избегали макияжа. Разнообразные сочетания гражданской и военной одежды дополнялись традиционными женскими аксессуарами: платочками, ювелирными изделиями, шляпками.

Их возраст также подчеркивал специфические черты этого «женско-мужского» образа советского ветерана. В шестидесятые им было около сорока; самым «пожилым» было ближе к пятидесяти; они принадлежали к первому советскому поколению, которое оканчивало школу в сталинское время и в 1941-м в массовом порядке отправилось на фронт добровольцами. Как и их сверстники-мужчины, они составляли самую молодую когорту ветеранов и выглядели удивительно моложаво среди украшенных орденами и медалями мужчин, бывших на десять, двадцать, а иногда и на тридцать лет старше них. Примечательный факт: летом 1945 года, накануне демобилизации, молодые женщины составляли более 70 % всех солдат-комсомольцев — тех, кому было тогда от семнадцати до двадцати шести лет. В послевоенные годы присутствие женщин на встречах ветеранов становилось все заметнее. В настоящее время участницы войны составляют большинство на многих ветеранских собраниях. Учитывая возрастной и гендерный профиль советского солдата Великой Отечественной войны, последним оставшимся в живых ветераном в России вполне может оказаться женщина [Еремин, Исаков 1977: 91] (илл. 1).

Но давайте вернемся в 1967 год, в Севастополь. Признание Дня Победы государственным праздником облегчило ветеранам возможность ежегодных майских встреч и далеких поездок, иногда на другой конец страны. Теперь они были почетными гостями на юбилейных торжествах в память знаменательных битв

Илл. 1. Ветераны в День Победы у Большого театра. Москва. 9 мая 1998 года. Фото автора

(расходы по проведению таких торжеств брало на себя государство) [Ракобольская 2002: 129; Хренов 1975: 212]. Бо́льшая часть ветеранов — защитников Севастополя, приглашенных местной властью на чествование двадцатипятилетнего юбилея обороны города, не бывала здесь с войны. Разбившись на группы, они гуляли по вновь отстроенному городу и разыскивали в его окрестностях свои старые окопы и землянки.

Вспоминая этот день, Зоя Медведева, ветеран 25-й пехотной дивизии, писала: «Мы любовались возрожденным Севастополем, вспоминали товарищей и прошлое. Далекое прошлое с могучей силой вставало перед мысленным взором». И далее, мысленно углубляясь в военные годы:

> Вот тут, на бывшем рубеже, где снова шумит молодой лесок, уходили в поиск снайпер Володя Заря и разведчик Василий Кожевников. Здесь они спасли в бою старшего лейтенанта

Ивана Самусева. <...> Здесь находился дот № 1... Из этого дота я вела огонь, сдерживая натиск гитлеровцев в тяжелые дни их июньского штурма... [Смирнова-Медведева 1967: 142–143].

Весной и летом 1943 года Медведева почти двести дней не отходила от своего пулемета [Хренов 1975: 213].

В мае 1967 года Медведевой было сорок пять лет. Она была женой и матерью, инвалидом войны, но продолжала работать и активно участвовала в ветеранской деятельности, не упуская из виду своих однополчан. Цитировавшаяся выше книга ее воспоминаний, «Опаленная юность», вышла в конце 1967 года в серии «Военные мемуары».

Я прочла эту книгу через много лет после ее публикации. Мое поколение, росшее в послевоенные годы, не склонно было размышлять о судьбе тех женщин, которые то и дело встречались в толпе на майских встречах ветеранов. Что они делали на фронте? Что хотели донести до послевоенного общества и сохранить в памяти потомков? Ответы казались слишком очевидными, и потому не возникало самих вопросов. Разумеется, эти женщины были медиками, санинструкторами, телефонистками, радистками, писарями, переводчицами, водителями, механиками — вот перечень военных профессий, которые литераторы, сценаристы и режиссеры приписывали участницам войны в бесчисленных послевоенных романах и фильмах. Непременные героини второго плана, цветовые пятна на декорациях военной поры, все эти женщины, находившиеся на линии фронта или неподалеку от нее, для советского читателя, кино- или телезрителя были не совсем солдатами[2].

---

[2] См., например: *Бондарев Ю.* Последние залпы (1959); *Гроссман В.* Жизнь и судьба (1961; опубл. 1988); *Бакланов Г.* Пядь земли (1960); *Кондратьев В.* Сашка (опубл. 1979); *Окуджава Б.* Будь здоров, школяр! (1961); а также фильмы: «Иваново детство» (1962), реж. А. Тарковский; «Женя, Женечка и Катюша» (1967), реж. В. Мотыль; «Освобождение» (сериал, 1968–1971), реж. Ю. Озеров; «Горячий снег» (1972), реж. Г. Егиазаров; «Аты-баты, шли солдаты» (1976), реж. Л. Быков.

Основополагающий образ коллективной памяти, связанный с ролью женщин на фронте, был предложен в знаменитой трилогии Константина Симонова «Живые и мертвые», опубликованной в 1959–1971 годах. Прославленный военный корреспондент, один из наиболее заметных сторонников критического переосмысления сталинизма, Симонов попытался порвать с официально-триумфальной историей Великой Отечественной войны, которая все еще продолжала задавать тон в общественной памяти 1950-х годов. В его романах изображение военной поры — первоначального разгрома, последующих впечатляющих побед и неизмеримых людских бедствий — отклонялось от канона одномерно-победоносного рассказа.

Первый из романов — «Живые и мертвые» — посвящен 1941 году, времени поражений Красной армии. Чтобы передать масштаб военной и гуманитарной катастрофы, когда советские войска, насчитывавшие перед войной пять миллионов бойцов, почти растаяли, потеряв около четырех миллионов человек всего за несколько месяцев, Симонов выдвинул в центр романа необычного героя — солдата, прорывающегося из немецкого окружения и размышляющего о случившемся с ним на войне[3]. Перед читателем предстал невиданный в предшествующей литературе герой — советский человек, который осмеливался думать и говорить не в унисон с принятым в сталинские годы повествованием о войне. Вопросы, которые задавали персонажи Симонова, приходили в голову многим. Почему вообще произошла катастрофа 1941 года и кто несет за нее ответственность?

В 1959 году публикация «Живых и мертвых» стала водоразделом в культурно-политической жизни послесталинского общества. Роман превратил ход прошедшей войны в один из самых острых

---

[3] Число красноармейцев, попавших в плен летом и осенью 1941 года, сильно различается в разных источниках. Согласно послевоенным подсчетам советских властей, РККА потеряла в операциях лета — осени 1941 года 3 987 700 бойцов, из них 1 145 800 ранеными и более 2 000 000 пленными. Немецкие источники называют гораздо более высокую цифру пленных: 3,3 миллиона [Mawdsley 2005: 102–103]. Об общем числе советских военнослужащих, попавших в плен в 1941–1945 годах. см. [Кривошеев 1993: 130–131].

вопросов, обсуждавшихся в обществе. Вклад Симонова в общественное осмысление места женщин-ветеранов и их роли на фронте был не менее весомым, хотя и неоднозначным. Созданная им героиня, «маленькая докторша», фронтовой медик, Таня Овчинникова, которая, по воле писателя, определяла свою роль на фронте как лежащую за пределами собственно солдатского призвания, была не менее культурно значимой. В качестве второстепенной героини Таня выполняла важнейшую задачу в предпринятом Симоновым сложном осмыслении понятий «фронт», «солдат», «женщина»: ее присутствие позволило автору показать, что фронт перестал быть местом для одних мужчин. В изображении Симонова мужскими остались только статус и устремления бойца [Симонов 1960: 137].

На протяжении следующих тридцати лет образ Тани — литературный архетип находившейся на фронте, но непосредственно не сражавшейся женщины — стал неотъемлемой деталью советских военных бестселлеров и кинематографических блокбастеров. В них женщина — санинструктор, телефонистка, радистка, механик, только не солдат — оказывалась важной и не вызывавшей споров фигурой, представлявшей коллективный опыт всех участниц войны[4]. Образ Тани получил широкое распространение по мере роста тиражей «Живых и мертвых»: от обычного для СССР двухсоттысячного в 1960-х годах до двух миллионов экземпляров в начале 1980-х[5]. Когда в 1964 году первая часть трилогии Симонова была экранизирована, Таня приобрела кинематографический облик, и к концу 1966 года с ней познакомилось более восьмидесяти миллионов человек.

Невероятность симоновского гендерного сценария с его четко разграниченными мужскими и женскими призваниями во фронтовой жизни и смерти стала очевидна мне только тогда, когда я перечитала роман с точки зрения литературы, созданной

---

[4] Об исключениях из этого коллективного образа находившихся на фронте, но не сражавшихся женщин, таких как повесть Бориса Васильева «А зори здесь тихие» (1969), см. в моей работе [Krylova 2010].

[5] См., например, издание «Живых и мертвых» 1960 года, вышедшее в «Советском писателе» (200 тыс. экз.), и издание 1982 года, вышедшее в «Просвещении» (2 млн экз.). См. также [Youngblood 2007: 136].

женщинами и мужчинами — ветеранами. Книга Медведевой, которая вышла только одним тиражом (в шестьдесят пять тысяч экземпляров) и никогда не была экранизирована, принадлежала к другому жанру советской военной литературы — мемуарной. В 1960–1980-е годы этот жанр переживал расцвет, но диапазон его читателей никогда не выходил за пределы круга самих ветеранов и, в лучшем случае, их родственников. Подобные мемуары обычно пылились в книжных магазинах в малоинтересных для публики отделах военно-патриотического воспитания.

Ко времени севастопольской встречи 1967 года мемуары Медведевой еще не вышли в свет — оставалось несколько месяцев, — но новость о том, что они завершены, была событием как в жизни самой Медведевой, так и в жизни ее полка. Этих мемуаров ждали. Медведева работала над ними более десяти лет, с начала 1950-х годов, а сама идея их написать родилась еще на фронте. Первую записную книжку она завела в тех самых окопах, которые осматривала в 1967 году. Делая записи урывками между боями, она уже тогда пообещала своим товарищам, что сохранит память о них для потомков. Некоторые из однополчан Медведевой тоже писали — короткие автобиографические заметки для юбилейных сборников, выходивших в преддверии празднования Дня Победы, но никто из них не замахнулся на создание масштабной картины участия полка в боевых действиях. В послевоенные годы об этом добровольно взятом на себя обязательстве — рассказать историю «нашей обороны» — однополчане Медведевой помнили как о данном ею «обещании» [Смирнова-Медведева 1967: 142–143][6].

Книга Медведевой, так же как и «Живые и мертвые», посвящена первому году войны, который Зоя провела в боях в осажденных городах, окружениях и отступлениях. Однако ее рассказ — в основном о военных поражениях — ставит под вопрос привычные образы, приписываемые советской массовой культурой солдатам и ветеранам войны.

В июне 1941 года, в возрасте 19 лет, Зоя Медведева ушла на фронт добровольцем. Это было время, когда ни она, ни отвечав-

---

[6] См. также предисловие ко второй книге воспоминаний Медведевой [Крылов 1972: 4].

шие за призыв военкомы еще не представляли масштабов разгрома Красной армии. В военкомате лейтенант записал ее в пулеметный расчет, где и сбылась ее мечта попасть на фронт «не телефонисткой, не медицинской сестрой даже, а настоящим бойцом». Боевое крещение Медведева получила в осажденной Одессе в августе 1941 года. Менее чем через два месяца, когда советские войска оставили город, она вместе со своей 25-й стрелковой дивизией уже участвовала в обороне Севастополя. Там она стала командиром укомплектованного бойцами-мужчинами пулеметного взвода, с которым в течение семи месяцев защищала одну-единственную позицию — дот № 1. Однако, как повествует Медведева, ни в этом доте, ни в других пунктах обороны защитники Севастополя не делились на взаимоисключающие группы мужчин-бойцов и женщин-*небойцов* [Смирнова-Медведева 1967: 4; Медведева 1972: 8–9].

Военные воспоминания Медведевой не просто вносят коррективы в гендерный облик советского солдата. То, как она понимает свою роль сражавшегося на передовой бойца, заслуживает особенного внимания. Помимо описания ранее неизвестных фактов, книга Медведевой отличается еще и особым языком интерпретации этих фактов, который позволяет ей рассказать свою историю, не прибегая к доминирующим нарративам послевоенных лет.

Не соглашаясь с описаниями женщин и мужчин в популярных романах и фильмах о войне, Медведева представляет себя как девушку-пулеметчицу и преподносит читателю это самоопределение как вполне легитимный вариант образа советской женщины. Более того, в ее сложном, кажущемся парадоксальным рассказе о людях и событиях войны априорная установка — «у войны не женское лицо» или «сражаться должны и могут только мужчины» — рассматривается как отнюдь не универсальная по отношению ко всем попавшим на фронт мужчинам и женщинам[7].

---

[7] Известная художественно-документальная книга Светланы Алексиевич «У войны — не женское лицо» является версией традиционного гендерного нарратива, который доминировал в послевоенной литературе и кино в 1950–1970-х годах. См. [Алексиевич 1985].

Так, в начале своих мемуаров Зоя вспоминает, как она, пройдя несколько кругов гражданских и военно-бюрократических мытарств и уже обучившись пулеметному делу, прибыла летом 1941 года на фронт, с уверенностью в том, что ее призвание «женщины-бойца» должно быть общепризнанно. Разумеется, подобная претензия встретила сопротивление и вызвала эмоциональную бурю у бойцов-мужчин. Однако такая, вполне предсказуемая, реакция (которую обычно акцентируют в традиционных исторических повествованиях о советских женщинах на передовой) была совершенно не неизбежна как в 1941 году, так и на протяжении всей войны.

Зоя, к примеру, вспоминает, как ее первый боевой командир — молодой человек, ненамного старше Зои, — не имел твердого мнения относительно той роли, которую должна играть на войне женщина. Для него этот вопрос был открытым. Другого бойца — санитара, с которым Зоя познакомилась в это же время, — она охарактеризовала как «прирожденного» санинструктора, не рвущегося в бой — в отличие от нее самой, «прирожденной» женщины-бойца. Год спустя, когда в возрасте 20 лет Зоя стала командиром состоявшего из мужчин пулеметного взвода, гендерная ситуация вокруг нее и других солдат и офицеров, мужчин и женщин, оказалась совершенно не сводима к традиционной (то есть взаимоисключающей и построенной на иерархиях) системе приписывания мужчинам и женщинам определенных характеров и ролей. Как мы увидим в дальнейшем из воспоминаний Зои и ее современников, на передовой безусловно сохранялась гендерная дифференциация, однако она не была — если воспользоваться термином современной гендерной теории — основана на бинарных оппозициях взаимоисключающих женских и мужских начал, априорно наделяемых различными качествами, значениями и правами. Отказываясь от традиционной репрезентации различий мужского и женского, Зоя представляет читателю иные типы (или «концепции») женщин и мужчин. Такие «мужчины» и «женщины» уже не принадлежат к двум взаимоисключающим лагерям. Они распределены между множеством призваний и ролей: одни мужчины — санитары, другие — солдаты; одни женщины —

офицеры, другие — домохозяйки в тылу. В результате в Зоином мире нет раз и навсегда закрепленных качеств и возможностей, применимых только к мужчинам или только к женщинам [Смирнова-Медведева 1967: 13–14].

Мемуары Медведевой, один из множества исторических голосов и документов, которые нам предстоит рассмотреть, эффективно подчеркивают концептуальную бедность традиционной схемы гендерных отношений, которую послевоенная массовая культура приписывала прошедшей войне и сообществу ветеранов. Характерное мировоззрение Медведевой и ее современников не вмещается также и в рамки современной гендерной теории с ее ограниченными возможностями концептуализации исторического разнообразия женских и мужских субъективностей. В своих работах я постоянно обращаюсь к вопросу о том, каким образом советский опыт может развить и обогатить современную гендерную теорию. Если не бинарное, то какое представление о различиях женского и мужского было определяющим для судеб и воспоминаний этих людей? И какая теоретическая модель способна их описать? В работе «Проблемы гендерного анализа и постструктурализм» я предложила новые теоретические параметры гендерного анализа, способные охватить тот вид советской субъективности, который мы наблюдаем в воспоминаниях Зои Медведевой [Krylova 2016][8].

Если обратиться к статистике и социальной истории, предмет моего исследования включает более 120 тысяч женщин из полумиллиона служивших в действующей армии во время войны: пулеметчицы и минометчицы, снайперы, артиллеристы, боевые летчицы и младшие командиры в мужских, а также в смешанных и полностью женских частях[9]. Их история неотрывно связана

---

[8] Работы, определившие развитие гендерной истории в США, ее концептуальные возможности и рамки, хорошо известны; см. [Scott 1986; Walkowitz 1992; Roberts 1994]. Критический анализ западной гендерной и феминистской мысли см. в [Boydston 2008; Barlow 2004; Mohanty 1991].

[9] О том, как подсчитывается число принимавших участие в боях женщин, см. главу четвертую.

с историей сотен тысяч мужчин и женщин в государственных, партийных, военных учреждениях и подразделениях, которые непосредственно участвовали в подготовке женщин — солдат и офицеров и участвовали с ними в боевых действиях. Чтобы понять масштаб этой цифры — 120 тысяч непосредственных участниц боев на советско-германском фронте, — достаточно вспомнить, что немногим более 800 тысяч американских солдат-мужчин (около пяти процентов всех вооруженных сил США) были участниками сражений Второй мировой войны [Linderman 1997: 1].

Но предмет моего исследования не исчерпывается социальными и организационными аспектами этой истории. В центре книги, как должно было уже стать понятно, — женщина-солдат как культурно-психологический феномен довоенного и военного периодов в истории Советского Союза. Именно готовность Медведевой рассказать свою историю войны в послевоенном обществе, чья массовая культура пыталась забыть о ее существовании, делает Медведеву исторической загадкой, субъектом, чья конституция и чье упорство, проявлявшееся и до, и после 1960-х годов, ставит перед историком вопрос, продуктом какой культуры была Медведева.

А еще Медведева и ее поколение выступают в этой книге в роли критиков современных нарративов о войне и концептуальной упрощенности, которую эти нарративы продолжают приписывать довоенным и военным образам жизни в советском обществе. Такие фильмы, как «Битва за Севастополь» (2015), безусловно, рассказывают гендерную историю войны в симоновском гендерном ключе. Посвященный снайперу Людмиле Павличенко, которая, как и Медведева, воевала под Одессой и Севастополем, фильм настаивает на фундаментальном разграничении и противопоставлении женских и мужских начал и, как следствие, подсознательном неприятии даже праведного военного насилия женщиной-снайпером. Нам остается выяснить, почему ни Павличенко, ни Медведева, ни другие исторические герои этой книги, женщины и мужчины, так не считали.

В послевоенные годы Медведева с ее амбициями написать историю войны на своем гендерном языке и занять значимое место в коллективной памяти была не одинока. Ее воспоминания оказались частью обширного потока мемуаров и сборников воспоминаний, в которых женщины-бойцы выступали в различных ипостасях: офицеры, командовавшие пулеметчиками-мужчинами; пилоты, управлявшие бомбардировщиками, истребителями и штурмовиками; снайперы, которые помимо выполнения своих специальных боевых заданий участвовали в боях наряду с рядовыми солдатами-мужчинами; артиллеристы; танкисты. Опираясь на традиции как классической русской литературы, так и социалистического реализма, на которых они были воспитаны, эти женщины превратили свои мемуары в сложную и гибридную литературную форму, включавшую сцены, диалоги, очерки-портреты и критические размышления о своей довоенной социализации и фронтовом опыте (илл. 2).

Ветераны-мемуаристки приписывали своей новой идентичности советской женщины-бойца культурно-историческую уникальность и значимость. Указание на историческую значимость выдавало отчетливо феминистскую (хотя таких выражений никто не использовал) стратегию: не только доказать способность женщин участвовать в современной войне, но и трансформировать самих героев и сами нарративы этой войны[10]. Еще на фронте женщины-военные начали писать о своем историческом прорыве: в письмах домой, в записных книжках и дневниках, в рукописных литературных журналах. Писали они и в армейской и общесоюзной прессе. В их понимании те новые гендерные отношения, в создании которых они участвовали, были неотрывно связаны с историей советского общества и государства.

---

[10] Анализ этой осознанной и радикальной интенции и культурной среды, в которой она сформировалась, до сих пор не ставился во главу угла в работах, посвященных проблеме советской женщины и Великой Отечественной войне; см. [Pennington 2001; Иванова 2002; Erickson 1993; Cottam 1980]; работы в журнале «Минерва» (Minerva Journal of Women and War. 2008. Spring. № 2), посвященные советским женщинам и обучению гражданской обороне в 1930-е годы: [Ilic 2008; Paynich 2008; Nikonova 2008; Rowley 2008].

Илл. 2. Обложка книги воспоминаний Валентины Чудаковой (1965). Мемуаристки включали в свои воспоминания рисунки, картины и фотографии, создавая тем самым целый мир образов, чуждых послевоенной массовой культуре. Их книги визуализировали историю, в которой женщины-офицеры командовали мужчинами-солдатами, как на этой обложке воспоминаний Валентины Чудаковой о ее службе в качестве командира мужского пулеметного взвода. Из книги [Чудакова 1965]

На какие же культурные, социальные и государственные ресурсы могли опираться Медведева и многие другие, чтобы представить себе женщину-бойца не как оксюморон, скандал или парадокс, а как значимое историческое событие, достойное внимания послевоенных поколений? Как и когда такое самосознание в качестве женщины-солдата стало в принципе возможно?

Чтобы ответить на эти вопросы, в первой части книги я погружаю читателя в атмосферу 1930-х годов и шаг за шагом показываю, как в самой сердцевине официальной культуры сталинизма, в недрах его образовательных, политических и военизированных организаций происходило построение феномена «женщины-бойца» с ее радикальным отказом от традиционных гендерных норм. Однако при этом я не утверждаю, что традиционный императив был сокрушен и полностью исчез. Я говорю о другом — о том, что у этих разнородных пониманий и воплощений гендерных представлений было нечто общее: они сосуществовали и функционировали в культурном поле, в котором отсутствовали как твердая гендерная идеология, так и последовательная социальная политика по отношению к «новой советской женщине» и ее роли в гражданской и военной жизни.

Таким образом, данная книга идет вразрез с распространенными представлениями о том, что 1930-е годы были ключевым моментом в гендерной истории советского социализма, — десятилетием, когда большевистская политика женской эмансипации оказалась повернута вспять и на ее место вновь стали возвращаться традиционные гендерные ценности[11]. В противовес этому в моей работе раскрываются и прослеживаются различные ипостаси большевистского феминизма и его неравномерного и противоречивого воздействия на советское общество, на довоенное и военное поколения советских людей. Меня интересует, в частности, один из самых острых парадоксов: строительству социализма в его тоталитарной сталинской версии 1930-х годов сопутствовала явно противоречивая гендерная политика, что позволяло сосуществовать разнообразным и противоречивым способам представления и воплощения социалистических идеалов женского и мужского начал[12].

Вторая часть книги посвящена истории воплощения и развития противоречивых до парадоксальности гендерных идеалов в годы Великой Отечественной войны. Она переносит читателя в июнь 1941 года, в первые дни после нападения Германии на Советский Союз. В то лето, когда масштабы нависшей над страной опасности не осознавались даже ее руководством, юноши и девушки зачастую вместе шли на призывные пункты записы-

---

[11] Критический обзор советской гендерной истории в американской и британской историографиях, их основных нарративов и аналитических категорий см. в [Krylova 2017a]. Основополагающие работы по русской и советской гендерной истории — [Энгель 2022; Стайтс 2004; Goldman 1993; Wood 1997].

[12] Из большого числа работ об авторитарных режимах, намеренно или ненамеренно создававших национальные, гендерные, классовые и профессиональные идентичности, см., например: [Suny 1988; Fitzpatrick 1993; Слезкин 2001; Kotkin 1995; Суни, Мартин 2011; Northrop 2004; Hellbeck 2006].

ваться добровольцами на фронт. Начиная с этого времени и до конца войны десятки тысяч молодых женщин, принадлежавших к первому послереволюционному поколению, твердо знали, что их место — на передовой, и добровольно уходили воевать. В 1941 году желание женщин воевать воспринималось очень по-разному: некоторые мужчины записывались в добровольцы вместе с женщинами, другие резко отвергали саму идею «женщины-бойца», третьи оказывали помощь рвавшимся в бой женщинам. В особенно сложном положении оказались рядовые партработники и сотрудники военкоматов. Они остались без руководящих указаний и должны были сами решать, как быть с желавшими попасть на фронт девушками: в этом вопросе не существовало ни четких приказов, ни общей партийной линии. В то время советское руководство придерживалось определенной установки: не обращаться к девушкам с прямым призывом уходить на фронт, но и не препятствовать их планам.

Когда зимой и весной 1942 года руководство страны решило объявить централизованный призыв девушек-добровольцев, соответствующие приказы и распоряжения опирались сразу на несколько «руководящих» гендерных установок. Именно благодаря этим государственным призывам в армию пришли тысячи женщин, которые заменили мужчин на небоевых канцелярских и технических должностях. Конечно же, женщины на небоевых должностях в армии ни в коей мере не подрывали традиционное понимание о женском предназначении, скорее подтверждали его. Однако одной лишь политикой замены мужчин женщинами на небоевых должностях государственные мобилизации не исчерпывались. Другим их полюсом стала целенаправленная, всеобъемлющая и дорогостоящая подготовка женщин — рядовых бойцов и пехотных командиров — для смешанных и однородных, то есть исключительно мужских или исключительно женских, боевых частей. Целью этих инициатив было не только возместить потери в живой силе. Как доказывается в этой книге, в данном случае действовала иная, экспериментальная логика, согласно которой сами государственные и военные учреждения в своей мобилизационной политике предполагали, что единого понятия «женщина» не существует и что женщину — солдата и офицера возможно распознать, мобилизовать и подготовить. Государственная мобилизация и военное обучение, о которых будет рассказано в дальнейшем, разделили женские призывы на несколько потоков и способствовали созданию новых гендерных понятий и отношений, а значит, и изменению гендерной ситуации непосредственно на передовой, в армии и в обществе.

Другими словами, бои Великой Отечественной войны не были исключительно «мужским миром», участие в них не предполагало исключительно мужских знаний, навыков и профессий. Во всяком случае, так к этому вопросу подходило государство, так об этом писали армейские и всесоюзные газеты и сами мужчины и женщины, служившие вместе, а позже и ветераны — герои этой книги.

Третья часть книги посвящена фронту, мужчинам и женщинам, сражающимся в течение долгих и, в военном смысле, очень разных военных лет: в окопах под Одессой в 1941 году; в частях тяжелой артиллерии, которые продвигались по Польше в 1944 году; в эскадрильях штурмовиков Ил-2, выполнявших боевые задания в небе над Германией. В этих главах опровергается еще одно распространенное как в исторической науке, так и в обществе заблуждение — о том, что солдаты-мужчины будто бы не могут воевать плечо к плечу с женщинами-бойцами из-за психологических различий и условного рефлекса — стремления защитить женщину. Действительно, советские мужчины часто (хотя далеко не всегда) испытывали шок при появлении на передовой женщин — солдат и офицеров. Однако я рассматриваю подобные случаи не как конечную точку, а как начало истории их совместного участия в боях. Вопрос, который интересует меня: что произошло дальше? Ведь женщины и мужчины-солдаты часто воевали и выживали вместе долгие месяцы, а иногда и годы. Что произошло с концепциями «женщина» и «мужчина» в процессе совместного участия в боевых действиях?

В заключение я обращаюсь к концептуальным проблемам современной гендерной и исторической теории через призму проанализированных в данной книге гендерных отношений в России XX века.

ЧАСТЬ ПЕРВАЯ

ДО ФРОНТА. 1930-е годы

Глава 1
Портрет девушки как солдата-гражданина

Введение: «И мой фашист остался невредимым. Это весьма прискорбно»

Вечером 26 февраля 1939 года девятнадцатилетняя студентка мехмата МГУ Евгения Руднева вернулась домой в «прискорбном», как она записала, настроении. Стрельбы из автоматического оружия на полигоне в подмосковном Кусково окончились для нее не лучшим образом: «Стрелять пришлось из ручного пулемета, — писала она в дневнике, — я его все время держала на руках; разумеется, из 25 патронов ни один в цель не попал, и мой фашист остался невредимым. Это весьма прискорбно» [Руднева 1995: 66]. В ответ на эту неудачу Женя пообещала себе лучше изучить «максим», легендарный пулемет времен Гражданской войны, и «обязательно сдать нормы» на соответствующий значок. Как свидетельствует дневник, в следующие шесть месяцев Женя добилась гораздо большего: она стала старшиной пулеметной инструкторской команды, состоящей из ее сокурсников по механико-математическому факультету [Руднева 1995: 78].

Как и большинство ее сверстников, обучавшихся военному делу накануне Великой Отечественной войны, Руднева осваивала пулемет, не намереваясь становиться профессиональным военным. Свое участие в войне она представляла себе в качестве гражданина, который, когда «настанет час», станет солдатом. За пределами этого «часа» Женя строила планы мирной жизни, однако и тут ее стремления шли вразрез с традиционными условностями. Руднева была одной из 92 девушек, поступивших в МГУ на механико-математический факультет в 1939 году, и это число оказалось рекордным для академической дисциплины, в которой мужчины исторически всегда доминировали[1]. Она мечтала о карьере ученого и уже в школе выбрала астрономию. «Вот я смотрю на звездное небо, на Орион, на Сириус, — записывала она в дневнике, — и мечтаю о том, как я буду астрономом, как я буду изучать их спектры, я вижу себя в обсерватории… А на самом деле? Ведь сколько мне еще учиться! Но так я уже и сейчас смотрю на небо, как на свою будущую собственность» [Руднева 1995: 45].

Судя по дневниковым записям, нельзя сказать, чтобы Евгения Руднева замечала парадоксальность собственного автопортрета: юная девушка — и в то же время солдат-гражданин и будущий ученый-астроном. Все эти образы сливались в некую единую идентичность, которая для нее самой не несла в себе существенных противоречий. Женя, скорее, видела себя воплощением победы над гендерными предрассудками, о которых она, будучи человеком своего времени, отзывалась как о «буржуазных» и «отсталых» взглядах. Неработающие женщины с детьми — «дрянь-людишки», как их называет Руднева, — в ее представлении были жертвами «буржуазных» идеалов [Руднева 1995: 74]. Что же касается ее собственной гражданской и личной обязанности стать матерью — долга, о котором ей регулярно напоминала государственная пропаганда, — то Руднева считала, что материнство и семейная жизнь были предрассудками только в той мере, в какой они отчуждали женщину от профессиональной и общественной жизни.

Попробуем остановиться и присмотреться к этой 19-летней девушке, полагавшей, что она может стать и ученым-астрономом, и солдатом, и матерью. Проанализируем, каким образом Руднева составила свой сложный и, с точки зрения традиционных импе-

---

[1] В 1939 году число студенток на мехмате составляло 92 из общего числа 218, то есть 42 % [Руднева 1995: 62].

ративов, противоречивый автопортрет из элементов своей эпохи — автопортрет ученого и солдата-гражданина с женским лицом. В дневнике она четко определила свои приоритеты. «Я очень хорошо знаю: настанет час, я смогу умереть за дело моего народа <...> Я хочу посвятить свою жизнь науке... Но... если партия, рабочий класс этого потребуют, я надолго забуду астрономию, сделаюсь бойцом...» [Руднева 1995: 51].

В 1941 году Руднева так и поступила. Она ушла добровольцем на фронт и воевала в качестве боевого штурмана в женском полку ночных бомбардировщиков. Во время своего 645-го боевого вылета, в ночь на 9 апреля 1944 года, она погибла — сгорела заживо, когда самолет, уже достигнув цели, был подбит вражескими зенитками. В том же году Рудневой было посмертно присвоено звание Героя Советского Союза[2].

Читателю из XXI века дневники Рудневой могут показаться фантастическими документами. И тем не менее автопортрет Рудневой передает умонастроения, которые в 1941 году и вплоть до конца войны были характерны для тысяч молодых советских женщин, добровольно уходивших на фронт. Данная глава о довоенной истории этого поколения — Где учились? Что читали? Что делали в свободное время? — тесно переплетена с историей становления того нового гендерного самосознания, который позволил советскому обществу по-новому представить природу женского «я».

Ясная самоидентификация Рудневой как солдата-гражданина, ее уверенность в правильности собственного понимания того, что отличает советскую женщину от ее «буржуазной» предшественницы, — все это не было найдено ею в готовом виде в культурных установках и институциональных реалиях довоенного сталинизма. Поколению, к которому принадлежала Руднева, не предлагалось ясных приоритетов, которые нужно было только пассивно усвоить: молодым людям приходилось не только делать самостоятельный выбор, преодолевая противоречия и несогла-

---

[2] См. репринт наградного листа: [Руднева 1995: 28–30].

сованности гендерной политики и гендерных представлений довоенного общества. В будничном общении и рутинных спорах, в школе, на полигоне, в летных клубах они принимали непосредственное участие в создании новой гендерной культуры. Пример этого поколения говорит отнюдь не о пассивном усвоении советской идеологии; он позволяет изучить феномен исторического субъекта как зависимого и в то же время творчески самостоятельного медиатора своего социокультурного окружения, несмотря на все ограничения сталинской эпохи. Этот парадокс творчески продуктивного самоформирования в эпоху массовых репрессий как нельзя лучше очерчивает сложную гетерогенность данного периода. Чтобы понять, каким образом к концу 1930-х годов молодые женщины (и их поколение) сумели столь разительно изменить представления о своих профессиональных возможностях и о материнстве, включая готовность стать солдатами, я проведу анализ советской идентичности как социально-культурного *процесса* и как глубокого *взаимодействия* между отдельной личностью и различными контекстами ее социального опыта.

«Мы были предвоенное поколение» [Симонов 1990: 63]

О том, как предвоенное советское общество представляло себе войну и как оно к ней готовилось, написано немало книг. Для многих «предвоенными» тридцатые годы стали после речи Сталина, произнесенной 4 февраля 1931 года на Первой Всесоюзной конференции работников промышленных предприятий. «Мы отстали от передовых стран на 50–100 лет, — сказал вождь, объясняя геополитические причины тех невиданных темпов, с которыми СССР начал за несколько лет до этого индустриализацию, и обрисовал ближайшую перспективу: — Мы должны пробежать это расстояние в десять лет. Либо мы сделаем это, либо нас сомнут»[3].

---

[3] Речь тов. Сталина на Первой Всесоюзной конференции работников промышленных предприятий // Правда. 1931. 5 февраля.

В советском обществе эти слова были поняты как предсказание будущей «большой войны». Война с капиталистическим окружением представлялась неизбежной с самого основания Советского государства, а с конца 1920-х годов воспринималась как неминуемая в ближайшем будущем. Теперь она обрела конкретные сроки: десять лет. Сталинское предсказание надолго запомнилось советским людям: они продолжали вспоминать о нем через десятилетия — даже после того, как война и началась, и закончилась. «Если мы не построим всего того, что решили, значит будем беззащитны, погибнем, не сможем воевать, если на нас нападут — это было совершенно несомненным», — вспоминал свои мысли того времени (без прямой отсылки к Сталину) будущий автор «Живых и мертвых» Константин Симонов [Симонов 1990: 37].

В советской печати и литературе 1930-х годов будущая война приближалась еще более стремительно, чем в предсказании Сталина. Обращаясь к быстро меняющейся международной ситуации, журналисты и военные корреспонденты высказывали предположения, что конфронтация может начаться уже «завтра»[4]. В центральных газетах весь мир изображался погрязшим в бесконечном военном конфликте, который отражал различные степени общемировой классовой борьбы. Как бы близко или далеко от советской границы ни происходили столкновения, какую бы форму они ни принимали, все они представлялись внутренне связанными с судьбой Советской страны, предвестниками грядущей схватки международного капитализма с первым социалистическим государством[5].

На протяжении 1930-х годов небольшие военные стычки, создававшие угрозу спокойствию советских рубежей, происходили только на Дальнем Востоке. Японские войска то нелегально переходили границу, то затевали перестрелку, то вступали в прямые

---

[4] *Резников Б.* Воля к победе. О книге П. Павленко «На Востоке» // Правда. 1936. 13 октября.

[5] Всесоюзная коммунистическая вахта <передовая статья> // Комсомольская правда. 1936. 1 февраля. О распространении теорий Сталина по вопросу о будущей войне см. его переписку со студентом Ивановым: Письмо тов. Иванова и ответ тов. Сталина // Правда. 1938. 14 февраля.

схватки с пограничниками. Известия с дальневосточных рубежей постоянно возникали в новостях и стали ассоциироваться с образом нависшей над страной военной опасности. В театре и литературе дальневосточная тема была знакомым контекстом, контрастирующим с мирной жизнью советских людей. Военные персонажи в советских пьесах то неожиданно появлялись на сцене, то необъяснимым образом исчезали, и публике предоставлялось догадываться, что эти герои отправлялись на поля дальневосточных сражений[6].

Во второй половине 1930-х годов возникло еще одно место назначения, куда воображение информированной публики могло направить уезжающего офицера, — гражданская война в Испании. Хотя СССР не признавал своего участия в этом конфликте, военные корреспонденты и эксперты постоянно держали читающую публику в курсе событий. «Правда» и «Комсомольская правда» регулярно, иногда ежедневно, печатали репортажи из Испании. Эти статьи сопровождались картами военных действий и постоянно напоминали читателям о классовой солидарности с Испанской республикой. Рассказывая об Испании, советские журналисты в то же время не забывали и о втором по опасности после Японии враге Советского Союза — нацистской Германии. Между 1936 и 1939 годами испанская гражданская война фактически представала в советской прессе как военный конфликт между СССР и Германией. После подписания договора о ненападении в 1939 году газеты сбавили тон и перестали открыто выражать классовую ненависть к Германии, но никаких опровержений прежних резко негативных высказываний не последовало[7].

Первая литературная версия будущей мировой войны появилась в 1936 году. Четырехсотстраничный роман Петра Павленко «На Востоке» воплощал характерные для той эпохи ожидания. Павленко помещал свой гипотетический мировой конфликт

---

[6] См.: Высший закон нашей жизни // Правда. 1937. 7 февраля; [Симонов 1950; Кетлинская 1972].

[7] *Кольцов М.* Каталонские встречи // Правда. 1936. 1 сентября; *Сергеев К.* Обзор военных действий в Испании // Правда. 1936. 6 сентября; Новый приступ паники и кликушества у Гитлера // Правда. 1937. 16 сентября.

в тревожно близкое будущее: в его книге Япония предпринимает массированное нападение на дальневосточную границу СССР в промежутке между 1937 и 1939 годами. Красная армия стремительно превращает локальный конфликт в глобальную пролетарскую войну. Советский Союз, в теории взявший на себя роль «отечества» всех трудящихся, становится таковым в реальности, по мере того как разворачивается контрнаступление Красной армии уже за пределами Японии. Игнорируя нерушимость национальных границ, советские войска, в понимании Павленко, не вторгаются на вражескую территорию. Когда они входят в населенные бедной районы огромных капиталистических городов или идут по залитым крестьянским потом полям, они выполняют свою историческую миссию — освобождают от захватчиков территории всемирного пролетарского государства.

> Но и все понимали, — писал Павленко о летчиках, участвующих в первом авианалете на Токио, — что границей Союза являлась не та условная географическая черта, которая существовала на картах, а другая — невидимая, но от этого еще более реальная, которая проходила по всему миру между дворцами и хижинами. Дворцы стояли по ту сторону рубежа [Павленко 1937: 334].

Роман Павленко представлял собой не только триумфальный эпос о всемирной пролетарской революции, но и наглядную иллюстрацию высказанного Сталиным тезиса о справедливых и несправедливых войнах. В романе проводилась мысль, что Советский Союз в принципе не может вести захватнические войны. В соответствии с классово-исторической логикой, любая военная операция, которую предпринимает армия пролетариата, оказывается, по сути, освободительной, а значит, и морально оправданной[8].

В хорошо известном сценарии будущей войны Красная армия должна была быстро перейти «условные географические черты» границ с капиталистическими соседями. Сегодня мы часто забы-

---

[8] См.: Письмо тов. Иванова и ответ тов. Сталина.

ваем, что в этом сценарии был намечен и вполне определенный герой: и партийные вожди, и военные, и журналисты, и писатели в 1930-е годы были единодушны в том, что главной силой в будущих сражениях окажется советская молодежь — поколение родившихся в 1910–1920-е годы. Будущая война должна была стать их историческим испытанием, аналогичным тому испытанию, которое в прежних битвах выпало на долю «поколения отцов». Советское руководство призывало весь народ быть готовым встретить войну, но при этом не предвидело конфликта такого масштаба, когда в окопах окажутся представители всех поколений[9].

Советская школа и ВЛКСМ были главными рупорами, транслировавшими поколенческий образ будущей войны для тех, кому это было наиболее важно усвоить. Советской молодежи внушалось, что ее долг — возвести защиту родины в ранг «высшего закона» всей своей жизни: это было записано в уставе комсомольской организации и составляло одно из главных оснований для ее существования[10].

Год за годом первый секретарь ЦК ВЛКСМ А. В. Косарев без устали напоминал поколению будущих бойцов, что нельзя «забывать винтовку, а главное — [нельзя забывать] научиться безукоризненно ею владеть», чтобы быть всегда готовым отправиться на фронт[11]. Вопреки довольно распространенному представлению о будущей войне, вождь молодежи никогда не представлял

---

[9] Высший закон нашей жизни; Моральный облик коммуниста <передовая статья> // Комсомольская правда. 1938. 4 июля; Каждый из нас готов взяться за оружие // Правда. 1938. 9 августа; <передовая статья> // Комсомольская правда. 1936. 22 марта.

[10] Клятва, которую давали вступавшие в комсомол, включала обещание быть готовым к борьбе и, если понадобится, к смерти [Остряков 1937: 68, 76]; см. также передовые статьи в «Комсомольской правде» от 22 марта 1936 года; 24 июля 1938 года; 4 июля 1938 года.

[11] *Косарев А. В.* Задачи молодежи в обороне социалистического отечества. Доклад на Всесоюзном съезде ВЛКСМ // Комсомольская правда. 1936. 13 апреля. В период между 1936 и 1940 годами число комсомольцев выросло с 3 981 777 до 10 223 000 человек за счет учащихся вечерних школ, ремесленных училищ и студентов вузов (см. [Fisher 1959: 181, 218]).

грядущее столкновение как кампанию, которую можно выиграть малой кровью. Призывы Косарева были ближе к картине, которую рисовали советскому обществу военные специалисты. Он предполагал, что война будет недолгой, но жестокой и унесет жизни множества молодых людей[12].

Молодые люди 30-х годов вряд ли могли оставаться равнодушными к такого рода предсказаниям и призывам. Надвигающаяся война могла оказаться заключительной главой биографии. Для многих мысли о войне и подготовка к ней были ежедневной рутиной.

Раиса Орлова, например, встретила своего будущего мужа Леонида Шершера, когда оба были еще подростками. Первые воспоминания о нем связаны у нее с его стихами, посвященными сталинскому предсказанию о будущей войне.

> С Леней мы учились в одной школе, в одном классе, — вспоминала Орлова, — но словно бы впервые я увидела его так... Он читает стихи с эпиграфом из Сталина...
>
> > Нас не сомнут, если сотни мартенов
> > себе вожаков найдут.
> > Нас не сомнут, если стали на смену
> > станет ударный труд[13].

То, что молодые люди идентифицировали себя с будущей войной и с тревогой ожидали ее начала, особенно выразительно сказалось в таком частном жанре, как дневники, которые вели многие старшеклассники. Они оставили массу свидетельств своего острого внимания к международным событиям и признаний в постоянном предчувствии войны. Так, Миша Молочко, школьник из Могилева, с 1933 по 1936 год вел дневник, в котором он анализировал ситуацию в мире и пытался предсказать начало

---

[12] *Косарев А. В.* Указ. соч.; см. также: Комсомолец — снайпер обороны революции // Комсомольская правда. 1932. 23 февраля.

[13] В начале 1980-х годов Орлова эмигрировала вместе со своим мужем Львом Копелевым в Западную Германию. Ее воспоминания были опубликованы в США в 1983 году. См. [Орлова 1983: 37].

войны «на наших границах». В течение четырех лет, пока Молочко вел свой дневник, он высказывал опасения всякий раз, когда читал о больших и малых конфликтах. Советско-японский спор о зонах рыболовства в Тихом океане, незаконная оккупация различных территорий Германией и Японией, военные бюджеты западных держав, международные договоры — все это воспринималось им как искры, из которых может разгореться пламя большой войны [Молочко 1965: 45, 115][14].

В дневниках подростков суждения о событиях в мире к концу 1930-х годов становятся все более мрачными. Так, Евгения Руднева в 1939 году не только училась стрелять из пулемета, но и откликалась на нерадостные известия из Испании и других европейских стран. 22 февраля 1939 года она писала с негодованием: «...но что делается за границей?! <...> ...республиканской Испании фактически уже нет. Чехословакия проглочена Германией...» Месяц спустя, 13 апреля 1939 года, она так отозвалась на новые международные новости: «Албанию проглотила Италия — и не подавилась, проклятая!» [Руднева 1995: 69, 70].

Те представители этого поколения, которым суждено было пережить войну, получили возможность в последующей жизни поразмыслить над природой своих неотвязных предчувствий войны и своей эмоциональной вовлеченности в довоенные мировые события. Один из старших представителей этого военного поколения, Константин Симонов, вспоминал, что у его современников господствовало постоянное «шестое чувство» войны, которое отличало их от тех, для кого участие в войнах было уже в прошлом [Симонов 1990: 67]. Критически переосмысляя свою жизнь, ветераны, как мужчины, так и женщины, вспоминали, что войну они воспринимали как свою судьбу. Так, Юрий Шарапов, бывший в конце 1930-х годов студентом, вспоминал о необыкновенной ясности, с которой он сам, его друзья и подруги ожидали войны и понимали, что многих из них ждала гибель [Наровчатов 1965: 7; Шарапов 1995: 70, 167][15].

---

[14] См. также [Молочко 1965: 28, 67–68].
[15] См. также [Самойлов 1995: 127; Ракобольская 1995а: 11].

Что еще знало поколение будущих солдат, так это то, что их война будет качественно отличаться от военных конфликтов прошлого. Механизированная война — результат прогресса военных технологий и беспрецедентной по скорости индустриализации в СССР — составляла существенную часть «пакта», негласно заключенного между советским руководством, молодежью и обществом в целом. Обреченные судьбой воевать, молодые люди должны были выполнить свою историческую миссию с помощью наисовременнейшей военной техники. Современные боевые машины, еще достаточно редкие в начале 1930-х годов, во второй половине десятилетия стали на регулярной основе поставляться в Красную армию и демонстрироваться населению.

Красная площадь в Москве и центральные площади в других городах стали главными аренами для демонстрации мощи механизированной Красной армии. В дни всесоюзных праздников, отмечавшихся круглогодично, — День Великой Октябрьской социалистической революции, День Красной армии, День Международной солидарности трудящихся 1 мая, Международный день молодежи, День авиации, — советские граждане становились свидетелями военизированных демонстраций и военных парадов. Наиболее зрелищной частью таких смешанных военно-гражданских действ были представления военных и спортивных летчиков, пилотировавших боевые самолеты: они выполняли фигуры высшего пилотажа и имитировали воздушные бои. Во время этих грандиозных демонстраций советской военной мощи военная техника оказывалась в зловещей близости от гражданской жизни: танки грохотали, вспарывая асфальт и сотрясая жилые дома. Катастрофы — крушения самолетов или их столкновения друг с другом — тоже становились частью представления[16].

К концу 1930-х годов к демонстрациям и парадам на Красной площади добавились представления в виде постановочных боев, призванных продемонстрировать новое в советской военной

---

[16] Сравнение военных представлений в начале и конце 1930-х годов см.: *Фин С., Крон Р.* На Красной площади // Комсомольская правда. 1933. 2 сентября; Праздник весны социализма <передовая статья> // Правда. 1936. 4 мая; Поколение сильных и смелых <передовая статья> // Правда. 1937. 5 мая.

Илл. 3. «Да здравствует Рабоче-Крестьянская Красная армия — верный страж советских границ!» Плакат 1935 года, худ. Г. Г. Клуцис

науке понятие «взаимодействия всех родов войск». Так, демонстрация с участием 35 тысяч молодых людей, прошедшая 24 июля 1938 года, закончилась тем, что над городом с ревом пролетели тяжелые самолеты, на Красную площадь спустились парашютисты и была разыграна рукопашная схватка. В духе будущей войны физкультурники превращались в солдат, парашютистов и пехотинцев[17] (илл. 3).

Газетные репортажи и выпуски кинохроники представляли миллионам советских людей образы и описания милитаризованных празднеств. Плакаты еще больше увеличивали масштаб этих событий. К середине 1930-х годов плакат с изображением праздника на Красной площади приобрел стандартную форму: на нем

---

[17] Могучая демонстрация сталинской молодежи // Комсомольская правда. 1938. 25 июля.

изображались гиперболизированные фигуры вождей, бесконечные колонны демонстрантов и солдат и внушительные группы движущихся самолетов и танков.

Оборонительные кампании Красной армии на Дальнем Востоке в конце 1930-х годов добавили ярких сцен. Произошедшие там пограничные сражения были использованы прессой для того, чтобы еще подробнее познакомить советских людей с деталями механизированной войны. Типичная сцена современной войны, какой она представала в советских газетах и первых сборниках воспоминаний ветеранов, обычно включала в себя «гул орудий, нарушивших вековую тишину пустыни. Сотни самолетов в небе. Черные столбы дыма и пламя от горящих на земле вражеских истребителей. Длинные караваны грузовых машин со снарядами, оружием, провизией. Лавина танков, мчащихся в атаку...»[18]

Таким образом, к концу 1930-х годов советские люди ожидали очень многого от действий своих войск в будущей войне как в техническом, так и в тактическом отношении. Идеал наступательной и механизированной войны был также основополагающим в военной подготовке молодежи, развернутой в системе среднего и высшего образования. Всесоюзная организация ОСОАВИАХИМ — Общества содействия обороне, авиационному и химическому строительству — следовала тому же идеалу[19].

---

[18] Библиография // Красная звезда. 1941. 28 февраля; см. также: *Штерн Г. М.* Шестое августа // Правда. 1939. 6 августа. Как показывают современные исследования, в битве на Халхин-Голе советская и японская армии потеряли соответственно 25 и 60 тысяч человек. См. анализ советского боевого крещения до 1941 года, в том числе рассказ о сражениях на Дальнем Востоке и о советском вторжении 1939 года в Польшу, а также о советско-финской Зимней войне 1939–1940 годов: [Reese 2005: 138–139].

[19] Согласно данным комсомола и ОСОАВИАХИМа, в последней организации прошли обучение стрелковому делу 1,7 миллиона учащихся, мужчин и женщин, получивших значки «Ворошиловский стрелок» первой степени после выполнения всесоюзных нормативов. По крайней мере еще вдвое больше юношей и девушек учились стрелять в школах, университетах и кружках при ОСОАВИАХИМе, но не смогли сдать нормативы. В тот же период 80 тысяч человек получили указанный значок второй степени. Вторым по массовости движением среди молодежи было обучение прыжкам с парашютом. В 1935 году 800 тысяч молодых людей совершили прыжки с парашютных

В военных кружках ОСОАВИАХИМа обобщенная фигура современного солдата конкретизировалась. Появлялись «технически грамотные» автоматчики, минометчики, снайперы, парашютисты-десантники, летчики и танкисты. Романтический супергерой времен Гражданской войны, который выигрывал битвы с помощью пролетарской храбрости, убеждений и штыка, отходил на второй план. Исключительной храбрости и глубоких убеждений было недостаточно, чтобы выигрывать современные сражения[20].

Неудивительно, что поколение будущих солдат охотно откликалось на призывы учиться военному делу. Для них военные занятия стали неотъемлемой частью повседневной жизни: рациональной реакцией на уготованное им военное будущее. По словам Юрия Шарапова, его ровесники относились к военной подготовке как к жизненной рутине наравне с работой, учебой и рождением детей [Шарапов 1995: 138, 166][21].

В своей автобиографии, написанной в 1995 году, Шарапов рассказывал о прохождении военной подготовки совместно с женщинами как о чем-то вполне нормальном. Однако в 1930-е годы проблема гендерного аспекта такого обучения, как и статус будущего солдата, оставались предметом общественного обсуждения. Не склоняясь безусловно к точке зрения таких, как Шарапов, советское общество определенно не могло прийти к консенсусу по вопросу о том, какое положение женщины и мужчины должны занимать относительно передовой в будущей войне. Отсутствие общественного консенсуса сочеталось с от-

---

вышек; в первой половине 1936 года 10,5 тысячи человек совершили прыжки с самолета. Будущие летчики, которые должны были проходить двухгодичное обучение, разумеется, отставали по численности от парашютистов и стрелков. В 1935 году 3,5 тысячи молодых людей из числа гражданских лиц закончили обучение в аэроклубах и получили дипломы. См.: Решительно улучшать работу ОСОАВИАХИМа // Правда. 1937. 21 мая.

[20] Победу в конечном счете решают моральные силы бойцов // Красная звезда. 1941. 21 марта; см. также: Настойчиво развивать воинские качества бойцов // Красная звезда. 1941. 23 мая; Воспитывать любовь к своему оружию // Красная звезда. 1941. 2 апреля.

[21] См. также: Валерия Михайловна Селунская, интервью, данное автору 24 октября 1997 года; [Ракобольская 1995а: 12].

сутствием ясной линии партии по данному вопросу. Придерживаясь коллективных и внегендерных форм обращения в публичных выступлениях — вроде терминов «революционная молодежь», «сталинская молодежь», «новые советские люди» и «ровесники Октября» — партийные и комсомольские вожди старались избегать ясных гендерных позиций, объясняющих женское место в военной подготовке и современном бое. Не пытались они и внедрить в свои публичные речи ясное гендерное разделение военных специализаций на женские и мужские[22].

В Советском Союзе 1930-х годов не существовало ни единодушной поддержки, ни единодушного противодействия попыткам девушек овладеть специальностями, имевшими отношение к компетенциям, необходимым для осуществления боевых действий. Военные кружки, например, не придерживались согласованной социальной политики по вопросам военной подготовки женщин и мужчин. Демонстрируя целый спектр представлений о гендерных различиях, эти кружки оказывались в довоенном сталинском обществе опытными полигонами для переосмысления традиционных представлений о мужской и женской сущности.

Советская девушка в школе и тире

Среди всего разнообразия возможностей для обучения военному делу, которое сталинское государство предоставляло молодому поколению 1930-х годов, средняя школа занимает особое место. Среди историков школа 1930-х годов известна своим отказом от экспериментальных форм обучения и стандартизацией учебного процесса. Однако конец экспериментальной школы 20-х годов не означал отказа от большевистского идеала «женского равноправия». Напротив, именно в стенах школы 1930-х годов этот принцип приобрел наиболее радикальную форму, основанную на полной гендерной интеграции обучения. Задачи полной унификации советской школы были провозглашены как в прес-

---

[22] См.: *Косарев А. В.* Указ. соч.; *Жданов А.* Достойная смена // Комсомольская правда. 1934. 2 сентября.

се, так и в профессиональной литературе на основании понятий о «поле» и «половых отношениях», которые понимались как явления, сформированные культурой[23].

Единая школа рассматривалась как мощный инструмент социализации и ресоциализации. Школьное пространство совместного обучения мальчиков и девочек считалось гарантией того, что дети не научатся «буржуазным» и «реакционным» гендерным ролям у своих родителей и сумеют создать новые «социалистические отношения между полами». Судя по материалам педагогических конференций, научной литературе и всесоюзной прессе того десятилетия, идеал женского равноправия применительно в школе не подразумевал стирания гендерных различий как таковых. Главным в повестке дня было уничтожение господствовавших ранее смысловых различий, в рамках которых мужские и женские способности либо противопоставлялись, либо выстраивались в определенную иерархию. Курс на создание единой системы образования должен был ликвидировать ограничения сформированных на ложных началах гендерных ролей и позволить раскрыться «скрытым», подавленным аспектам женской и мужской идентичности, для того чтобы в корне изменить существующее представление о «женщине» и «мужчине».

Как практики, так и теоретики школьного образования, печатавшиеся в главном профильном журнале «Советская педагогика», делали ставку на появление новых ценностей и отношений под натиском единой школы. Они призывали учителей к сотрудничеству не только в деле искоренения социальных составляющих гендерных стереотипов в самой школе, но и к перевоспитанию родителей, которые должны были осознать, что им не следует по старинке воспроизводить «буржуазные» гендерные роли в семье (например, посредством традиционного распределения домашних обязанностей). Идеологи советского образования полагали, что традиционные гендерные роли, в случае их вос-

---

[23] *Чувашев И. В.* Воспитание школьника в семье // Советская педагогика. 1939. № 25 (февраль). С. 40, 55.

произведения, привьют мальчикам «неправильный взгляд на половые различия» и будут серьезно сдерживать развитие девочек. Такая критика была в первую очередь направлена на разрушение традиционных стереотипов, в то время как представление о новых отношениях оставалось неопределенным и открытым. Императив, воздействовавший на умы послереволюционного поколения вообще и на его женскую часть в частности — надо быть «новыми», «уникальными» и «непохожими» на собственных родителей, — был совершенно ясен. Конкретные же очертания будущего изменения должны были возникнуть из самой школьной жизни[24].

В 1935 году, когда советская десятилетка выпустила первое поколение учащихся, педагоги и комсомольские и партийные вожди провозгласили, что эти выпускники представляют собой беспрецедентную трансформацию человеческих отношений. Пресса представляла выпускников 1935 года как чистейшие образцы нового социалистического человека. Эти «куски коммунистического будущего», как назвала выпускников «Правда», были ровесниками советской власти. Полностью «скроенные из нового материала», они являли собой первое поколение социализма[25].

Совместные изображения подростков — девочек и мальчиков — постоянно появлялись на страницах «Правды» и «Комсомольской правды» в июне 1935 года, когда журналисты состязались друг с другом в изобретении эффектных определений для этих молодых людей. Выступая 1 июня на приеме, устроенном в их честь в Колонном зале Дома Союзов, «новые люди» и сами

---

[24] *Чувашев И. В.* Воспитание школьника в семье; *Каиров А. И.* Н. К. Крупская и дети // Советская педагогика. № 10. 1939 (октябрь). С. 40–41. См. также: *Фролов Ю. П.* И. П. Павлов и педагогика // Советская педагогика. № 2. 1940 (февраль). С. 48; *Юдина Н. В.* О политико-воспитательной работе с учащимися старших классов // Советская педагогика. № 8–9. 1939 (август-сентябрь). С. 31, 34.

[25] Поколение великого будущего // Правда. 1935. 29 июня; см. также: Ровесники Октября // Правда. 1935. 4 июня; Моральный облик большевика // Правда. 1937. 20 сентября.

не стеснялись указывать на особенность и даже уникальность своего поколения как на определяющие черты собственной идентичности. Восемнадцатилетняя Анна Млынек, произносившая речь от лица своих товарищей, представила их как «новое поколение», не признающее традиционных гендерных ролей. Упомянув о перспективе будущей войны, она добавила, что, «когда страна прикажет стать героем, из нас героем станет любой». В речи Млынек, как и в складывавшемся в это время официальном языке, поколение новых советских людей и поколение граждан-солдат создавали пересекающуюся конструкцию дискурсивности и идентичности[26].

Готовность к «труду и обороне», которую Анна Млынек безоговорочно приписывала юношам и девушкам, вовсе не была пустой фигурой речи. Выпускники 1935 года покидали школу, в которой гендерная интеграция касалась не только общеобразовательных предметов. Юношей и девушек объединяли также военная подготовка и обучение «социально полезному труду»: предмет домоводство для девочек был исключен из школьной программы. Обратимся опять к воспоминаниям Раисы Орловой, которая вспоминала эти уравнивающие полы занятия в своей школе: «На уроках труда мы пилили, строгали; узнали разницу между драчевыми и бархатными напильниками» вместе с мальчиками. Выражая дух совместного обучения, характерный для ее эпохи, Орлова восклицает: «Какое там домоводство в эпоху войн и пролетарских революций!» [Орлова 1983: 31]. Логика, стоявшая за организацией совместного обучения, успешно усваивалась самими школьниками. Полина Гельман, старшеклассница из бедной еврейской семьи, лаконично объяснила суть отвергавшего условности довоенного образования в интервью шестьдесят лет спустя: «Идея состояла в том, чтобы возвысить женщину». Здесь Гельман воспроизводит распространенную в 1930-е годы

---

[26] *Млынек А.* Выступление // Комсомольская правда. 1935. 3 июня; Десятиклассники-выпускники. Фотография С. Коршунова и Н. Кулешова // Правда. 1935. 2 июня; Ученики-отличники. Фотография М. Калашникова // Правда. 1935. 9 мая; Цветущая юность Родины // Комсомольская правда. 1935. 2 июня.

риторику — обещание освободить «женщину» как отдельную личность и как понятие от клейма второсортности и ущербности по отношению к мужчине[27].

Свою самую радикальную форму «женское равноправие» обрело именно в рамках учрежденного в советских школах совместного военного обучения, которое стало обязательным в 1932 году после выхода соответствующего указа Совета Народных Комиссаров. Отныне школьники уже с восьми лет включались в совместную военно-политическую программу, разработанную и внедренную наркоматами просвещения и обороны и Центральным комитетом ВЛКСМ. До двенадцати лет дети изучали историю сражений Красной армии во время Гражданской войны, встречались с ветеранами, красными командирами и пограничниками. Они также предварительно знакомились с военным делом в ходе участия в военных играх: учились пользоваться противогазами, получали начальные знания в области противовоздушной обороны и химической защиты, а также стреляли из лука, что считалось важным шагом на пути овладения винтовкой. Собственно, стрельбы из винтовки, начинавшиеся с 13 лет, составляли еще одно общее занятие мальчиков и девочек. Обучение стрельбе неизбежно провоцировало дух состязательности и ясно показывало, что важнейший из военных навыков уже не рассматривается в качестве общепризнанно «мужского», а наоборот, считается областью, в которой девочки и мальчики могут соревноваться друг с другом. Еще одна сторона военно-политического воспитания подростков 13–14 лет состояла в том, что они, работая в смешанных группах, совместно обучались помогать «раненым» и различать виды «бомб»[28] (илл. 4).

Помимо уроков военной подготовки в школе, проходивших раз в неделю и часто распространявшихся на внеклассные часы для стрельбы в тире, комсомол выдвинул специальные оборон-

---

[27] *Гельман П.* Интервью, данное автору книги 29 сентября 1997 года; см. также [Гельман 1995].

[28] Военно-политическое воспитание в 1–10 классах. 1936. РГАСПИ. Ф. М-1. Оп. 23. Д. 1134. Л. 22.

Илл. 4. Советское совместное обучение и военная подготовка. Авиамоделисты — ученики московской школы № 1 в форме и с цветами — во время парада на Красной площади по случаю празднования Международного Дня молодежи // Комсомольская правда. 1935. 2 сентября. С разрешения «Комсомольской правды»

но-мобилизационные требования ко всем членам своей организации, а начиная с середины 1930-х годов — и ко всем школьникам. Взяв за основу, как и в школьной системе, совместное обучение военному делу, ВЛКСМ в своей военной программе 1936 года потребовал, чтобы подростки старше 16 лет готовились к грядущей войне вне школы в специально устроенных по всему Союзу центрах военной подготовки. Каждый школьник должен был пройти по крайней мере одну из программ по физической и военной подготовке, предлагаемых ОСОАВИАХИМом и Красным Крестом, и в идеале заслужить один или несколько значков, свидетельствовавших о его достижениях: «ГТО» («Готов к труду и обороне»), «Ворошиловский стрелок» и «ПВХО» («Готов к противовоздушной и химической обороне»). Все они были учреждены между 1931 и 1934 годами. Получение такого значка могло занять у школьника несколько лет.

Илл. 5. Комсомолки Катя Силина и Валя Сошина научились водить танк для сдачи военно-технического экзамена // Комсомольская правда. 1936. 14 февраля.
С разрешения «Комсомольской правды»

В 1934 году ЦК ВЛКСМ ввел для комсомольцев экзамен по «военному минимуму». Эта мера поднимала милитаризацию советской молодежи на новый комплексный уровень: теперь школьники должны были сдавать нормативы по стрельбе из винтовки, метанию гранаты, оказанию первой помощи, а также планеризму или прыжкам с парашютом (с высоты не менее 25 метров). Кроме того, требовалось показать умение читать топографические карты и выучить принципы устройства двигателей самолета, автомобиля, трактора или танка[29] (илл. 5).

Согласно указаниям, разосланным по комсомольским ячейкам, к экзаменам по военной подготовке привлекались как комсомольцы, так и комсомолки. Подчеркивая отказ от традиционного разделения ролей, постановление бюро ЦК ВЛКСМ «О военно-техническом экзамене комсомольцев», изданное в апреле 1935 года, недвусмысленно провозглашало, что комсомолки должны сдавать военный экзамен «наравне» с комсомольцами. По поводу экзамена на знание правил первой медицинской помощи и связанной с ним проблемы общественного давления, оказываемого на комсомолок, чтобы они получали преимущественно медицинские специальности, Центральный комитет, с одной стороны, рекомендовал такой выбор, а с дру-

---

[29] Там же; [Ковалев 1975: 91–93].

гой — тут же сам выступил против традиционных советов, провозгласив, что экзамен по медицине можно заменить экзаменом по устройству авиационного или автомобильного двигателя[30].

Годом позже, во время следующего планового всесоюзного военно-технического экзамена, ЦК ВЛКСМ усилил тезис о «равных правах» молодежи в военной подготовке, убрав все основанные на гендерных признаках рекомендации по выполнению нормативов. В частности, в постановлении ЦК от 29 марта 1936 года говорилось, что «каждый комсомолец и комсомолка» должны сдать военный минимум и во всей полноте овладеть одной из военных специальностей. Были перечислены и специальности на выбор: стрельба из винтовки, снайперская стрельба, противовоздушная и химическая оборона, первая помощь, летное дело, прыжки с парашютом[31].

Средняя школа и другие образовательные организации — технические и педагогические училища, школы рабочей молодежи, институты и университеты — образовывали особую область советской оборонно-мобилизационной политики. В отличие от ОСОАВИАХИМа — массовой военизированной организации, служившей тренировочной базой для миллионов граждан самых разных возрастов, где женщины составляли всего 10–20 %, — военные кружки в государственных образовательных учреждениях больше чем наполовину состояли из девушек [Nikonova 2008: 90, 92]. Когда Наркомат просвещения РСФСР собрал данные за 1935–1936 годы о 67 819 школьниках старше 16 лет (около 60 % всех учащихся данной возрастной группы), то обнаружилось, то больше половины этих подростков (53,1 %), посещавших в школе военные кружки, — девушки. Сходные данные дает статисти-

---

[30] О военно-техническом экзамене комсомольцев в 1935 году. 2 апреля 1935 г. // Перечень постановлений Бюро ЦК ВЛКСМ по военно-физкультурной работе. РГАСПИ. Компиляция резолюций. С. 305.

[31] Об итогах военно-технического экзамена и задачах военной работы на 1936 год. 29 марта 1936 г. // Перечень постановлений Бюро ЦК ВЛКСМ по военно-физкультурной работе. С. 328.

ка по техническим училищам, школам рабочей молодежи, институтам и университетам[32].

Судя по женским воспоминаниям, средняя школа, с ее установкой на равенство, действительно предлагала подросткам множество возможностей для переосмысления традиционных гендерных отношений. В воспоминаниях женщин о 1930-х годах ясно звучит отчасти заимствованная, отчасти переработанная риторика тогдашних педагогики и журналистики, провозглашавших, что молодым людям еще только предстоит познать самих себя и что они пока не понимают на самом деле, кто они такие. Волнующее чувство специфического отличия своего поколения от других и ощущение некоторой временной свободы границ собственной личности были особенно характерны для самосознания девушек.

Один из автопортретов, в которых автор предстает «новой девушкой», оставила в написанных во время войны воспоминаниях о школьных годах Людмила Павличенко. Она родилась в Белой Церкви (Киевская область) в 1916 году; всякий раз, когда отец, партийный работник, получал новое назначение, вся семья переезжала с ним. В автобиографической статье, написанной в 1942 году для американского коммунистического журнала «Совьет Раша тудей», Павличенко — уже знаменитый снайпер, уничтожившая 309 солдат и офицеров противника, — вспоминала, что в 1930-е была «неуправляемой» девчонкой. Не признавая никаких ограничений, она «с увлечением» открывала для себя, «на что способна была девочка». Самым памятным местом самопознания оказался школьный тир, где она «много трениро-

---

[32] Число 67 819 не включало всех школьников старше 16 лет в школьной системе РСФСР. Отсутствовала информация о поступивших в старшие классы в этом году, то есть о 33 881 учащемся. В целом по РСФСР число учащихся, которые обучались военному делу в 1935–1936 годах в средней школе (в девятом и десятом классах), педагогических и технических училищах, школах рабочей молодежи и университетах и о которых имеется информация, составляло более 137 000, из которых более половины (53,2 %) также составляли девушки. См.: Таблицы о военной подготовке учащихся. Народный комиссариат просвещения РСФСР. 1937. 9 февраля // РГАСПИ. Ф. М-1. Оп. 23. Д. 1270. Л. 4.

валась», чтобы выяснить, «может ли девочка стрелять так же хорошо», как мальчик [Pavlichenko 1942][33].

Для Павличенко тир был территорией, где все слова, сказанные о новой женщине, и нерешенные вопросы о способностях девочек обернулись вполне измеримыми умениями. Забавный случай, произошедший в тире, помог Людмиле сделать нужные выводы. «Разыгрывалось 12 наград, — рассказывает об этом Павличенко. — Я выпустила 15 пуль и выиграла все 12 призов». Показав такой впечатляющий результат — в первый, но не в последний раз, — она была изумлена не меньше, чем директор тира. После того как ей вручили последний приз, она вернула все призы ошарашенному директору и покинула тир. Ответ на вопрос «может ли девочка стрелять так же хорошо», как мальчик, был получен [Pavlichenko 1942: 10].

Марина Чечнева была на шесть лет моложе Павличенко и выросла в Москве в рабочей семье. Ее послевоенные воспоминания о последних школьных годах пронизаны другой отрицающей традиции мечтой, типичной для девочки ее поколения. Она вспоминает, что уже в 13 лет «вместе с подружками... подолгу простаивал[а] у ограды летного поля» Центрального аэродрома, неподалеку от которого жила ее семья. «Здесь никогда не стихал гул моторов, в воздухе мелькали машины, поднимались в небо аэростаты, вспыхивали в синеве белые купола парашютов», — все это будоражило воображение Чечневой. И даже отсутствие в середине 1930-х годов знаменитых летчиц, которые могли бы послужить для нее образцами для подражания, Марину не смущало. В общественном сознании уже присутствовало альтернативное гендерное представление: не следует автоматически ставить знак равенства между мужчиной-летчиком и военной авиацией как таковой. Переосмысленная таким образом, фигура мужчины-летчика могла служить для молодой женщины вдох-

---

[33] См. также другие женские рассказы, относящиеся к 1930-м и последующим десятилетиям, на тему испытания границ собственной личности и эксперимента со своими возможностями: [Малиновская 1936: 65, 74, 84; Тимофеева-Егорова 1983: 21]; *Гельман П.* Интервью, данное автору книги.

новляющим примером, образцом военной доблести и владения техническими навыками. Так и было с Чечневой: она вспоминает, что уже в 1935 году хотела летать как Валерий Чкалов — самый знаменитый летчик-испытатель довоенного десятилетия. Словно подчеркивая, что она никак не связывает летное мастерство Чкалова и его принадлежность к мужскому полу, Чечнева замечает, что не только она, но и «тысячи тысяч юношей и девушек... обязаны Чкалову» своим желанием летать [Чечнева 1976: 4–5, 9].

Школа не только помогала девочкам представить новое, необычное для женщины самовыражение, но и оказывалась тем общественным пространством, где будущие женщины могли поделиться со сверстниками и учителями своими новыми представлениями о себе. Прежде чем рассказать своему отцу-рабочему о намерении стать летчицей, Марина Чечнева, например, объявила о своей мечте «летать как Чкалов» на школьном уроке литературы. Стремление тринадцатилетней девочки стать похожей на знаменитого героя показалось забавным многим ее сверстникам. «Класс взорвался от хохота», — пишет она. Однако, как вспоминает Чечнева, уже тогда учитель мог оценить точку зрения на профессию летчика как не исключительно мужскую, осадить насмешников «суровым голосом» и объяснить, что подобную мечту надо уважать [Чечнева 1976: 5].

За пределами школы правила военной подготовки имели мало общего с последовательной гендерной политикой. Сфера внешкольной подготовки была миром противоречий, в котором отсутствие однозначных правил по отношению к женщинам и к их роли в подготовке к войне было главным правилом. В работе ОСОАВИАХИМа, курсы и кружки которого многие девушки посещали после школы, как нельзя лучше можно было почувствовать отсутствие институционального и общественного консенсуса по вопросу об участии женщин в военной подготовке.

ОСОАВИАХИМ, с его сетью школ парашютистов, парашютными вышками, аэроклубами и летными школами, как магнитом притягивал всех желавших овладеть военными специальностями. В марте 1936 года эта организация, согласно статистическим данным ЦК ВЛКСМ, включала 144 летных клуба, 1723 кружка планеристов, 20 школ парашютистов, 100 парашютных клубов и 250 парашютных вышек[34].

Гендерная политика этой огромной ресурсной базы для специализированного военного обучения варьировалась от одной крайности — повторявшихся отказов на заявления девушек о приеме — до другой: преимущественного приема девушек. Упоминавшаяся во введении пулеметчица Зоя Медведева писала о том, что именно Одесский аэроклуб виноват в том, что ей впоследствии пришлось воевать в пехоте. Решив в 1940 году стать либо летчицей-штурманом, либо парашютисткой, 18-летняя Медведева после окончания школы в течение полутора лет пыталась стать членом аэроклуба в Одессе, где она жила. Ей неоднократно отказывали, и к 1941 году она так и не приобрела военной специальности. Возможность получить навыки по медицинской линии в рамках программы «Будь готов к санитарной обороне СССР» в качестве замены ее мечты Медведева не рассматривала [Медведева 1972: 7].

Однако некоторые из современниц Медведевой попадали в парашютные и летные клубы почти без усилий. Так было, например, с Галиной Никитиной. В 1938 году, когда она училась в последнем классе школы, посреди урока в класс вошло несколько летчиков. «Кто хочет летать?» — спросили они. Никитина вспоминает: «...многие ребята подняли руки — из них три девочки, и я была одной из них». Сходным образом за несколько лет до этого вербовщики из Рязанского парашютного клуба нагрянули в школу, где училась Мария Акилина, и отобрали ее и еще двух девушек для учебы на курсах по парашютной подготовке. Впоследствии — с середины 1930-х до 1941 года — Акилина занималась в системе ОСОАВИАХИМа. Она так описала свою тогдашнюю военную подготовку в интервью, данном в середине 1990-х годов:

> Когда я была в парашютной школе, я научилась летать на планере. Меня послали продолжать обучение в парашютный центр. Закончив его, я стала инструктором. Я прини-

---

[34] Об итогах военно-технического экзамена и о задачах военной работы на 1936 год. С. 328.

мала участие во многих авиационных парадах: мы прыгали группами с парашютами, чтобы продемонстрировать свое мастерство... Будучи инструктором по парашютному спорту, я посещала также аэроклуб. Для инструкторов-парашютистов было обязательно уметь управлять самолетом. Затем я стала летчицей-инструктором[35].

И условия занятий, и возможности продвижения в рамках системы ОСОАВИАХИМа отличались той же переменчивостью, что и прием новых членов. Предприняв большие усилия по привлечению девушек в свои ряды, ОСОАВИАХИМ впоследствии иногда целенаправленно старался их отвадить. Открытые разногласия и столкновения женщин-обучающихся и мужчин-инструкторов возникали из-за старых как мир традиционных гендерных установок: априорного тезиса о женской физической слабости и физиологической непригодности для серьезных военных профессий. Часто в качестве препятствий выступали и чисто понятийные проблемы: мужчины просто не могли поверить, что «авиация», «техника», «риск», с одной стороны, и «женщина», с другой, могут быть совместимы [Чечнева 1976: 10, 17][36].

Однако был и другой полюс, прямо противоположный этой «отваживающей» тенденции: некоторые инструкторы-мужчины прикладывали большие усилия для того, чтобы удержать женщин в школах. Мария Долина, дочь крестьянина, вспоминала, что, когда ей было 14 лет, мать попросила ее уйти из планерной школы: пора было зарабатывать на жизнь. Мария осталась в школе только благодаря ее директору: «Начальник планерной школы пришел к моей матери и попросил ее разрешить мне продолжать обучение, поскольку из четырнадцати учащихся я была единственной девочкой» [Noggle 1994: 118].

Усилия функционеров ОСОАВИАХИМа по привлечению и удержанию девушек — будущих летчиц и парашютисток —

---

[35] Воспоминания Галины Чаплыгиной-Никитиной и Марии Акилиной в [Noggle 1994: 95, 137].

[36] Исследование проблемы домогательств в училищах гражданской авиации в 1930-е годы см. [Paynich 2008: 77].

оставались непредсказуемыми и переменчивыми оттого, что внутренне противоречивой была гендерная политика этой организации в целом. Допуск женщин в ряды летчиков и парашютистов определялся отнюдь не принципом безоговорочного «женского равноправия», как это представляла своим читателям советская пресса. Политика — господствовавшая, хотя прямо не провозглашавшаяся — определялась квотами и «путевками» и не предполагала равного доступа женщин к высокотехнологичным военным специальностям[37].

Политика квот и путевок, менявшаяся на протяжении десятилетия, была палкой о двух концах. Она ограничивала участие девушек в летной подготовке — и в то же время гарантировала это участие. В зависимости от местных обстоятельств квоты могли открывать или закрывать двери в авиационный клуб. Но в любом случае они гарантировали, что определенное число девушек будет ежегодно приниматься в летные и парашютные школы. В результате становилось возможным оставлять женщин-выпускниц в качестве летных и парашютных инструкторов для школ ОСОАВИАХИМа, военной и гражданской авиации. К концу 1930-х годов наметились новые гендерные штрихи разделения труда. Летчицы и парашютистки беспрепятственно пополняли штат инструкторов, где хронически не хватало кадров, но при этом женщин не брали в военные летные училища в качестве курсантов. Такая политика явно противоречила прямо провозглашавшемуся женскому равноправию и требованиям ВЛКСМ к комсомольцам и комсомолкам на равных заниматься военной подготовкой. Однако в то же время, поскольку указанные установки публично не озвучивались, они не перечеркивали зарождающиеся новые гендерные понятия и надежды.

В конце 1930-х годов тех выпускниц школ, которые приходили в систему ОСОАВИАХИМа, было уже не так легко разубедить в «неподобающем» выборе. В борьбе за новые профессиональные

---

[37] Например, квоты 1932 и 1938 годов для женщин в аэроклубах ОСОАВИАХИМа составляли 20 и 10 % соответственно. См. [Nikonova 2008: 90, 92]. Квоты известны не за каждый год.

возможности для женщин у них нашлись союзники. В 1938 году районный аэроклуб, который посещала Чечнева, уже имел в штате известных летчиц и молодых мужчин-инструкторов, которые говорили с ней на одном языке и верили в то, что «женщина должна иметь возможность раскрыть свои дарования», приписывая распространенное сопротивление приходу женщин в авиацию мужской косности — неизбежному пережитку прошлого [Чечнева 1976: 10, 12–13].

Как школьная система, так и учреждения, обеспечивавшие военную подготовку, такие как ОСОАВИАХИМ, оказались эффективными культурными пространствами, где формировался образ новой женщины и продвигались новые — то есть не основанные на бинарных противопоставлениях — гендерные идеалы. Девушка-летчица или снайпер, пересмотревшая границы традиционных стереотипов, расширившая свое представление о пределах допустимого, замахнувшаяся на то, что раньше считалось немыслимым и несовместимым с женским образом, — такая девушка олицетворяла новое представление о женщине, которое уже не противопоставлялось, как раньше, военному призванию и владению боевыми навыками. В женских воспоминаниях радикально переосмысленные в гендерном отношении педагогические дискурсы выступали как нарождающиеся жизнеспособные языки, которые можно было использовать в экспериментах по созданию нового женского «я».

Новая женщина в прессе, литературе и кино

В прессе и массовой культуре сталинских времен новооткрытые способности женщин к военному делу и их участие в будущей войне не получили ни однозначной поддержки, ни однозначного осуждения на протяжении всего довоенного десятилетия. Зачем нужно было учить девушек школьного и студенческого возраста стрелять из винтовки? Зачем нужно было давать им возможность обучиться мастерству снайпера или пулеметчицы, осваивать такие элементы современной войны, как прыжки с парашютом или летное дело? Если мы попытаемся ответить на эти вопросы, учитывая влияние различных сфер официальной сталинской культуры — прессы, литературы и кинематографа, — то выстроить единый сценарий того, что должно было думать о своем участии в будущей войне первое советское поколение, окажется весьма непросто. Сталинская культура не имела единой точки зрения, а совмещала несколько гендерных сценариев, предлагая советскому обществу противоречивые подходы к решению вопроса о том, как девушки должны применять свои военные умения в ходе будущей войны.

С одной стороны, в публичных речах и газетных статьях советские вожди и журналисты, похоже, соревновались в риторическом мастерстве: кто лучше сумеет избежать каких бы то ни было прямых высказываний на тему «женщины и война». С другой стороны, в литературе и кинематографе работал целый ряд авторов, которые с помощью сюжетных повествований и визуальных репрезентаций продвигали образ женщины-бойца, пытаясь создать новых героев за пределами традиционных гендерных оппозиций. Еще большую сложность сталинской культуре 1930-х годов придавало естественное присутствие консервативных или, говоря языком той эпохи, «буржуазных» взглядов на военные действия.

Начнем с военизированных парадов и слетов, которые, казалось бы, давали советским вождям прекрасные возможности во всеуслышание объяснить, для чего девушки активно осваивают военные специальности. Однако, вопреки ожиданиям, массовые военизированные мероприятия раз за разом оборачивались упущенными возможностями для общественного обсуждения проблемы участия женщин в военных действиях. Высказывания официальных лиц всякий раз отличались уклончивостью. Необъявленные правила публичных речей предписывали их участникам избегать прямых высказываний о девушках и грядущей войне. Александр Косарев, выступая в 1935 году на Первом Всесоюзном Слете парашютистов, дал классический пример того, как можно, превознося участие женщин в оборонных мероприятиях, в то же время полностью обойти вопрос о том, следует ли считать их солдатами.

«Парашютизм как спорт — это только половина дела», — такими словами начал Косарев свою вступительную речь, и продолжил: «Наша молодежь тянется к парашюту потому, что знает — в будущей войне за пределами нашей страны именно ей придется выполнять историческую миссию — окончательно решать, кто кого». В будущей войне парашютистам предстояло стать «самыми отважными и бесстрашными солдатами». Описывая грядущий военный конфликт, комсомольский лидер рисовал знакомый собравшимся сценарий боевых действий, в котором парашютисты переносили войну «за пределы нашей страны» и обеспечивали «выполнение исторической миссии» пролетарской революции. Причисляя прыжки с парашютом к важнейшим умениям современного солдата и включая их в число важнейших военных операций будущей войны, Косарев в то же время тщательно избегал напрашивавшегося вопроса. Будет ли выполнение военно-исторической миссии пролетарской революции сопровождаться отказом от «буржуазной» гендерной идеологии, исключавшей женщин из числа бойцов, — этого по завершении речи Косарева понять было нельзя. Если такой отказ и предполагался, то об этом оставалось только догадываться. И то, что Косарев неспроста воздержался от включения парашютисток в число участников будущих сражений, было особенно заметно в момент, когда он поздравил нескольких девушек с рекордными прыжками. Похвалив их за мастерство, он ни разу не обратился к ним как к будущим солдатам[38].

Подобные риторические уловки использовал не один только Косарев. На протяжении всех 1930-х годов в официальных речах, затрагивавших тему военной подготовки женщин, понятия «женщина» и «солдат» не ставились рядом и женщины не представлялись участницами будущих сражений. Эти умолчания, однако, не мешали фотографам и журналистам использовать передовые статьи для создания энергичных и многогранных образов советских оборонно-массовых кампаний, в которых на равных участвуют и юноши, и девушки. Более того, за это деся-

---

[38] *Косарев А.* Гордые соколы // Комсомольская правда. 1935. 6 августа.

тилетие пропагандисты создали альтернативные приемы, в соответствии с которыми участие девушек в военизированных мероприятиях уже не представлялось вторжением в «мужское пространство». Напротив, фотографы и журналисты предлагали визуальные образы и рассказы, побуждавшие читателей воспринимать владение оружием как не только мужское умение. Эта тенденция наглядно представлена в публикациях «Комсомольской правды», последовательно проводивших мысль о том, что военная подготовка дает женщинам особые возможности испытать себя и открыть в себе новые качества вопреки распространенным предрассудкам.

Давая обзор хода первой оборонно-массовой кампании 1930-х годов, «Комсомольская правда» сразу стала включать девушек в портретные галереи лучших стрелков. Фотографии юношей и девушек в военной форме и с винтовкой за плечами демонстрировали равные военные умения представителей обоих полов и призывали читателей отождествить себя с кем-нибудь из достигших совершенства[39].

Позднее фотографии девушек-стрелков крупным планом стали появляться на первых полосах всесоюзных газет в качестве иллюстраций рекордных достижений советской молодежи в военном деле. Одной из таких чемпионок по стрельбе была Вера Штафинская, девушка из Иваново, добившаяся в 1937 году лучших результатов на Втором Всесоюзном соревновании юных снайперов. При максимально возможном результате в 50 очков она выбила 44 из позиции стоя, 48 при стрельбе с колена и все 50 из позиции лежа. На фотографии, где она запечатлена с винтовкой на плече, Вера предстает девушкой-бойцом, примером

---

[39] См. фотографии и плакаты в «Комсомольской правде»: «Знать винтовку как азбуку» (фото, 23 февраля 1932 года); «Молодые снайперы тт. Баканова и Зубова» (фото, 24 августа 1934 года); Международный день молодежи (плакат, 1 сентября 1934 года); «Летчики — выпускники Центрального аэроклуба СССР: комсомолки Катя Медникова, Нюра Антропова и комсомолец Дмитрий Лебедев» (фото, 7 ноября 1935 года); «Девушка на танке» (фото, 14 февраля 1936 года); «Комсомолки А. Ф. Сухойкина и В. А. Яблонская — отличницы-выпускники Читинского аэроклуба» (фото, «Правда», 17 сентября 1939 года).

Илл. 6. Вера Штафинская, победительница Второго Всесоюзного соревнования юных снайперов // Комсомольская правда. 1937. 22 августа.
С разрешения «Комсомольской правды»

для подражания, которым должны восхищаться молодые люди обоих полов[40] (илл. 6).

Портретная галерея «новых женщин» постоянно обогащалась благодаря репортажам, интервью и очеркам. В первой половине 1930-х годов вторым по популярности образом женщины-бойца в газетах — после девушки с ружьем — был образ парашютистки. Имена мужчин и женщин, успешно занимающихся парашютным спортом, появлялись в прессе на равных и быстро приобретали всесоюзную известность. Одной из таких парашютисток, которую «Комсомольская правда» представила своим читателям в 1934 году, была Нина Камнева. 17-летняя Нина была самой юной студенткой Московского института физической культуры и, скорее всего, самым юным в то время инструктором по прыжкам с парашютом. В августе 1934 года, когда журналист Иван Рахилло взял у нее интервью, она совершила уже 23 прыжка. На тот момент никому не известная, вскоре она станет всесоюзной знаменитостью[41].

Рахилло начал свою публикацию с описания прыжка Камневой с аэроплана, выполнявшего «мертвую петлю». Рассказывая о том, что он видел своими глазами, журналист описывал, как Камнева выбирается из кабины на крыло и «в тот момент, когда самолет висит вверх колесами, на спине, она отрывает руки и прыгает

---

[40] Фотография Веры Штафинской // Комсомольская правда. 1937. 22 августа; см. также фотографию летчицы-испытателя Кати Медниковой (Комсомольская правда. 1939. 6 мая).

[41] О девушках-парашютистках поколения Камневой см. [Nikonova 2008].

в глубокую пустоту. Оторвавшись от самолета, она пролетает некоторое пространство с нераскрытым паршютом, безостановочно кувыркаясь через голову». Она умело избегает столкновения с аэропланом, который мог бы задеть ее при выходе из петли, и только затем дергает кольцо и раскрывает парашют. Описывая беседу с Камневой, состоявшуюся сразу после прыжка, Рахилло делится с читателями своим удивлением: «Она только что прыгнула с мертвой петли, а на лице никаких признаков усталости или возбуждения». Они просто беседуют о ее учебе в институте, о ее затяжных прыжках с большой высоты и о технической стороне парашютного спорта: как начинать вращение и как выходить из него, как оценить скорость падения, как скоординировать тело в воздухе[42].

Те выводы, которые Рахилло делает из встречи с Камневой, могут служить примером не сводящейся к бинарным противопоставлениям гендерной логики в той форме, в какой она действовала в официальной культуре 1930-х годов. Не скрывая большого удивления и даже изумления от знакомства с Камневой, Рахилло объясняет качества этой девушки, не прибегая к традиционным парадигмам, которые легко позволили бы ему объявить ее аномальным явлением — женщиной, которая в ситуации подготовки общества к войне стала разыгрывать мужскую роль. Вместо того чтобы выделить Камневу как исключение из правил, которое никак не может изменить нормальный порядок вещей, Рахилло характеризует ее следующим образом: «Любой прыжок она выполняет с такой непринужденной легкостью, что создается впечатление, будто она рождена быть парашютисткой». Его биологическое объяснение превращало умение совершать сложные прыжки с парашютом в некий врожденный дар, не присущий в общем случае ни одному из полов. Призвание парашютиста и «воинский» склад личности, таким образом, представлялись Рахилло как врожденное свойство избранных мужчин и женщин. Себя Рахилло не считал принадлежащим к этим избранникам[43].

---

[42] *Рахилло И.* Нина Камнева // Комсомольская правда. 1934. 19 августа.
[43] Там же.

Камнева не разделяла его точку зрения, настаивая на том, что после надлежащей тренировки «такие прыжки могут делать все здоровые люди» — утверждение, которое можно считать одним из первых в советской прессе высказываний женщины, прошедшей военную подготовку. Отстоять свое мнение для Камневой было чрезвычайно важно, и потому она вступила в полемику с журналистом и предложила совсем иное обоснование: умение, воля и смелость парашютиста проявляются как у мужчин, так и у женщин отнюдь не из-за исключительной предопределенности, а потому, что им предоставлена возможность для тренировок. В целом очерк предлагал читателям два способа рационализации участия девушек в парашютных и других военных кружках: «биологический» и «воспитательный». Но в обоих вариантах мастерство и «воинский» характер парашютиста никоим образом не связывались с принадлежностью к мужскому или женскому полу.

Способы визуальной репрезентации и дискурсивные основания, которые выработали советские фотожурналисты и корреспонденты при освещении кампаний по овладению стрелковым оружием и парашютом, использовались и для других видов военной подготовки. Во второй половине 1930-х годов на повестке у журналистов оказались снайперская стрельба, владение автоматическим оружием, планерный спорт, аэроклубы и летные школы — все это касалось и юношей, и девушек. Журналисты-мужчины из «Правды» и «Комсомолки» продолжали конструировать эффектные образы девушек — участниц военных кружков. При этом, как было и в случаях Штафинской и Камневой, вопрос о том, что будет с этими новыми героинями, если начнется война, оставался непроясненным[44].

---

[44] См. статьи о девушках — снайперах, пулеметчицах и летчицах: *Тамарин М.* Лагерь снайперов // Правда. 1939. 22 августа; *Зотов Н.* Подруги // Правда. 1939. 8 марта; Летчик-испытатель Катя Медникова // Комсомольская правда. 1939. 6 мая; Рекордные полеты Полины Осипенко // Комсомольская правда. 1937. 28 мая; Скоростные полеты Гризодубовой // Комсомольская правда. 1937. 10 октября.

В середине 1930-х годов в центральной прессе некоторые темы, прямо не относившиеся к молодым женщинам, использовались журналистами для того, чтобы все-таки соединить образы «женщины» и «солдата». Образ женщины-бойца стал первоначально появляться в статьях о русской революции и Гражданской войне. В числе центральных фигур этих героико-эпических рассказов были и боевые женщины-пролетарии, которые плечом к плечу со своими «сыновьями, мужьями и братьями» сражались за лучшую жизнь не слезами, а винтовкой[45]. Гражданская война в Испании и китайско-японские конфликты 1930-х годов легли в основу модели, в которой подчеркивались солдатские качества женщин и обосновывалось их участие в современных сражениях. Большое внимание уделялось обычным испанским женщинам, которые стали солдатами, открыв для себя возможность сражаться — либо случайно, либо сделав сознательный выбор в пользу военной карьеры.

Наряду с всемирно известным испанским коммунистическим лидером Долорес Ибаррури, которая позиционировалась как символ вооруженной борьбы пролетариата против фашизма, советские газеты помещали рассказы о менее известных испанках, осознавших свои таланты к политической организации и публичным выступлениям и принимавших участие в борьбе в составе боевых частей и батальонов. В 1936 году «Комсомолка» посвятила один из номеров Международному женскому дню и борьбе испанских женщин против фашизма. В газете были представлены, среди прочих, две молодые женщины, командовавшие боевыми частями народного ополчения. Одна из них — «лейтенант Хозе», командовавшая батальоном, названным в честь вождя немецкой Коммунистической партии Эрнста Тельмана. «Комсомольская правда», описывая путь этой женщины в ряды вооруженных бойцов за республику, подчеркивала, что ею двигало прежде всего желание сражаться, а ее мечты о будущем были связаны с военной карьерой: лейтенант Хозе собиралась поступать в военное училище. Эта статья, как и другие переведенные с испанского, значительно расширяла возможности со-

---

[45] *Владимиров Л.* О героизме женщин // Комсомольская правда. 1936. 8 марта.

ветских репортеров рассказывать о вовлеченности женщин в современные военные действия[46].

Вопрос об участии женщин в боевых действиях получал более широкое вербальное и визуальное освещение в литературе и кинематографе. Писатель Петр Павленко предпринял первую в советской литературе попытку создать образ женщины-солдата, участницы будущей современной войны, и довести импликации оборонительно-мобилизационной кампании до логического завершения. В 1936 году был опубликован его эпический революционный роман «На Востоке», в котором автор переосмыслил гендерный аспект современной войны в соответствии с тем, что видел вокруг — на летных полях ОСОАВИАХИМа, в тирах и школах. Тысячи молодых женщин, участвовавших в военных кружках и заинтересованных в поступлении на военную службу, воплотились у Павленко в центральный образ Жени Тарасенковой, комсомолки и пилота тяжелого бомбардировщика.

В романе одна из главных военных сцен — бомбардировка Токио — описана Павленко от лица Жени. Здесь Павленко нарушает все журналистские табу на публичное обсуждение темы «женщина и война». Перед тем как подняться в воздух на тяжелом бомбардировщике, укомплектованном помимо нее мужским экипажем, его героиня, в прошлом простая деревенская девушка, произносит краткую речь, в которой благодарит партию и армию за доверие, оказанное ей этим военным заданием, и за то, что осуществилась ее мечта принять участие в боях. Она посвящает свое участие в воздушных боях всем советским девушкам: «Спасибо партии, спасибо командованию, что посылаете меня на большое дело, — крикнула Евгения. — Иду за всех девушек Союза... Драться буду, как старшие дрались в Октябре, как испанки дрались, как китайские женщины дрались в Фушуне» [Павленко 1937: 334–335].

---

[46] *Леон М.-Т.* Лейтенант Хозе; *Мендес К.* Героическая дочь народа, Лина Одена // Комсомольская правда. 1936. 8 марта; см. также: *Фейгельман А.* Героические женщины // Комсомольская правда. 1936. 1 августа; Мадрид в эти дни // Комсомольская правда. 1936. 4 августа; Фотография одной из боевых частей Китайской армии // Комсомольская правда. 1939. 11 августа.

Помещая девушку в боевую обстановку, автор запускает процесс переосмысления традиционно мужских прерогатив — уничтожать врага и самим погибать в бою. Разница между получившей медаль за меткость и запечатленной в статической позе на фотографии в «Комсомолке» женщиной-снайпером и пилотом бомбардировщика из романа Павленко огромна. Первая является образом с невыраженной, только подразумеваемой историей, вторая прямо представлена как женщина-боец, которая всеми своими поступками, мыслями и чувствами принадлежит боевым действиям.

В описании Павленко все существо Жени во время боя поглощено решимостью уничтожить врага и готовностью к героическому самопожертвованию. То же настроение владеет и всеми мужчинами в ее экипаже: первым пилотом, штурманом и бомбардиром. Рисуя характер Жени, автор доходит до того, что наделяет эту женщину способностью испытывать радость от разрушения. Женя самозабвенно бомбит Токио. Когда в разгар боя самолет оказывается подбит, она разрывается между желанием продолжить сражение и рационально осознанной необходимостью уводить самолет обратно на советскую территорию. «Но как трудно удержаться от удара, когда еще хватает сил его нанести», — признается она себе в мыслях [Павленко 1937: 343][47].

Кинематограф, как и литература, был еще одним культурным пространством, где нарушались негласные запреты. Начиная с середины 1930-х годов сценаристы, режиссеры и актеры принялись выводить на экраны образы сражающихся женщин. Их усилия создавали кинематографические прецеденты для отказа от традиционных гендерных противопоставлений и совмещения в образе женщины-бойца военной доблести, профессионализма и насилия. В фильме 1934 года «Чапаев» советскому

---

[47] Вымышленная Павленко картина будущей войны, которая осуществляется совместными усилиями женщин и мужчин — экипажа бомбардировщика, получила наивысшее одобрение из всех возможных в сталинском обществе 1930-х годов: две положительные рецензии в «Правде». См.: *Ровинский Л.* Роман о будущей войне // Правда. 1937. 3 января; *Резников Б.* Указ. соч.

зрителю был предложен первый убедительный образ сражающейся на войне женщины: Анка-пулеметчица.

Фильм создавался на протяжении двух лет режиссерами Сергеем и Георгием Васильевыми и был посвящен легендарному красному командиру времен Гражданской войны Василию Чапаеву и его дивизии[48]. Молодая пулеметчица Анка (актриса Варвара Мясникова) была персонажем второго плана. Она участвует в наиболее напряженных и, с военной точки зрения, механизированных боевых сценах фильма. Словно желая преподать зрителям урок тактики пулеметного боя, создатели фильма показывают Анку, терпеливо ожидающую за щитком, когда вражеские колонны приблизятся к ее позиции. Дистанция между ней и врагом должна быть достаточно близкой, чтобы она могла точно поражать цели, не расходуя зря пуль. Во время этой напряженной сцены камера передвигается, показывая реакцию солдат-мужчин из того же подразделения. Они волнуются и не находят себе места, что составляет разительный контраст с хладнокровием Анки. Нервы у них сдают, они наперебой кричат ей, что пора стрелять. Однако девушка с досадой пропускает их крики мимо ушей и не открывает огонь до тех пор, пока не наступает нужный момент.

Пулеметчица, держащая под контролем боевую ситуацию, — этот образ наглядно показывал советскому зрителю, как следует представлять себе женщину-бойца и какое место она должна занимать в бою, сражаясь наряду с мужчинами. Помимо харизматичного характера, образ Анки популяризировал еще и важный для военной подготовки в 1930-е годы вид оружия. В популярной советской литературе о будущей войне пулемет занимал особое

---

[48] В течение первых пяти лет после выхода фильм только в СССР посмотрели 50 миллионов человек. См.: Фильм о подвигах, о доблести, о славе. Обсуждение «Чапаева» зрителями // Правда. 1934. 20 ноября; «Чапаева» смотрит вся страна // Правда. 1934. 21 ноября; *Михайлов А. Д.* Прошлое встало перед глазами // Правда 1934. 21 ноября. Фильм получил награду за лучший иностранный фильм Американского Национального совета кинокритиков в 1935 году и гран-при Парижской Всемирной выставки в 1937 году. См. [Stites 1992; Leyda 1960: 314–318; Hicks 2005; Dobrenko, Young 2007].

место в ряду новых и старых полуавтоматических и автоматических видов вооружения. Он являл собой звено, связывавшее технически слабо оснащенные сражения Гражданской войны и ожидаемую в будущем механизированную войну. «Кто же теперь не знает, — риторически восклицала газета "Правда" в передовой статье весной 1937 года, — как широко будет использован в современном бою пулемет!» Оставаясь незаменимым «оружием пехоты», пулемет играет новую, решающую роль в войне с использованием «авиации и мотомехвойск», — объясняла читателям «Правда»[49].

По словам девушек, писавших письма в «Комсомольскую правду», Анка со своим беспощадным пулеметом стала предметом страстного увлечения. Сдавая военные минимумы и выбирая себе военную специальность в эпоху срочных приготовлений к войне, девушки вряд ли могли оставаться равнодушными к первому положительному образу женщины-солдата в сталинской культуре. Среди тех, кто влюбился в Анку и ее пулемет, была и школьница Нина Онилова. Впоследствии в записках, которые она вела во время войны, Онилова будет вспоминать, что после просмотра фильма она почувствовала особую симпатию к игравшей Анку актрисе Варваре Мясниковой. В 1942 году, уже воюя в окопах, Онилова начала писать письмо Мясниковой: «Я знаю, что вы не та Анка, не настоящая чапаевская пулеметчица. Но вы играли как настоящая, и я вам всегда завидовала. Я мечтала стать пулеметчицей и так же храбро сражаться <как вы в фильме>»[50].

К концу 1930-х годов небольшая, но запоминающаяся галерея женщин-солдат пополнилась еще одним образом. Через два года после публикации своего военного романа Петр Павленко вернулся к теме женщина и война, на этот раз вместе с режиссером

---

[49] Решительно улучшить работу ОСОАВИАХИМа <передовая статья> // Правда. 1937. 21 мая.

[50] *Левицкий О.* Женщина-боец // Комсомольская правда. 1937. 14 августа; Неоконченное письмо Нины Ониловой // РГАСПИ. Ф. М-7. Оп. 2. Ед. хр. 939. Л. 18.

Сергеем Эйзенштейном и композитором Сергеем Прокофьевым. В 1938 году появился исторический фильм «Александр Невский», в котором Павленко и Эйзенштейн выступили в качестве соавторов сценария. Безусловно, «Александр Невский» был вовремя снятым пропагандистским фильмом. Рассказывая о столкновениях, происходивших в XIII веке между орденом тевтонских рыцарей Священной Римской империи и жителями Новгорода, фильм захватывал зрителя зрелищем средневековой битвы с кольчугами и латами, шлемами и мечами, щитами и топорами и в то же время откликался на современную политическую ситуацию в нацистской Германии и ее военные притязания. Тевтонских рыцарей в фильме называют «немцами», вторгшимися в «Русскую землю» и «погибшими от меча русского народа».

Другое послание к зрителям, содержавшееся в фильме, было более внутреннего характера и касалось милитаризации советских девушек: авторы фильма представляли воображаемую предысторию их военных устремлений, планов и чаяний. Для Павленко этот фильм был следующим шагом в осмыслении феномена Жени Тарасенковой средствами историко-фольклорной драмы. В «Александре Невском» подсказанный современностью образ женщины-бойца исследовался на примере героини по имени Василиса, дочери псковского воеводы, которую Павленко в черновиках сценария характеризовал как «тип» русской женщины-«воительницы». В окончательной версии фильма образ Василисы воплощает историческое наследие «земли Русской», восходящее к незапамятным временам. Указывая на то, что Василиса представляет собой «тип», и противопоставляя ее в фильме женщинам, не принимающим участия в боях, Павленко и Эйзенштейн указывают на множественность путей самореализации женщин на войне.

Василиса — важная роль, включенная в главную сюжетную линию фильма. После того как ее отец был убит разорившими Псков тевтонцами, она вступает в войско князя Александра, чтобы дать отпор агрессорам. Решение присоединиться к дружинникам вызвано жаждой мести и непреодолимым желанием принять участие в защите отечества — желанием, которое представлено в фильме как внутренняя потребность [Павленко, Эйзенштейн 1938: 18]. Образ Василисы развивается в фильме в ряде сцен, смонтированных с другими эпизодами стремительно развивающегося сюжета. С помощью молодых парней и оружейника Игната Василиса снимает гражданское платье и начинает надевать шлем. Новая сцена: Василиса поправляет шлем и начинает надевать кольчугу. Игнат и парни помогают ей. Повсюду мечутся люди с факелами [Павленко, Эйзенштейн 1938: 30].

На поле боя Василиса сражается как одна, так и вместе с отважным воином Буслаем, который в итоге в нее влюбляется. В быстрой смене сцен сражений камера выхватывает Василису в момент убийства врага, когда она, взмахнув мечом, поражает им предателя Анания. После победы о Василисе говорят как о лучшем воине. Буслай, боевой товарищ Василисы и свидетель ее отваги на поле боя, говорит князю Александру, что «Охоробил Господь больше всех дочь воеводскую Василису. Храбрее ее не было». Ближе к финалу Буслай открывает героине свои чувства. Он спрашивает у матери благословения на брак с Василисой [Павленко, Эйзенштейн 1938: 43, 51, 62–63].

Фильм, заканчивающийся двумя свадьбами, утверждает существование более чем одного смысла понятий «женщина» и «семья». В результате первой свадьбы возникает традиционная семейная пара — женщина, которая никогда не поднимала меча, и воин, который уступает в храбрости только Василисе. Второй брак соединяет Василису и Буслая, женщину и мужчину — защитников Русской земли, чей взаимный интерес возник на поле битвы. В характере Василисы, таким образом, военная храбрость и насилие смешиваются с женской привлекательностью и потенциальным последствием брака — материнством. В отличие от обычной невесты она олицетворяет новую — не основанную на противопоставлениях — гендерную систему, в которой женская привлекательность и материнство не противопоставляются военному призванию и умению. Сняв гражданскую одежду и надев мужскую кольчугу, Василиса, с точки зрения создателей фильма, воплощает переосмысленное понятие «женщина», в котором «солдатское» и «женское» соединены и переопределены так, что перестают быть несовместимыми противоположностями.

Таким образом, к концу десятилетия в официальной сталинской культуре сосуществовало несколько подробно разработанных, многосторонних и талантливо воплощенных репрезентаций молодой женщины — солдата[51]. В совокупности эти культурные репрезентации могли представить масштабную историю женщины-бойца, начавшуюся в незапамятные времена, дошедшую до недавнего прошлого и способную продолжиться в механизированной войне будущего. Сделав следующий шаг после журналистов, прославлявших «новых женщин», видные советские деятели искусства перенесли женщину-воина из тира и летного поля на воображаемые поля сражений прошлого и будущего.

Гендерные противоречия накануне войны

В середине 30-х годов противоречия государственной политики по отношению к новой советской женщине и ее позиции в массовой культуре достигли нового рубежа. Развернутая в 1936 году кампания по запрету абортов и введению закона о защите материнства откровенно навязывала публике традиционные понятия о женской физиологии. Что же должна была представлять собой молодая «советская женщина», становилось все бо́льшим вопросом.

Предварительный вариант постановления о запрете абортов и защите материнства появился в газетах 26 мая 1936 года вместе с передовыми статьями, призывающими к всенародному обсуждению предложенного запрета. Поскольку эта мера представляла собой прямую противоположность проводившейся в 1920-х годах политике легализации абортов, правительственная инициа-

---

[51] «Александр Невский» шел на советских экранах с осени 1938 года и до подписания советско-германского пакта о ненападении в конце лета 1939 года. После этого фильм был снят с проката. Однако после нападения Германии на СССР в июне 1941 года его немедленно вернули на экраны. См. [Stites 1992; Leyda 1960: 348–349].

тива могла показаться противоречивой и нуждалась в объяснении: как понимать попытку государства начать распоряжаться телом женщины, если то же самое государство провозглашало, будто стоит во главе всемирного движения за эмансипацию женщин?[52] Советское руководство, хорошо понимая, что предложенная мера противоречит его прежней политике и развернутой пропаганде женского равноправия, рассчитывало на всенародное обсуждение как способ примирить граждан с новым законом[53].

Комсомолки и школьницы, которых закон касался прежде всего, представляли собой «особую» целевую аудиторию прессы. В «Комсомольской правде» тема материнства как физиологической потребности и гражданского долга обсуждалась по-новому, с тщательной проработкой деталей и в педагогическом ключе. К популяризации нового закона были привлечены лучшие журналисты этого издания. Главными темами их репортажей и очерков стало счастье беременности, радость вынашивания и родов — от ощущения первых движений будущего ребенка до его появления на свет и всего, что происходит дальше[54]. Журналисты Елена Кононенко и Сергей Крушинский настаивали на том, что материнство, которое следует рассматривать как важнейшее дело всей жизни женщины, никак не мешает ее карьере и личному счастью. Более того, научиться гармонично совмещать материнство с другими аспектами плодотворной и культурной жизни — новая задача молодой советской женщины. Эта «гармония» считалась вполне достижимой, если женщина, следуя урокам законодателей и журналистов, будет априори считать материнство необходимостью, диктуемой ее телом. Построенное вокруг «материнства» понимание женской природы в упаковке логиче-

---

[52] В западной науке это постановление рассматривается как серьезное отступление советского государства от приверженности идеалам женского равноправия. См. [Krylova 2017a].

[53] На широкое обсуждение трудящихся <передовая статья> // Правда. 1936. 26 мая; Великая забота о женщине-матери // Комсомольская правда. 1936. 27 мая.

[54] *Кононенко Е.* Ребенок // Комсомольская правда. 1936. 27 мая; *Крушинский С.* Поэзия материнства // Комсомольская правда. 1936. 9 июня.

ской аргументации относительно женской физиологии было новым дискурсивным конструктом в официальной сталинской культуре. Ранее в сталинизме понятие «женщина-мать» не отрицало общественного запроса на новый тип женщины, согласно которому советская женщина могла жить полной жизнью помимо рождения и воспитания детей. Однако в соответствии с новым законом все иные составляющие ее жизни следовало отодвинуть в сторону на время беременности, а впоследствии всегда отдавать приоритет заботам материнства[55].

Новый официальный дискурс, подчеркивая биологическую обусловленность материнства, стремился таким образом исключить этот вопрос из числа спорных проблем культуры. В результате возникали отчасти биологизированные представления о женщине и строгая иерархия ценностей, в которой материнские обязанности занимали вершинную позицию; в этой системе не оставалось места женщине-бойцу. В журналистском дискурсе, популяризировавшем подобный взгляд на женщину как на средство увеличения рождаемости, переосмысление представлений о допустимости участия женщин в военных действиях и даже сама мысль о женщине-солдате по умолчанию считались немыслимыми.

Критика законодательства и стоящего за ним представления о материнстве как главной функции женщины не заставила себя ждать. Реакция появилась на страницах тех же газет, которые печатали пронаталистские передовицы и авторские статьи. Письма к редактору стали главным средством общественного ниспровержения логики официальной «материнской» парадигмы. Центральные газеты, такие как «Правда», «Комсомолка» и «Известия», помещали письма самого разного содержания, ясно показывавшие отсутствие консенсуса по вопросу о запрете абортов. Особенно много критических высказываний читательниц о предлагаемых мерах печатала «Комсомольская правда».

---

[55] *Кононенко Е.* Указ. соч.; *Крушинский С.* Указ. соч.; Женщина-мать <передовая статья> // Правда. 1936. 19 мая; Счастье быть матерью <передовая статья> // Комсомольская правда. 1936. 9 июня.

Из 118 напечатанных в июне этой газетой писем, заметок и предложений по данному вопросу почти треть (31 %) выражала то или иное несогласие с предлагаемыми мерами или прямой протест против защиты материнства путем запрета абортов. Нетрудно было предсказать, каким окажется социокультурный портрет этих несогласных с новыми мерами женщин. Большинство составляли студентки технических институтов и университетов: будущие инженеры, химики, биологи, метеорологи (обычно авторы писем указывали свои специальности). Этих питавших большие надежды на будущее женщин-специалистов поддерживали женщины 25–30 лет, занимавшие руководящие посты на предприятиях, в профсоюзах и комсомольских организациях. Несогласие основывалось на различных понятиях о материнстве.

Принимая тезис о том, что материнство составляет их гражданский — или, как написала одна корреспондентка, «государственный» — долг, эти молодые женщины в то же время не соглашались автоматически с идеалом женщины-матери, который усиленно внедрялся в официальном дискурсе для оправдания нового законодательства[56]. Они совершенно иначе понимали материнство и его место в жизни женщины и в своих письмах игнорировали утверждения официальной прессы о телесных позывах к материнству. Вместо этого молодые женщины — студентки, дипломированные специалисты и руководители — обсуждали материнство с прагматических позиций, соотносили его со своими частными, семейными и профессиональными обстоятельствами и надеждами. В результате то и дело возникали споры по поводу отдельных случаев, интерпретаций, разных иерархий ценностей и определений роли материнства в жизни женщины. К дискуссии присоединились некоторые из молодых мужей и мужчин-медиков[57].

---

[56] Письмо Янковской и Стеликовой. Материнство — государственная обязанность // Комсомольская правда. 1936. 29 мая.

[57] Письмо Д. И. Азбукина. Считаться с желанием женщины // Комсомольская правда. 1936. 2 июня.

Письма несогласных тщательно, пункт за пунктом корректировали публикации журналистов, в которых материнство было представлено как всепобеждающая и благодатная биологическая сила, и рассказывали о том, каких огромных затрат сил и времени требует от женщины материнство. В определенные моменты материнство, по их мнению, было крайне «нежелательным». Независимо от того, получает ли женщина мужскую помощь, имеет ли она возможность отдать ребенка в детский сад или нет, энергично объясняли молодые женщины, первые этапы материнства — вынашивание плода, роды и кормление — создают огромные сложности для организации женского труда, отдыха и учебы. Работающим женщинам представлялось несомненным, что дети вынуждают их отставать от коллег. Несвоевременное рождение ребенка едва ли можно без оговорок назвать ничем не омраченной радостью[58].

Широко распропагандированный идеал многодетной матери — перспектива, которую открывал закон о запрете абортов, — казался многим воплощением отказа от личной и профессиональной самореализации. В таком духе выражала свои опасения перед ничем не ограниченным материнством молодая заведующая почтовым отделением А. Волкова. Обращаясь прямо к сути вопроса, она указывала, что многодетное материнство тормозит личный и профессиональный рост женщины. Волкова описывала, как женщины со множеством детей деградируют и сами не подозревают об этом. «На страницах печати выступают женщины, имеющие 11–13 человек детей, — писала Волкова. — Интересно было бы знать, какое образование они имеют, кем работают, как провели и прожили они свою жизнь и что хорошего видели в жизни, кроме детей?»[59]

---

[58] Письмо Субботиной // Комсомольская правда. 1936. 29 мая; Письмо Хан, Корольковой и Чекиной. «Замечание студенток» // Комсомольская правда. 1936. 1 июня; Письмо И. Бочар. «Дети мешают учебе»; письмо Ивановой «Мое дополнение»; Письмо О. П. Мунгаловой «Я горжусь своим сыном» // Комсомольская правда. 1936. 2 июня.

[59] Письмо А. Волковой. «Помеха общественной работе» // Комсомольская правда. 1936. 2 июня. Многодетность также лишала женщин возможности проводить время после работы дома с книгой или в кино с подругой, другом

Молодым женщинам, которые выступали против предложенного запрета абортов, казалось логичным, что те аспекты материнства, которые вступали в противоречие с другими сторонами их жизни, должны быть минимизированы и ограничены семейным планированием. Они писали о необходимости внесения поправок в закон: нужно заменить «категорическое запрещение абортов» «ограничением применения аборта», учитывающим обстоятельства жизни женщины[60].

Рассматривая материнство с точки зрения гражданского долга и выступая против безусловного запрета абортов, авторы этих писем совершенно исключали из рассмотрения какую-либо физиологическую тягу к материнству. Более того, их «гражданское» понятие материнства больше не являлось безусловным стержнем женской идентичности — в их письмах оно выступало в качестве переменной величины, которую можно и до́лжно ставить в зависимость от долговременных жизненных целей. При таком радикальном переосмыслении представлений о женской идентичности девушка уже не подчиняла свою жизнь внутренней потребности в материнстве, а наоборот — ставила свои материнские обязанности в зависимость от всей остальной жизни.

Такое понимание «гражданского» материнства не исключало материнской любви, но только при условии, что радости материнства не потребуют всей жизни молодой женщины и что общество не использует ее привязанность к детям для того, чтобы лишить ее более широких жизненных целей. Об этом писала на

или мужем — эти виды отдыха фигурировали в письмах молодых женщин как составные части желательной и полной жизни новой советской женщины и ее семьи. Письмо Максименко, Дежковой, Нестеровой, Перепелкиной, Андрусян, Малышковой, Васильевой, Ивкиной (студенток Московского Автодорожного института). «В отдельных случаях разрешать аборты» // Комсомольская правда. 1936. 4 июня.

[60] Письмо И. М. Матвеевой. «Мать и отец одинаково ответственны» // Комсомольская правда. 1936. 29 мая; Письмо Антимонова. «Величайший документ» // Комсомольская правда. 1936. 1 июня; см. также ранее цитировавшиеся письма Бочар «Дети мешают учебе»; Хан, Корольковой и Чекиной «Замечание студенток»; Мунгаловой «Я горжусь своим сыном»; Ивановой «Мое дополнение».

страницах «Правды» С. Гольдбург — недавняя выпускница вуза, защитившая работу по биопсихологии на пятом месяце беременности. В начале письма она выражала согласие с выступлениями, направленными против абортов: «Скажу о себе: несколько месяцев назад родила ребенка, замужем я меньше года, и материнство приняла как великий и радостный долг». Однако далее Гольдбург указывала, что «радостный долг» привел бы к горькому разочарованию, если ей «пришлось бы сейчас вынашивать другое дитя». «Все силы, положенные мною на учебу, на изучение языков, на научную работу, — пишет она, — останутся втуне. А это — большая и тяжелая обида»[61].

Трактуя материнство как гражданский долг, но отказываясь признавать за ним статус некоей априорной женской ценности, молодые девушки, выражавшие несогласие с государственными мерами против абортов, явно расходились с официальной риторикой. Сложность сталинского периода заключалась в том, что ни в 1936-м, ни в последующие довоенные годы подобные радикальные переосмысления женской природы никогда полностью не изгонялись из сталинистской культуры. Например, в 1936 году газета «Правда» в течение нескольких месяцев публиковала полярные по содержанию, явно противоречащие друг другу материалы, касавшиеся понимания материнства и гендерных различий. В июне, как мы видели, проходила кампания, которая трактовала материнство как безусловную, физиологическую потребность всех женщин. Однако уже в октябре «Правда» начала пропагандировать военный роман Павленко «На Востоке», в котором будущая механизированная битва описывалась как место, в котором естественно сосуществуют профессиональные бойцы — мужчины и женщины. В январе 1937 года вновь прозвучала положительная оценка присущего роману Павленко нового видения гендерной проблематики в будущей войне[62].

---

[61] *Гольдбург С., биолог-физиолог*. Письмо кормящей матери // Правда. 1936. 5 июня.

[62] *Резников Б.* Указ. соч.; *Ровинский Л.* Указ. соч. О гендерных репрезентациях молодых женщин-матерей в советской литературе и театре конца 1930-х годов см. [Крылова 2000].

К концу 1930-х годов полярно противоположные оценки советской прессой гендерных вопросов стали еще резче. Проект постановления о запрете абортов и охране материнства через месяц после первой публикации превратился в закон, не претерпев при этом существенных изменений. Однако споры о материнстве и женской природе на этом не закончились. Дискуссия о материнстве, связанная с проблемами современной войны и военной службы, была по сути навязана «Комсомольской правде» молодыми женщинами, продолжавшими писать в газету и после того, как закон о запрете абортов вступил в силу: теперь они описывали трудности, с которыми сталкивались при занятиях в военных кружках и попытках связать свою профессиональную жизнь с армией — эти сложности они объясняли укреплением идеологии, отводившей женщине исключительно место матери. В письмах девушки не только представляли себя солдатами-гражданами на будущей войне, но и видели себя кадровыми офицерами. Споры и конфликты по поводу физиологии материнства и женского предназначения в военных кружках и училищах в итоге вылились в открытую публичную дискуссию.

10 апреля 1937 года «Комсомольская правда» опубликовала письмо двадцатилетней Анны Грищуковой из Днепродзержинска. Недавняя выпускница средней школы и участница военных кружков, Грищукова оказалась первой из девушек послереволюционного поколения, которой удалось на страницах газеты подробно поведать о своих надеждах поступить на военную службу и принять участие в боях. Отлично умея стрелять — она легко выполнила норматив на значок «Ворошиловский стрелок» II степени, — Грищукова не сомневалась в том, что если начнется война, ее место — на передовой и что она «справится с врагом не хуже, а может и лучше мужчин». Однако причины, заставившие ее написать в «Комсомольскую правду», имели отношение не столько к ее будущему, относительно которого у нее была полная ясность, сколько к ее настоящему. Хотя ее и приняли в аэроклуб, ей не разрешали учиться на пилота или воздушного стрелка. Руководство школы, писала Грищукова,

видело в ней будущую мать, чьи «физические особенности» не позволяли ей стать ни полноценным пилотом, ни воздушным стрелком. Лучшее, на что могла рассчитывать Грищукова, это профессия авиамеханика. Ссылки на женскую природу не убедили Грищукову. Перспектива материнства взамен исполнения мечты о полноценном участии в войне ее не устраивала. Она выступила против препон «наталистской» идеологии, выдвинув более свободное представление о материнстве и объявив, что отказывается становиться матерью при таких условиях: «...не вижу ничего хорошего в том, чтобы быть матерью и сидеть с детьми. Никогда я не соглашусь променять летное дело на материнство»[63].

Письмо Грищуковой вызвало целый поток писем от молодых женщин, также мечтавших о военной службе. Они выражали недовольство политикой ОСОАВИАХИМа и военного начальства, ставивших их по физиологическим причинам ниже мужчин в деле освоения военных профессий. 14 августа того же года, через четыре месяца после публикации письма Грищуковой, «Комсомольская правда» написала о том, что получает письма от молодых женщин, выражающих решимость стать бойцами и поступить на военную службу, чтобы посвятить всю жизнь защите отечества. Редакция решила дать обзор этой переписки в специальной статье под заголовком «Женщина-боец: по письмам читателей», которую написал военный специалист О. Левицкий: его попросили проанализировать желание молодых женщин служить в армии. Левицкий признавал, что среди советских женщин наблюдается подъем интереса к военным профессиям и что сами они больше не видят внутреннего противоречия в понятии «женщина-боец». Это выражение было подсказано авторами писем, которые опирались на нетрадиционные образы женщин в массовой культуре. С этого понятия Левицкий и начал свою статью, пытаясь обобщить умонастроения женщин в эпоху непрерывной подготовки к войне — через три года после выхода

---

[63] Письмо Анны Грищуковой. «Как мне быть?» // Комсомольская правда. 1937. 10 апреля.

фильма «Чапаев»: «Женщина-воин, чапаевская пулеметчица Анка... владеет помыслами девушек нашей страны»[64].

Левицкий полагал, что именно образ Анки вдохновляет женщин при выборе военной профессии. Некоторые девушки буквально хотят стать такими, как Анка, писал Левицкий. Для других образ пулеметчицы олицетворяет право женщин поступать в летные и пехотные училища и служить в войсках на командных должностях. Образ Анки оказывался особенно действенным, когда девушки задумывались о том, как будут жить, когда окончат военные курсы. Секретарь комитета комсомола из города Спасска на Дальнем Востоке, строки из письма которой цитирует Левицкий, описывала, как она сама и ее подруги все больше интересуются летным делом: им уже недостаточно овладеть простыми навыками управления самолетами, они хотят быть настоящими военными летчицами. По словам Левицкого, письма девушек продемонстрировали также и растущее разочарование в «наталистской» аргументации, на которую опирались все те, кто закрывал им доступ к военной службе. Их разочарование часто выражалось в полном отказе от материнства. Как и многие их сверстницы, они считали материнство гражданским долгом, но предлагали заменить один долг другим, заявляя, что «матерями они могут и не быть, а пилотами и лейтенантами быть обязаны»[65].

Левицкий честно обрисовал связанные с военной карьерой планы женщин и стоящие за этим доводы, но в конце концов отказался принять саму идею женщины-бойца и еще раз напомнил девушкам о потребностях их природы. В весьма знакомой корреспонденткам манере он объяснял, что «здоровый женский организм» не может игнорировать «настоятельную потребность материнства». Такое предназначенное для материнства «тело» нельзя вовлекать ни в боевые действия, ни даже в военную подготовку и профессиональную военную службу.

В статье Левицкого понятие «женщина-боец» больше не замалчивалось. Наоборот, оно прямо называлось и опровергалось

---

[64] *Левицкий О.* Указ. соч.
[65] Там же.

как нечто «противоестественное». Исключение женщин из числа потенциальных участников боев и курсантов военных училищ (Левицкий без обиняков высказывает эту позицию, так же честно и откровенно, как он анализирует связанные с армией надежды молодых женщин) является не «буржуазным предрассудком», а естественным законом, продиктованным самой природой.

Редколлегия «Комсомольской правды» не встала ни на чью сторону. Читателям — как мужчинам, так и женщинам — была оставлена свобода выбора по части уроков, которые они могли извлечь из спора между военным специалистом Левицким и желавшими поступить на военную службу молодыми женщинами. Так что же представлял собой ответ Левицкого — прояснение и фиксацию гендерного ландшафта будущих сражений или дальнейшее осложнение и без того спорной ситуации?

В довоенной советской прессе так и не было четко и непротиворечиво определено, что такое «советский солдат» и что такое «советская женщина». Однако в два последних предвоенных года нетрадиционное сопоставление «женщина» и «война» претерпело новый взрыв массового интереса. Случаем, который вновь обратил внимание всесоюзной прессы и страны на альтернативные гендерные представления о современной войне и помог женщинам возродить мечты о совмещении «гражданского долга» материнства с военной службой, оказался перелет из Москвы на Дальний Восток, осуществленный тремя советскими летчицами — Мариной Расковой, Полиной Осипенко и Валентиной Гризодубовой в сентябре 1938 года. Этот полет на самолете «Родина» подробно освещался, начиная с середины августа, когда будущие участницы еще только готовились к нему, и до начала ноября, когда они сами стали описывать произошедшее. До начала полета летчицы то попадали в ленты новостей, то исчезали из них, но не рассматривались как героини, к которым должно быть приковано исключительное внимание всего народа. После полета они стали медийными фигурами, чьи высказывания и статьи о роли, которую сыграют женщины в грядущей войне, широко тиражировались советской прессой.

Все три летчицы — Раскова, Гризодубова и Осипенко — служили в гражданской и военной авиации около десяти лет и сумели достичь прочного положения в этом необычном для женщин деле. Гендерные споры о нетрадиционном выборе профессии остались для них по большей части позади. Эти женщины были на пять — десять лет старше тех, что пытались добиться права овладевать военными специальностями в конце 1930-х годов. К 1938 году за каждой из них числилось внушительное число профессиональных достижений; каждая была первой женщиной в той или иной области. Полет 1938 года также был первым в своем роде. Раскова, Гризодубова и Осипенко установили новый международный рекорд дальности беспосадочного перелета для женщин — 5000 километров. Их соперницами были такие всемирно известные летчицы, как американки Амелия Эрхарт и Рут Николс — каждой удалось пролететь около 4000 километров.

Три советские летчицы занялись летным делом не менее чем на десять лет позже своих западных коллег; они были моложе, менее опытны и в гораздо большей степени ориентировались на военную авиацию. Марина Раскова — дочь певца и вокального педагога — была самой молодой в экипаже: в 1938 году ей было двадцать шесть лет. Она стала первой советской женщиной-штурманом и работала вместе со знаменитым советским летчиком, одним из первых штурманов, преподавателем Военно-воздушной академии имени Н. Е. Жуковского — А. В. Беляковым. В начале 1930-х Раскова поступила на должность лаборанта в исследовательскую штурманскую группу Белякова, а менее чем через десять лет была уже старшим лейтенантом и сама преподавала в академии. Полина Осипенко была старше Расковой на пять лет. Она родилась в 1907 году в деревне близ Азовского моря и оказалась первой женщиной, принятой в 1929 году в Качинскую школу летчиков: это произошло после долгих уговоров школьного руководства. Осипенко, скорее всего, стала прототипом Жени Тарасенковой в романе Павленко. Она начала службу в качестве командира мужского экипажа бомбардировщика в харьковском гарнизоне в 1931 году в звании лейтенанта. В 1938 году она была уже капитаном и пилотировала истребители. В ее послужном списке было несколько рекордов высоты полета, а также несколько медалей за добросовестную службу в авиации, в том числе «За безаварийный налет часов». Валентине Гризодубовой было двадцать восемь лет, и она была единственной из участниц перелета Москва — Дальний Восток, кто не состоял на военной службе. Валентина — дочь одного из первых летчиков, конструктора-любителя аэропланов. Таким образом, она оказалась единственной из тройки героинь, для кого авиация была семейным призванием. Гризодубова была хорошо известна как гражданским, так и военным летчикам благодаря своим выдающимся спортивным и летным достижениям — рекордам скорости и дальности полета[66].

В 1938 году Раскова, Осипенко и Гризодубова были представлены широкой советской публике благодаря совместным усилиям власти, журналистов, военных специалистов, а также и самих летчиц, которые активно участвовали в распространявшихся по всей стране репортажах о беспримерном полете. План полета был одобрен высшим партийно-советским руководством и самим Сталиным. За полет непосредственно отвечали нарком обороны К. Е. Ворошилов, начальник ВВС РККА А. Д. Локтионов и нарком оборонной промышленности М. М. Каганович. Перед полетом летчицы прошли интенсивную трехмесячную подготовку по пилотированию самолета АНТ-37, на котором им предстояло лететь[67].

24–25 сентября экипаж «Родины» преодолел 5947 километров по прямой за 26 часов 29 минут, установив новый женский мировой рекорд. Полет закончился благополучной экстренной посадкой в болотах вблизи Комсомольска-на-Амуре. Торжествуя победу над Западом — советские женщины улучшили предыдущий рекорд почти на 2000 километров, — советская пресса подчеркивала особую значимость того, что самолет-рекордсмен назывался «Родина». В этом достижении сразу увидели и военное

---

[66] См. автобиографии Расковой и Осипенко: [Раскова 1939; Осипенко, Осипенко 1940].

[67] «Об организации в 1938 году беспосадочного полета по маршруту Москва — Хабаровск, летчица Гризодубова» // ГАРФ. Ф. 8418. Оп. 1. Д. 250; [Раскова 1939: 127]; *Коробов Л., Крейн Е.* Дни перед полетом // Комсомольская правда. 1938. 6 октября.

значение. В прессе тут же появилась версия, будто перелет на Дальний Восток доказывает, что советские летчицы способны достичь самых дальних рубежей родины всего за сутки. Вслед за солдатами, героями боев на озере Хасан, они предупреждали японских самураев и их союзников в Берлине и Риме о недопустимости нарушений советской границы. В качестве признания военного значения перелета Раскова, Осипенко и Гризодубова первыми из женщин были удостоены звания Героя Советского Союза. Награда означала государственное признание их достижений в свете будущей войны, и журналисты «Правды» и «Комсомолки» призывали юношей и девушек равняться на новых героинь[68].

Полет «Родины» оставался в центре всеобщего внимания три месяца, а его отголоски слышались в течение всего следующего года. Чтобы поддержать общественный интерес, советская пресса предоставила трем летчицам и их военному командованию немало печатных страниц. Так, в «Правде» Осипенко и Раскова рассказывали о своих профессиональных интересах, вполне совпадавших с интересами тех девушек, о которых газеты писали раньше. Благодаря бесспорному авторитету, подтвержденному признанием их заслуг со стороны партийно-советского руководства и общесоюзной прессы, летчицы-рекордсменки олицетворяли желание женщин участвовать в сражениях как вполне оправданное и осуществимое в ближайшем будущем. Выступая от лица советских женщин, Осипенко заверяла своих читателей, что «если враг посмеет напасть на нашу родину, он будет бит... Рядом с мужчиной — равноправным бойцом станет женщина». У Расковой советская женщина представала как более сложное и многогранное явление, не имеющее стандартной гендерной функции. С ее точки зрения (которая получит дальнейшее развитие в годы войны), летчицы являли собой особый тип советской женщины, готовой принять решительное участие в будущих сражениях. Она выражала полную уверенность, что вскоре

---

[68] Героизм, восхищающий весь советский народ <передовая статья> // Комсомольская правда. 1936. 8 октября.

«наши летчицы в будущих боях сумеют беспощадно громить врагов»[69].

В октябре 1938 года как журналисты, приставленные к Расковой, Осипенко и Гризодубовой, так и другие мужчины — командиры и соратники этих летчиц, — выказали впечатляющую способность говорить на гендерном языке, подкреплявшем претензии женщин ощущать себя полноправными бойцами. Они игнорировали физиологические аргументы сторонников позиции «женщина прежде всего мать» и обращались к биологическим представлениям о врожденных способностях женщин-летчиц. Так, например, журналист «Комсомольской правды» Л. Колобов, которому было поручено написать передовую статью о Валентине Гризодубовой, сообщал читателям о том, как он постепенно понял глубокую внутреннюю волю и решимость своей героини — истинного летчика. Александр Беляков — знаменитый наставник Марины Расковой и сам Герой Советского Союза — строил передовую статью вокруг своих наблюдений над Расковой — как и почему он пришел к выводу, что у нее есть все необходимые качества, чтобы стать хорошим военным штурманом. Такие высказывания о полете «Родины» со стороны мужчин, которых сближала с летчицами не только общность профессии, но и внутренняя расположенность к ней — та самая врожденная «солдатская жилка», — продолжались и в 1939 году[70].

---

[69] *Осипенко П.* Советская женщина // Правда. 1938. 8 декабря; *Раскова М.* Женщина в авиации // Правда. 1939. 18 августа.

[70] В статье, посвященной Осипенко, Б. Лапин и З. Хацревин говорили о присущей летчице увлеченности военным делом и объясняли это «прирожденным талантом» военного летчика, который, по их мнению, состоял в «точности, мужестве, дисциплинированности». Присущий Осипенко «прирожденный талант» играл важную роль в сюжете статьи: не получившая образования девушка, писали журналисты, сумела сделать успешную военную карьеру прежде всего благодаря своим внутренним качествам (*Лапин Б., Хацревин З.* Знаменитая летчица [Женщины страны социализма 1939: 14]; *Коробов Л.* Путешествия Валентины Гризодубовой // Комсомольская правда. 1938. 10 октября; *Беляков А.* Мастер слепого полета. Указ. соч.). См. также: *Шмельков Н.* Женщины-герои // Комсомольская правда. 1936. 8 октября.

Коллективный портрет женщины-бойца как мастера своего дела и прирожденного солдата, нарисованный прессой при освещении полета «Родины» и дополненный появившейся следом литературой, посвященной героическим летчицам, имел еще один важный аспект. Когда журналисты писали об участницах полета, они не ограничивались описанием их военных достижений. Помимо высказываний в защиту права женщин принимать участие в боях с оружием в руках, помимо представления фактов недопущения женщин к службе в армии как продукта ошибочного понимания гендерных различий и физиологических императивов, журналисты обращались еще и к личной жизни летчиц. В этом им сильно помогли сами летчицы, которые всегда включали в статьи и автобиографические рассказы семейные картины. По сценам из частной жизни летчиц, служивших образцом для подражания, другие женщины понимали, что военная служба может совмещаться с обязанностями жены и матери и что последние могут быть ограничены ради первой.

Не освещать семейные обстоятельства трех летчиц означало бы игнорировать важнейший для молодых женщин второй половины 1930-х годов момент. Все участницы полета «Родины» были замужем за красными командирами, а у Расковой и Гризодубовой были дети. К моменту полета на Дальний Восток Соколику — сыну Валентины Гризодубовой — исполнилось два года, а Тане — дочери Расковой — восемь лет. Описывая семейное положение своих подруг в «Комсомольской правде», все три женщины представляли читателям новый образ матери, которая любит своих детей, скучает по ним, когда отправляется на задания, но может жить без них, постоянно перекладывая свои обязанности по воспитанию детей на мужа и родственников. Типичная сцена из жизни семьи Гризодубовой, описанная и Осипенко, и Расковой, а затем растиражированная журналистами, представляла ее любящей матерью, играющей с двухлетним сыном. Такую сцену Осипенко застала, когда впервые пришла в гости к Гризодубовой. Игра, однако, продолжалась недолго. В статье, опубликованной в «Комсомольской правде» в 1938 году, Осипенко описывала, как сын был привычным образом оставлен на попечение мужа и матери Гризодубовой, а три летчицы «уединились в комнате, чтобы поговорить»[71]. А пока мама летела на Дальний Восток, — журналист А. Избах нарисовал еще одну сцену из семейной жизни Гризодубовой, — Соколик вместе с бабушкой и отцом, военным летчиком-истребителем, отмечал ее путь на карте. Ребенок стал едва ли не главным героем рассказов о «Родине». Указывая на желание Соколика летать, Избах называл его «настоящим наследником своей матери» [Избах 1939: 10][72].

В автобиографических «Записках штурмана», изданных в 1939 году, Марина Раскова писала о материнстве как о чувстве, требующем определенных затрат времени, и выступала за новое воспитание, при котором ребенок будет воспринимать периодическое отсутствие матери как нечто естественное.

Казалось, полет «Родины» и его освещение предоставили ответы на многие вопросы, волновавшие молодых женщин в конце 30-х годов. В статье, опубликованной в «Комсомольской правде» через два дня после того, как летчицы приземлились на Дальнем Востоке, начальник ВВС РККА А. Д. Локтионов отмечал энтузиазм женщин, приславших больше сотни писем только в адрес командования ВВС. В письмах содержались просьбы помочь с поступлением в военные училища. Тысячи подобных писем, продолжал Локтионов, приходили также в отделения ОСОАВИАХИМа. Девушки восприняли официальное признание и популярность Расковой, Осипенко и Гризодубовой как оправдание их надежд на военную службу[73]. Многие из этих женщин, ставших участницами боев Великой Отечественной войны, впоследствии вспоминали, как вырезали фотографии трех летчиц из газет и носили их с собой в карманах или школьных ранцах в качестве талисманов и залогов того, что надежды осуществятся [Чечнева 1976: 17; Медведева 1972: 7; Грибанов 1971: 331].

---

[71] *Осипенко П.* Командир корабля // Комсомольская правда. 1938. 3 ноября. См. также [Раскова 1939: 128].

[72] См. также [Мончадская 1939: 21].

[73] *Локтионов А. Д.* Советские летчицы // Комсомольская правда. 1938. 27 октября.

Итак, масштаб и глубина противоречий в довоенной гендерной политике и в советских представлениях о женщине, материнстве и войне не могут не изумлять. Привычный образ девушки как будущей матери, живущей в соответствии с требованиями своего тела, занимал столь же важное место в центральной прессе, как и его многочисленные альтернативы: женщины — парашютистки и летчицы, вымышленные и реальные женщины-бойцы, чьи гипотетические и действительные идентичности не содержали в себе неразрешимого конфликта женского начала, материнства, с одной стороны, и роли солдата — с другой. Словесные и визуальные представления молодых женщин как умелых солдат основывались на тщательно разработанных системах репрезентаций, далеко ушедших от традиционных гендерных противопоставлений.

Чтобы понять специфику сталинского предвоенного общества, следует подчеркнуть неразрешенность и даже усиление к концу 1930-х годов основных гендерных противоречий. В данной главе я сознательно избегала соблазна вписать противоречивую культуру и институциональную политику сталинизма в прогрессивный нарратив, построенный на акцентировании сдвигов в государственной политике и конечном разрешении противоречий. Различные противоречивые нарративы и образы женщин и войны, прослеженные здесь, сосуществовали в официальной сталинской культуре одновременно, занимая одинаково важное место в общественном сознании. На протяжении 1930-х годов ни одно публичное высказывание о будущей роли женщин в войне не было окончательным, и это давало девушкам послереволюционного поколения свободу выбора тех элементов, из которых можно было строить свою личность в условиях множества неразрешенных противоречий. Так что Евгения Руднева, студентка-астроном и подающий надежды будущий ученый, о которой я писала в начале главы, определенно не испытывала недостатка мотивации и культурного материала, позволявшего ей увидеть себя как солдата-гражданина в канун неизбежной войны.

Только 3 сентября 1939 года советское руководство предприняло целенаправленные усилия для приведения в порядок слишком затянувшейся противоречивой ситуации с ролью женщины в будущей войне. Новый закон о всеобщей воинской обязанности, напечатанный во всех центральных газетах и не подлежавший общесоюзному обсуждению, ясно распределял военные роли мужчин и женщин. Призывник именовался словом «юноша». О «женщинах» также говорилось прямо: им приписывались в армии определенные, по большей части второстепенные роли, причем эти роли ограничивались только областями медицинской, ветеринарной и технической служб[74]. Чтобы донести суть закона до широкой публики, власти прибегли к посредничеству кинематографа. Полтора года спустя, в 1941 году, был выпущен и широко разрекламирован новый художественный фильм «Фронтовые подруги» по сценарию С. Михалкова и М. Розенберга. Картина служила иллюстрацией нового мобилизационного законодательства и призывала девушек выбирать в качестве предмета военного обучения медицину. Упомянутые в названии «подруги» служили в отделении Красного креста медсестрами и ухаживали за солдатами во фронтовом госпитале во время недавней советско-финской войны. Помимо медицинской профессии героини отлично владели винтовкой и пулеметом, и в фильме объяснялось, зачем это было нужно: навыки стрельбы могли пригодиться, когда медсестре, подбирающей раненых солдат на поле боя, будет грозить опасность попасть в плен.

Насколько эффективными оказались эти предпринятые в последний момент меры, имевшие целью разрешить накопившиеся за предвоенное десятилетие противоречия, стало ясно в первые месяцы войны, после нападения Германии на Советский Союз в июне 1941 года.

---

[74] Законы огромной государственной важности <передовая статья> // Правда. 1939. 3 сентября; Радостный и счастливый долг перед Родиной // Правда. 1939. 5 сентября.

ЧАСТЬ ВТОРАЯ

....

НА ПУТИ К ФРОНТУ.
1941–1945

....

Глава 2
«А мы и есть бойцы!»
Женщины-добровольцы в 1941 году

Введение: «На фронт! — настойчиво говорил во мне какой-то голос»

Военные воспоминания Тамары Сычевой открываются сценой, которая произошла в пионерлагере неподалеку от Львова, за неделю до того, как немецкие войска пересекли близлежащую советско-германскую границу. Сычева — ей тогда было чуть больше двадцати и в то лето она работала в горкоме комсомола инструктором по пионерской работе — спорит о своих военных планах с мужем, молодым командиром взвода. Комсомолка и снайпер, как она представляется читателю, видит себя в будущих боях «только на переднем крае». Она прерывает описание сцены спора с Григорием страстным объяснением: «Недаром я была комсомолкой. Недаром героиней моей юности стала Долорес Ибаррури, замечательная женщина-революционерка. <...> Я даже дочери своей дала имя Долорес — в честь испанской коммунистки» [Сычева 1989: 8].

Чтобы придать своей точке зрения убедительности, Сычева в том споре напомнила мужу фильм «Фронтовые подруги». Ей лучше всего запомнилась сцена, в которой девушка в армейском полушубке в ближнем бою убивает из снайперской винтовки финского солдата. При этом Сычева опускает все оговорки, которые нужно было бы сделать в данном случае: девушка служила санинструктором и действовала в исключительных обстоятельствах, защищая раненых солдат. В ее пересказе пропадают даром все усилия авторов фильма отвлечь воображение женщин от самоотождествления с участвующими в боях солдатами и представить сцену как нечто подпадающее под определение «чрезвычайные обстоятельства». Все, что она запомнила, и все, о чем хочет напомнить мужу, ограничивается одной-единственной сценой: девушка в армейском полушубке без промаха бьет из снайперской винтовки. Пересказывая фильм своему мужу, Сычева превращает вооруженную медсестру в настоящего снайпера и даже говорит о таких женщинах-бойцах во множественном числе: «Помнишь фильм "Фронтовые подруги"? Как этим девушкам снайперская сноровка пригодилась» [Сычева 1989: 8].

Мужу не нравятся ее военные фантазии. Он считает, что «женщина должна быть женщиной» и потому ей следует держаться подальше не только от переднего края, но и от снайперских винтовок. Этот спор, в котором фигурируют два представления о степени вовлеченности женщин в боевые действия был далеко не нов. Сходные споры, как пишет Сычева, постоянно возмущали спокойное течение жизни ее семьи. Так было и на этот раз. Фильм, который она вспоминает, исключая ненужные подробности и произвольно трактуя весь эпизод, не помог ей переубедить Григория.

Неделю спустя, 22 июня, пионерлагерь был разбужен на рассвете ревом немецких самолетов, летевших бомбить Львов. В тот же день тринадцать добровольцев — все комсомольцы — направились из лагеря к границе. Тамара Сычева была одной из двух девушек, решивших уйти на фронт, ее избрали командиром группы и поручили от лица остальных вести переговоры с военным командованием. Не только недавние возражения мужа, но и даже наличие шестимесячной дочери, оставвшейся в июне на попечении ее родителей, казались Тамаре второстепенным делом. Сама она объясняла впоследствии, что подчинялась приказу внутреннего голоса: «На фронт! — настойчиво говорил во мне какой-то... голос». Выполнить давно задуманное — стать женщиной-бойцом — было, по ее словам, не сознательным выбором, а внутренней необходимостью и всеподавляющим импульсом, толкавшим ее на фронт [Сычева 1989: 12].

В последнюю неделю июня тысячи девушек, ровесницы Сычевой, испытывали те же чувства. Они решительно отвергали традиционное представление о том, что место женщины в тылу, и в массовом порядке стремились попасть на передовую. Для большинства женщин-добровольцев, которые, в отличие от Сычевой, не находились 22 июня в непосредственной близости от линии фронта, запись в добровольцы превратилась в длительное хождение по разным военным комиссариатам, партийным и комсомольским комитетам. Исключающий рассуждения и не терпящий никаких возражений порыв, который описала Сычева и который потом стал лейтмотивом в женских воспоминаниях, ставил военных комиссаров и комсомольских работников перед необходимостью решать непростой вопрос о месте женщины: совместимы ли понятия «женщина» и «боец»? Запись девушек в добровольцы, начавшаяся с эмоционального порыва, вскоре превратилась в долгие споры на призывных пунктах — споры, исход которых не был предрешен. В военное время газеты и советская культура в целом продолжали трактовать женщину-добровольца самым противоречивым образом, соотнося с разными представлениями о гражданском долге мужчин и женщин.

Это превращение довоенных новых понятий о женщине и войне во всепоглощающий эмоциональный всплеск и импульсивные поступки, за которыми следовала определенная общественная реакция, составляют сюжет и проблематику данной главы. Здесь речь пойдет о первом этапе войны — с лета до зимы 1941 года. В этот период советское правительство, с одной стороны, не приветствовало запись женщин в добровольцы, но с другой — и не запрещало им вступать в боевые части. Такое двойственное отношение власти к вопросу о военной службе женщин превратило первые полгода войны в период неорганизованного, спонтанного женского добровольческого движения и принуждала военных, государственных и партийных деятелей на местах принимать самостоятельные решения. Обращаясь к 1941 году, мы пытаемся ответить на вопрос, как формировалась роль женщины-солдата, какие спонтанные процессы происходили в это время и какие несхожие гендерные обоснования подводили под свои действия их участники.

На призывных пунктах

В первые дни, недели и месяцы войны женщины, не намеренные играть в военное время «тыловые» роли, поспешили в военкоматы, образуя очереди возле передвижных призывных пунктов, партийных и комсомольских комитетов: здесь они ждали призыва вместе с мужчинами — своими друзьями, коллегами, соучениками, равно как и со своими женихами, мужьями и братьями.

Сохранившиеся данные о числе женщин, записавшихся в добровольцы в первые дни и недели войны, не отражают в точности масштаба этого движения. Статистика охватывает только некоторые города и области. К тому же эти цифры не учитывают многих сотен девушек, которые, подобно Сычевой, направлялись непосредственно в действующие и отступающие части, минуя военкоматы, партийные и комсомольские ячейки. Но даже при всей неполноте статистические данные показывают, что число женщин-добровольцев измерялось десятками тысяч человек.

Так, например, за первые четыре дня войны военный комиссариат Центрального района Воронежа получил 310 заявлений о вступлении в добровольцы, и более 43 % из них были поданы женщинами. С конца июня по начало июля Пермский областной военкомат насчитал 6220 заявлений от девушек, что составило 33,6 % всех поданных в области заявлений. В Красноярском крае заявления подали 4000 женщин. В Москве и Ленинграде число комсомолок, подавших заявления в местные организации ВЛКСМ за первую неделю войны, составило соответственно 20 и 27 тысяч человек [Захаров и др. 1985: 116–117]. Сходные цифры, говорящие о том, что с самого начала девушки в массовом порядке стремились на фронт, — как в абсолютном измерении, так и в процентном соотношении к общему числу добровольцев, — показывают такие крупные города, как Одесса, Севастополь, Киев и Сталинград, а также Тульская, Белгородская и Читинская области. Согласно данным, собранным позднее РККА, большинство девушек-добровольцев родились в 1916–1924 годах [Захаров и др. 1985: 123; Мурманцева 1979: 154, 168, 171][1].

Воспоминания женщин-ветеранов оживляют эти впечатляющие, хотя и неполные цифры. Так же как и Сычева, женщины-ветераны пишут о том, что не размышляли, почему надо идти в военкомат. Вступление в добровольцы, по их словам, было действием почти автоматическим. Они не пишут о том, что думали в это время, а только рассказывают, что делали и что чувствовали; в результате вступление в добровольцы предстает не плодом раздумий, а спонтанным действием, не нуждавшимся в подробном объяснении, не говоря уже об оправдании[2].

Так, Антонину Дубкову, студентку Московского Иняза, известие о начале войны застало за сотни километров от границы. В этот день она принимала участие в воскресных гонках парных лодок. В интервью 1990 года она изложила свою версию истории коллективного вступления в добровольцы. Быстрая череда событий не позволяла особенно задумываться: «Я была рулевой на парной восьмерке с мужской командой, — вспоминала она, — и тут мы узнали, что началась война. Мы вернулись к берегу, пришвартовали лодку и отправились все вместе в военкомат записываться в добровольцы — восемь парней и я»[3].

Не подсчитанные, но измеряющиеся многими тысячами заявления женщин-добровольцев, хранящиеся в российских архивах, рисуют коллективный портрет девушки, которая в июне 1941 года рассматривала вступление в действующую армию как возможность разделить тяготы войны со своими реально существующими или воображаемыми братьями — ровесниками из того же

---

[1] См. также: Список девушек-воинов участников приема в Кремле. 26 июля 1945 г. // РГАСПИ. Ф. М-1. Оп. 5. Д. 245. Л. 31–33.

[2] Воспоминания В. П. Чудаевой в [Алексиевич 1985: 139]; воспоминания А. С. Дубровиной-Чекуновой в [Алексиевич 1985: 95]; [Ракобольская 1995а: 14].

[3] Воспоминания Антонины Дубковой в [Noggle 1994: 117]. Другие рассказы о вступлении в добровольцы как череде быстро сменяющихся событий и поступков, не оставляющих времени подумать, см. в [Чечнева 1976: 28]; а также [Яковлева 1962: 206].

послереволюционного поколения. Так, 27 июня девятнадцатилетняя Маруся Зуева, учившаяся в школе планеристов (как она сама сообщала о себе), написала типичное для этого момента письмо формальному главе Советского государства М. И. Калинину с просьбой послать ее на фронт, чтобы «не отставать» от своих четырех двоюродных братьев. Эти двоюродные братья служили в армии еще с довоенных времен: один из них был танкистом, другой моряком, а еще двое — летчиками (именно эту военную профессию хотела получить Зуева)[4].

Зинаида Пальшина, еще одна девушка-доброволец, в июне 1941 года не могла понять даже, что означает «фронт доступен не каждому», — так она вспоминала десятилетия спустя. В интервью, которое она дала уже в 1980-е годы, на вопрос о мотивах своего ухода в добровольцы Пальшина выразительно ответила: «Как было не пойти? Нельзя было не пойти. Все шли... Только на фронт... Другой мысли не было...» Фронт был достоянием «всех», вне зависимости от традиционных гендерных правил, допускавших или не допускавших женщин к определенным видам деятельности. По представлениям Пальшиной, желание попасть на фронт было императивом, которому не могли противиться ни мужчины, ни женщины[5].

Для первого послереволюционного поколения добровольный уход на фронт был и в самом деле императивом, вызывавшим прилив энтузиазма и даже чувство облегчения. Поколение, ко-

---

[4] Письмо Маруси Зуевой от 27 июня 1941 г. // ГАРФ. Ф. 7523. Оп. 12. Ед. хр. 236. Л. 111.; см. также письма Веры Пономаревой (19 лет), Марии Шальневой (18 лет) // Там же. Л. 67, 76. В первые месяцы войны девушки приносили такие письма в районные военкоматы, партийные и комсомольские комитеты, посылали по почте в Президиум Верховного Совета, в ЦК ВКП(б) и ЦК ВЛКСМ, в секретариат наркомата обороны, в штаб командования РККА, а также в различные армейские подразделения. См.: Заявления трудящихся СССР о направлении на фронт // ГАРФ. Ф. 7532. Оп. 12. Ед. хр. 236, а также собрание заявлений отдельных лиц и коллективов молодых женщин в РГАСПИ (Ф. М-7. Оп. 1. Д. 1068, 1074, 1076, 1082, 2526, 3251, 3252, 4656).

[5] Письмо Зинаиды Пальшиной журналистке Светлане Алексиевич [Алексиевич 1985: 73]. См. также интервью Марии Морозовой (снайпера), которая говорила: «В конце концов, для нас было не так и важно, кем мы будем. Только бы — на фронт. Все воюют — и мы» [Алексиевич 1985: 65].

торому было суждено воевать, наконец-то перестало жить в ожидании начала войны и зажило той военной жизнью, которой от него и ждали. В июне и начале июля война все еще воспринималась сквозь призму довоенной массовой культуры: ее представляли скоропреходящим событием, которое быстро и неизбежно придет к заранее известному финалу. Война была не столько опасностью, угрожающей всему народу, сколько возможностью выполнить возложенную на поколение обязанность и испытать себя в деле, а «дело» понималось как технически оснащенное и несомненно победоносное наступление.

Для девушек-добровольцев значение понятия «фронт» было особенно важно. В записных книжках, которые вела на фронте в 1942 году Нина Онилова, есть воспоминания о том, как серьезно она готовилась к войне, как ждала момента, когда сможет стать похожей на Анку-пулеметчицу. Нина окончила пулеметные курсы и, как она писала, «когда случилась война... была уже готова». Если бы война не началась, ее самоопределение как женщины-бойца осталось бы радикальным, но всего лишь умозрительным понятием[6].

А вот как описала свое превращение в солдата Сычева. «С сожалением посмотрела» она на гражданскую одежду — яркое крепдешиновое платье и модельные босоножки цвета беж, — с которыми предстояло расстаться, чтобы заменить их военной формой и парой тяжелых солдатских ботинок. Переодевшись, Сычева по привычке подошла к зеркалу — и отпрянула, изумленная увиденным. Ее испугало не исчезновение привычного «женского» вида, но явление настоящего солдата, который глядел на нее и из зеркала, и изнутри ее самой. Сычева описывает это с удовлетворением и самоуважением: «Предо мной стоял солдат. Лицо суровое, напряженное». Ставший видимым «внутренний солдат» не был противоположностью того представления о природе женщины, которое сложилось у нее до войны. В своих воспоминаниях Сычева тщательно избегает противопоставления женского и солдатского начала и трактует солдата, появившего-

---

[6] Фрагменты дневников Ониловой // РГАСПИ. Ф. М-7. Оп. 2. Ед. хр. 939. Л. 18.

ся после того, как она надела форму, как еще одну сторону женской натуры, которую не желал замечать ее муж [Сычева 1989: 12–13].

Те девушки-бойцы, которые попали на передовую в первые недели и месяцы войны, наделяли свое присутствие на фронте исторической значимостью. В военных письмах и дневниках они описывали владевшее ими острое чувство: потребность незамедлительно запечатлеть гендерную новизну ситуации, в которую они попали. Так, Онилова убеждала свою фронтовую подругу Зою Медведеву начать вести дневник. Медведева действительно стала вести записи после того, как Онилова, заглянув в ее окоп, подарила ей чистый блокнот и общую тетрадь. «Мы с Зоей расскажем людям о каждом из вас», — объяснила Онилова смысл своего подарка оказавшимся рядом солдатам. Действительно, что может лучше показать изменение гендерной ситуации на фронте, чем дневник, написанный в промежутках между боями пулеметчицей о своих товарищах — мужчинах и женщинах? [Смирнова-Медведева 1967: 51–52][7].

Однако прежде чем женщины получили возможность описывать свое пребывание на фронте и участие в боях, большинству из них пришлось приложить массу усилий и проявить недюжинную смекалку. В июне и июле 1941 года подавляющее большинство девушек, подавших заявления с просьбой отправить их на фронт, бойцами все-таки не становилось. Военное командование и местные власти отвечали на их прошения: идите домой и ждите, «когда понадобитесь, вас известят» — так обычно звучал отказ. Летом и осенью 1941 года разговоры на призывных пунктах и в приемных государственных и партийных организаций несомненно велись на нескольких гендерных языках и нередко превращались в споры.

Так, Зоя Малькова и две ее подруги по Московскому авиационному институту ходили записываться в добровольцы в течение

---

[7] Отрывки из фронтовых записных книжек Нины Ониловой впервые были напечатаны в «Комсомольской правде» летом 1942 года, после того как она погибла в бою. Эти отрывки стали одной из первых публикаций женских дневников в военное время. См. *Хамадан Ал.* Смерть Нины Ониловой // Комсомольская правда. 1942. 8 июня.

нескольких месяцев. Как вспоминает Малькова, они подали заявления в первый день войны, а потом постоянно являлись в свой райвоенкомат, чтобы узнать ответ и подтвердить свои намерения. Средних лет военком, от которого все зависело, стоял непреодолимой преградой между ее подругами и фронтом. Воспоминания Мальковой сохранили его возражения: «Ну куда я вас пошлю? <...> Что вы там будете делать? Там бойцы нужны! Понимаете? Бойцы!..» Подруга Мальковой Анна Шаховская каждый раз вступала с ним в спор. Как вспоминает Малькова, однажды Анна смело парировала: «А мы и есть бойцы!» [Малькова 1962: 242][8]. Не сумев сломить сопротивление районного военкома, подруги обращались в другие московские организации, уполномоченные выдавать извещения о призыве на фронт, ходили в райком комсомола и в ЦК ВЛКСМ [Малькова 1962: 242].

В прифронтовых районах и на передовой, где некоторые девушки, как Тамара Сычева, пытались вступить в действующую армию, минуя призывные пункты, командиры также не спешили немедленно выполнить их желания. Тем не менее в 1941 году женщины-добровольцы были не единственными, кто допускал женское участие в военных действиях. Так, Зоя Медведева была изначально зачислена в военно-медицинский состав учебно-резервного полка, готовившегося к боям под Одессой [Сычева 1989: 14][9]. Но уже через несколько дней после зачисления ее перевели в пулеметную роту, где она научилась стрелять из пулемета. Как вспоминает Медведева, решение о ее переводе было принято молодым командиром роты старшим лейтенантом Иваном Самусевым, который сравнительно легко признал в ней особый — «боевой» — тип женщины. Решив после короткого разговора, что Медведева — девушка особая, Самусев решительно объявил: «Ладно, уговорила... Будем вместе их бить». В этот момент, как показалось Медведевой, командира не столько заботило, выйдет ли из нее хорошая пулеметчица, сколько вопрос, как примут ее бойцы роты. «Трудно вам будет, очень трудно, —

---

[8] См. также интервью с Любовью Осломовской в [Алексиевич 1985: 101].
[9] См. также [Чудакова 1965: 34].

вспоминала Медведева слова Самусева. — Сто пятьдесят парней в роте, а вы одна среди них» [Медведева 1972: 8, 9].

В течение следующего месяца Медведева поняла, что старший лейтенант не единственный мужчина в роте, кто не просто терпит ее присутствие, но, в духе гендерных настроений предвоенного десятилетия, считает ее особым типом женщины. Описывая свою подготовку в резервном полку перед отправкой на фронт в августе 1941 года, Медведева рисует колоритную портретную галерею мужчин, по-разному реагировавших на присутствие женщины-бойца: у одних — одобрение, восхищение, сравнения с Анкой-пулеметчицей, у других — недоуменные вопросы о том, что она делает в пулеметной роте [Медведева 1972: 8–9, 10–11, 13–15; Смирнова-Медведева 1967: 4][10].

Одним из центральных эпизодов в военных воспоминаниях женщин оказывается поразительное открытие: некоторые мужчины — как военные, так и гражданские — придерживаются сходных с ними взглядов. Встреча с офицером или гражданским служащим, способным разглядеть в девушке-добровольце будущего бойца, становится поворотным моментом: после этого сопротивление мужчин стремлению женщин участвовать в боях начинает казаться не столь однородным. В сочинениях женщин-ветеранов советский мужчина предстает человеком, воспитанным в обществе 1930-х годов и не имеющим твердой и последовательной позиции по отношению к вопросу о том, как должны себя вести и какие роли должны играть на войне мужчины и женщины. По воспоминаниям женщин-ветеранов, для того чтобы попасть на передовую в желанном статусе бойца, лучше всего было встречаться с как можно большим числом представителей власти. Отказ в одном месте не означал, что в другом девушка не встретит понимания и содействия.

Как вспоминают женщины-ветераны, наибольшее число командиров и военных должностных лиц, которые не просто признавали в них новый женский тип, но и видели в девушках самих себя, какими они были в прошлом, встречалось среди

---

[10] См. также: [Сычева 1989: 14; Чудакова 1965: 34].

участников Гражданской войны — что неудивительно. Рассказ о мужчине, объявляющем, что девушка-боец напоминает ему себя в юности, фигурирует в нескольких женских мемуарах как решающий момент во всей «добровольческой эпопее». Так, шестнадцатилетняя Валентина Чудакова, например, считала, что смогла попасть в армию только потому, что добралась до полковника Карапетяна, наиболее высокопоставленного военного в ее городе. По воспоминаниям Чудаковой, этот немолодой офицер приказал взять ее в дивизию, вспомнив о том, как подростком во время Гражданской войны пытался вступить в Красную армию. Чудакова приводит слова полковника: «А пусть остается. Сам таким был — в пятнадцать лет к кавалерийской дивизии примазался» [Чудакова 1965: 46].

Описывая то, что происходило вдали от линии фронта, которая в 1941 году быстро продвигалась вглубь советской территории, женщины-ветераны также рисовали противоречивую картину реакций своих родственников-мужчин на их решение уйти добровольцами на фронт. В воспоминаниях тех, кому в 1941 году еще не было двадцати, центральное место занимает отец. Евгения Руднева и Ирина Ракобольская, учившиеся в МГУ и впоследствии ставшие летчицами полка ночных бомбардировщиков, ушли на фронт, ничего не сказав своим родителям. Каждая заранее знала, что отец им этого бы не разрешил [Ракобольская 1995а: 14].

Однако в советском обществе обнаружились и такие отцы, кто был способен понять намерение своих дочерей стать солдатами, воспринимая это либо как знак нового, советского времени, либо как продолжение революционных традиций. В. Котова, которой в 1941 году было 18 лет, в 1970-х годах вспоминала, что ее отец, старый большевик Яков Котов, одобрил решение дочери идти на фронт: «Началась Отечественная война, — приступает Котова к рассказу. — Тогда мне отец сказал: "Ну, дочка, нашему поколению довелось совершать революцию в октябре 1917 года, а вашему предстоит отстаивать наши завоевания от фашистских захватчиков"» [Некрасов 1975: 151].

Рассказ Котовой выделяется в женской ветеранской литературе постоянным изображением готовности мужчин содействовать осуществлению ее желания попасть на фронт. Эта готовность не знает исключений: ее отец, командиры истребительного батальона, в который она была зачислена, даже случайно встреченные на улице люди — все они, по ее воспоминаниям, либо одобряют ее решение, либо с готовностью помогают ей его осуществить. Удивительно выглядит фрагмент из этих воспоминаний, в котором Котова рассказывает о встрече с двумя молодыми солдатами ее возраста, которые по случайности оказались в расположении части, где проходил подготовку ее диверсионный батальон: «У них за плечами были автоматы, а на ремнях — по запасному диску и по две гранаты. Нетрудно было догадаться, что они с передовой. Увидев меня, один из них засмеялся: "Эй, ты, девчонка-тыловичка! Не пора ли на фронт?"» [Некрасов 1975: 151–152][11].

Эти два солдата, как выяснила Котова, являлись бойцами народного ополчения — Третьей Московской коммунистической пехотной дивизии. Подумав, что дивизия народного ополчения попадет на фронт раньше, чем истребительный батальон, Котова решила поменять часть. Пехотная дивизия добровольцев, в которую она вступила в октябре 1941 года, представляла собой экстренно созданное соединение, призванное принять участие в разрешении сложившейся под Москвой (на Западном фронте) тяжелой ситуации. Подобные подразделения создавались по всей стране. Они быстро сливались с регулярными частями РККА и вступали в бой, чтобы противостоять неожиданно быстрому проникновению врага вглубь страны. В 1941 продвижение немецких войск можно проследить по призывам к созданию дивизий народного ополчения в Одессе, Киеве, Севастополе, Ленинграде и Москве.

Непрекращающаяся чрезвычайная ситуация на фронтах в 1941 году сослужила хорошую службу тем девушкам, которые мечтали попасть на передовую. В июне, июле, августе, сентябре

---

[11] Ожидал ухода дочери на фронт и отец другой девушки, Лидии Подвойской, — Н. И. Подвойский, старый большевик, профессиональный революционер, член бюро Петроградского Военно-революционного комитета во время Октябрьской революции 1917 года. См. [Некрасов 1975: 153–154]. См. также [Чечнева 1976: 28].

Илл. 7. «Женщины-добровольцы 1941 года». Слева направо: снайпер Зиба Ганиева, снайпер Нина Соловей, автоматчица Таня Назарова. Московский коммунистический батальон. 1942. Северо-Западный фронт.
Из книги: [Лощиц 1966]

они снова и снова становились в очереди на призывных пунктах — вместе с мужчинами и девушками, которые раньше не пытались попасть в добровольцы. Военный кризис, который советское государство старалось уменьшить при помощи народного ополчения, решительным образом изменил облик войны и значение женского добровольческого движения. Теперь войну вело не одно избранное поколение, как предсказывали в 1930-е годы. Очень быстро она превратилась во всенародную войну, в которой в течение следующих четырех лет примут участие бойцы от семнадцати до пятидесяти пяти лет — таковы были рамки призывного возраста для мужчин. В этих новых условиях стремление девушек стать солдатами приобрело новое значение в глазах общества. Теперь они уходили в добровольцы не для того, чтобы поучаствовать в быстром разгроме врага, а для того, чтобы бороться за выживание и сохранение страны.

Дивизии народного ополчения, формировавшиеся летом и осенью 1941 года, были первыми боевыми соединениями, в которые девушек стали записывать массово в соответствии с приобретенными до войны военными специальностями. Дивизия, в которую была зачислена Котова, имела в своем составе не только женщин-санинструкторов, но и снайперов, пулеметчиц, автоматчиц, минометчиц, равно как и командиров минометных батарей и взводов автоматчиков. Всего в дивизии числилось 700 женщин — 7 % личного состава. Примерно такой же процент женщин был в составе Одесской дивизии народного ополчения, где их служило 3200 человек — 11 % от всех добровольцев. В Ленинграде 38 тысяч женщин ушли на фронт до начала 900-дневной блокады города[12] (илл. 7).

Таким образом, до того как в 1942 году советское правительство приняло решение о призыве женщин-добровольцев, главной возможностью для девушки попасть в действующую армию и на передовую были части народного ополчения. Приток женщин в вооруженные силы в 1941 году наилучшим образом иллюстрируют цифры, показывающие долю девушек-добровольцев по отношению к их возрастной группе. К январю 1942 года молодые женщины составляли 20 % армейских комсомольских ячеек в возрастной группе 17–26 лет [Мурманцева 1979: 155]. Другая показательная цифра относится к октябрю 1942 года. После целого года несистематического и нескоординированного вступления в армию и до начала государственного призыва женщин-добровольцев пять из двенадцати фронтов имели в своем составе 58 тысяч женщин-солдат — таковы данные Главного управления формирования и укомплектования войск Красной Армии[13]. Эта

---

[12] Воспоминания Ирины Таненбаум, которая вместе с тремя подругами-студентками вступила в Третью Московскую коммунистическую дивизию; девушки служили пулеметчицами и снайперами. См. [Таненбаум 2000: 173–174]. См. также воспоминания В. Котовой в [Некрасов 1975: 156–159] и В. Мурманцевой [Мурманцева 1979: 154, 168, 171].

[13] Справка о наличии женщин на фронтах // РГАСПИ. Ф. М-1. Оп. 47. Д. 49. Л. 84. О хронологии происходившего на советских фронтах Второй мировой войны см.: Великая Отечественная война 1941–1945 гг. [Андроников и др. 2005: 16–58].

статистика неполна — цифры не включают, например, Тамару Сычеву, Людмилу Павличенко и Зою Медведеву, то есть тех, кто воевал на не учтенных в этих данных южных фронтах.

Как мы видели, женщины-ветераны в своих воспоминаниях объясняют свое присутствие в армии в 1941 году своей настойчивостью, а также помощью представителей власти на местах — мужчин, которые были вправе принимать и принимали решения такого рода на свой страх и риск. Если бы у мужчин — военкомов и должностных лиц — нашлось время вникнуть в то, что писала в начале войны пресса, или свериться с официальной позицией партии и правительства по вопросу о женщинах-добровольцах, они не нашли бы ясных указаний, которыми могли бы руководствоваться при принятии конкретных решений на призывном пункте.

«Желание воевать» и официальная культура

Летом и осенью 1941 года общесоюзная пресса не могла предложить советскому читателю однозначное объяснение почему женщины стремились на фронт. Первая статья, посвященная женщинам-добровольцам, появилась в «Правде» через неделю после начала войны — 29 июня. Она была озаглавлена «Святой долг советской патриотки» и адресовалась широкой аудитории советских женщин в целом. Это послание к «женщине вообще» казалось яснее ясного. Стараясь как можно четче определить военную роль советских женщин исходя из традиционных ожиданий, автор передовой статьи объявлял, что «главная их задача сейчас — работа в тылу». Разумеется, тысячи молодых женщин, которые в это время записывались в добровольцы по всей стране, не восприняли эти слова как адресованные непосредственно им. Между тем главная партийная газета старалась срочно переориентировать женщин, указав, что их место не на передовой[14].

---

[14] Святой долг советской патриотки <передовая статья> // Правда. 1941. 29 июня. О том, как «Правда» уже в самом начале войны указывала матерям, сестрам и дочерям на необходимость «заменить» своих отцов, братьев

Эта и следующие попытки заново внушить советским людям традиционные гендерные стереотипы не была лишена известной риторической находчивости. Авторы не довольствовались простым и настойчивым повторением тезиса о том, что долг женщины — труд в тылу. Если бы сталинистское общество в своих нормативных усилиях ограничилось только этим, оно оставило бы желание женщин сражаться вообще за рамками официальной доктрины. Дискурсивная стратегия, которую выбрали журналисты «Правды», позволила им и непосредственно апеллировать к желанию женщин сражаться за родину, и в то же время интерпретировать это желание так, чтобы лишить его радикального смысла.

Так, в опубликованной 4 августа передовой статье «Боевые подруги» без колебаний признавалось, что «многие тысячи» женщин приходят на сборные пункты. Передовая заверяла девушек, что «вся страна знает» об их порыве. Однако женская импульсивная готовность воевать представлялась здесь как последний резерв страны. Только «когда будет нужно» — то есть когда потребуются исключительные меры, — «советская женщина... возьмет винтовку и пойдет на фронт бить врага». Указанием на исключительные обстоятельства передовая «Правды» превращала присутствие женщины на фронте именно в исключительное событие, в крайнюю меру, которую женщины могут предложить обществу только в случае крайней опасности, когда все мужчины уже окажутся на фронте, выполняя свой мужской долг[15]. Отдавая должное патриотическому порыву женщин, «Правда» вновь утверждала только мужское право и обязан-

---

и сыновей на промышленных предприятиях и в сельском хозяйстве, см.: Красная Армия — родное детище Советского народа <передовая статья> // Правда. 1941. 25 июня; Мужьям, братьям, отцам, сыновьям, ушедшим на фронт. <Письмо в газету> // Правда 1941. 25 июня; Патриотизм советских женщин: Жены, сестры, дочери заменяют на предприятиях и в колхозах своих мужей, братьев, отцов // Правда. 1941. 26 июня; Рассказы девушек // Правда. 1941. 27 июня; в июльских номерах см.: Ко всем женщинам СССР, ко всем женщинам мира // Правда. 1941. 18 июля. См. также: Драться до последней капли крови // Правда. 1941. 12 октября.

[15] Боевые подруги <передовая статья> // Правда. 1941. 4 августа.

ность защищать страну с оружием в руках. Даже если понадобится сделать исключение из правил, само правило никак не изменится.

Довольно рано заявленная в «Правде» и почти дословно повторенная другими общесоюзными газетами, эта интерпретация «исключительной меры при крайних обстоятельствах» превратилась в универсальный инструмент. Граждан призывали осмыслять себя как общность, связанную одним делом, но все же разделенную на два гендерных лагеря.

Журналисты «Правды» не моргнув глазом применяли этот дискурсивный прием даже к служившим на передовой женщинам-медикам. Обязательный призыв резервистов из числа женщин-медиков стал реальностью сталинского общества с самого начала войны. Представительницы ряда связанных с медициной профессий — например санинструкторы — подлежали немедленному призыву из резерва медицинских частей. Эта профессия хотя и предполагала непосредственное участие девушек в военных действиях, активно пропагандировалась советской прессой, партийными и комсомольскими организациями: она преподносилась не просто как допустимая, но как заслуживающая восхищения. Тем не менее мужчины-журналисты обычно изображали молодых женщин-санинструкторов в пылу сражения так, чтобы передовая по-прежнему выглядела исключительно мужским пространством. Их фронтовая работа лишь изредка называлась «участием в сражениях» или «военной службой», хотя в уставах и в делопроизводстве армии санинструкторы значились именно военнослужащими. Но на языке центральной прессы женщины на фронте не сражались, а «помогали» солдатам. Они не служили в армии, а только выполняли «священный долг»[16]. По этой логике, например, девушка-санитарка, которая весь срок своей

---

[16] Медицина на службе фронта <передовая статья> // Правда. 1941. 9 августа; Речь Героя Советского Союза Валентины Гризодубовой <на женском антифашистском митинге> // Правда. 1941. 8 сентября; *Макаренко Я.* Девушка в шинели // Правда. 1941. 18 сентября. См. также репортажи с фронта в «Правде»: *Бакалов А., Хренков Д.* Друг воина // Правда. 1941. 2 ноября; *Исбах Ал., Златопольский З.* Долг // Правда. 1942. 14 января.

службы провела на передовой, вытаскивая раненых солдат и их оружие с поля боя, оказывалась идеальной культовой фигурой, воплощением традиционного представления о женщине: заботливая, жертвующая собой, но при этом не принимавшая непосредственного участия в сражениях.

Старания журналистов «Правды» разделить военный дискурс на изолированные друг от друга гендерные отсеки — типичный пример гибкости, приспособляемости, изобретательности и устойчивости, которые проявляют традиционные гендерные понятия в эпохи социальных кризисов и чрезвычайных положений. Однако в случае с советским военным дискурсом мы видим, что сознательное противопоставление мужских и женских военных ролей не доминировало полностью ни в статьях «Правды», ни в других публикациях. Редколлегия «Правды» оказалась неспособна последовательно прочерчивать ту гендерную границу, которую она так старалась провести между фронтом и тылом. С самого начала войны журналисты этой газеты чередовали призывы к женщинам стать труженицами тыла с прославлениями тех женщин, которые были готовы вступить в бой не только при крайних обстоятельствах, но и ради того, чтобы воплотить в боевых условиях идею о новой советской женщине. Такая дискурсивная динамика нарушала смысловое единство газетных статей и рисовала специфический образ советского журналиста, сводящего на нет свои собственные усилия.

Первые примеры неудач можно найти уже в июньской передовой, с которой я начала анализ высказываний «правдистов». Заключавшееся в ней послание к женщинам звучит ясно и прямолинейно — вплоть до последних строк статьи. Однако в финале передовая необъяснимым образом вдруг обращается к женщинам и зовет их в бой как солдат, всегда готовых к беспощадной схватке с врагом. Чтобы оправдать этот внезапный вираж, автор вводит цитату из довоенной речи Полины Осипенко — одной из трех летчиц, участвовавших в полете «Родины» в 1938 году и погибшей в авиакатастрофе в 1939 году. С помощью Осипенко передовая «Правды» внезапно предлагает читательницам идеал, явно противоречащий образу женского самопожертвования в лице заботливой подруги бойца: «Советская женщина горячо любит свою родину... И если враг посмеет напасть на нашу страну, то он будет бит, бит беспощадно... Рядом с мужчиной — равноправным бойцом станет женщина»[17]. Словно для того, чтобы избежать «неправильного» прочтения обращения Осипенко к советской женщине как к бойцу, автор передовой статьи поясняет читателям, что равенство советской женщины в социальной жизни распространяется и на область военной службы. «И на равных с мужчиной правах», переформулирует автор передовой, советская женщина «будет... сражаться против фашизма» и «будет беспощадно, не на жизнь, а на смерть бороться за родину на фронте...»[18]

В результате официальная статья «Правды» предлагает читателям два взаимоисключающих тезиса. Остается неясным, является ли идеальная советская патриотка умелым и беспощадным солдатом-гражданином или же труженицей тыла, готовой к самопожертвованию на фронте, только когда это станет необходимо. Такое сочетание двух разных образов патриотки в передовой статье не может не удивлять. Автор вводит в свой текст образ женщины-бойца безо всякого предварительного объяснения и разрушает последовательную логику собственного послания, даже не пытаясь связать воедино явно противоречивый текст.

На протяжении войны главная партийная газета неоднократно выступала против собственных тщательно составленных предписаний женщинам держаться в стороне от передовой[19].

---

[17] Святой долг советской патриотки.

[18] Там же.

[19] См. примеры визуально и текстуально противоречивых материалов в «Правде»: *Акульшин Д.* Боевые отряды донбассовцев // Правда. 1941. 7 июля; *Шур М.* Женщины-партизанки // 1941. 30 сентября. Фотографии женщин-бойцов также противоречили линии «Правды»; см. репортаж из Ленинграда, в котором женщины описываются как «настоящие помощницы своих мужей и братьев», сражающихся на фронте, а на помещенной тут же фотографии бойцов ленинградского народного ополчения без комментариев запечатлена девушка-снайпер товарищ В. Николаева (Правда. 1941. 22 августа). К марту 1942 года «Правда» открыто говорила о сражающихся на фронте «женщинах-бойцах», а не только о «помощницах» и «подругах» (см. главу шестую).

Но если в «Правде» противоречивые представления о роли женщин встречались только время от времени, то в сталинской культуре в целом эта ситуация была обычным делом. В «Комсомольской правде» эта парадоксальная ситуация приобрела наиболее яркую форму. Газета регулярно предлагала читателям совершенно несхожие идеалы советской женщины. Один из них, выраженный языком, напоминающим передовицы «Правды», представлял труженицу тыла или по-матерински заботливую фронтовую медсестру[20]. Другой идеализированный образ советской женщины обязан своим появлением мужчинам — журналистам «Комсомолки» и присылавшим материалы в газету местным партийным и комсомольским работникам. К октябрю 1941 года газета уже предлагала своим читателям подробные рассказы о женщинах-добровольцах. Она представляла девушек-солдат как воплотившуюся в жизнь реальность.

Более того в «Комсомольской правде» образ девушки-добровольца постоянно ставился рядом с образом добровольца-юноши. Не обособляя молодых женщин в отдельную группу, журналисты подробно трактовали желание женщин уйти на фронт как часть стремления советской молодежи в целом. Популярная до войны форма обращения «юноши и девушки» теперь распространялась «Комсомолкой» на область коллективного (то есть совместного), обусловленного гражданским долгом желания «бить врага».

Так, Иван Кучеренко, секретарь Киевского обкома и горкома ВЛКСМ, сообщая в «Комсомольской правде» о боях, которые вели части народного ополчения в конце августа 1941 года, рассказывал, как во время мобилизации тысячи «юношей и девушек просили, требовали, чтобы их послали на фронт, чтобы с оружием в руках

---

[20] См.: *Кононенко Е.* Слава тебе, советская девушка! // Комсомольская правда. 1941. 10 сентября. О том, как преподносились и пропагандировались нормативные роли среди молодежи, см., например: Девушки, к станкам, на тракторы, на смену мужчин <передовая статья> // Комсомольская правда. 1941. 5 июля; Нет таких специальностей, которыми не овладела бы советская патриотка // Комсомольская правда. 1941. 12 июля; Фронтовые подруги <передовая статья> // Комсомольская правда. 1941. 7 августа. См. также плакат А. Кручины «Комсомолки — изучайте санитарное дело» // Комсомольская правда. 1941. 4 июля.

защитить свой город и до последней капли крови бить оголтелого врага». Описывая единый порыв добровольцев в своей организации, Кучеренко, как и другие комсомольские руководители, представлял комсомол в качестве социального коллектива, воплощающего новое гендерное понимание гражданского долга[21].

Так, корреспондент Л. Ющенко посвятил свой сентябрьский репортаж о подготовке ленинградских добровольцев двум героям — двум рвущимся в бой солдатам, юноше (Яковлеву) и девушке (Курочкиной). Из них двоих, утверждал Ющенко, трудности с вступлением в добровольцы испытал именно юноша. Ему дважды отказывали из-за того, что он еще не достиг призывного возраста, но в конце концов все-таки записали, и он оказался одним из лучших в пулеметном деле. Что касается Курочкиной, то она, по словам Ющенко, вступила в ряды добровольцев безо всяких трудностей. Девушка окончила школу верховой езды, где она научилась брать препятствия и владеть саблей, и потому ей не пришлось доказывать свои боевые способности. Они были очевидны. В период обучения Курочкину больше всего заботило овладение военной профессией пулеметчика. Еще одна поклонница фильма «Чапаев», она изучала новый для себя вид оружия, потому что хотела стать Анкой-пулеметчицей[22]. Статья Ющенко помогает понять то, как советские журналисты научались писать о женщинах и мужчинах — добровольцах, не противопоставляя и не сравнивая их друг с другом. Для Ющенко женщины и мужчины — добровольцы представляют не антитезу, а две стороны нового подхода к изображению боевой обстановки.

---

[21] *Кучеренко И.* В рядах отважных // Комсомольская правда. 1941. 29 августа. В другом июльском сообщении о киевском ополчении молодые добровольцы также предстают как «юноши и девушки». Сосредотачиваясь на военной подготовке добровольцев, корреспондент признавал, что «трудно найти сейчас молодого парня или девушку, которые не знали бы, как устроена винтовка, не умели бы стрелять» (Ветераны учат молодежь // Комсомольская правда. 1941. 11 июля).

[22] *Ющенко Л.* Юноши берут оружие // Комсомольская правда. 1941. 19 сентября. Сходную трактовку ролей добровольцев — юношей и девушек — см. в статье: *Кучеренко И.* В рядах отважных // Комсомольская правда. 1941. 29 августа; *Сухаревич В.* Здравствуй, оружие // Комсомольская правда. 1941. 25 октября.

Отказ от антитезы в журналистском представлении и о добровольцах и о солдатах-гражданах можно заметить и в статьях «Комсомолки», посвященных собственно сражениям на фронте. Переходя к описанию того, как комсомольцы действовали в бою, секретарь Киевского обкома Кучеренко рассказывает о новых героях и вновь фокусирует внимание читателя на юношах и девушках. В его рассказе плечом к плечу сражаются комсомолец Наумович, который «метким огнем заставил отступить фашистов», и комсомолка Ольга Ячменева, чей «пулемет безотказно бил по фашистским цепям»[23]. Перенося повествование на Ленинградский фронт той же осенью 1941-го, журналист М. Днепровский представляет читателю молодую женщину — политрука взвода мужчин-пулеметчиков Марию Кропачеву. Опираясь на свидетельства однополчан, Днепровский описывает ее как девушку, гармонично сочетающую в себе навыки пехотинца с лидерскими качествами — такими как стойкость, дисциплина, воля и мужество, — позволяющими руководить другими в боевой обстановке[24]. Днепровский завершает портрет Марии, характеризуя ее как солдата и, что не менее важно, как «дочь социалистической родины». В отличие от традиционных изображений «дочерей», безусловно относящихся к «труженицам тыла», Днепровский помещает Кропачеву в боевую семью[25].

Подробные репортажи о дочерях и сыновьях социалистической родины, воюющих на разных фронтах, сохранили для нас гендерный дискурс начала войны в его самом радикальном

---

[23] *Кучеренко И.* Указ. соч.

[24] *Днепровский М.* Политрук Мария Кропачева // Комсомольская правда. 1941. 24 августа.

[25] Отказываясь от условных границ гендерных ролей, «Комсомольская правда» одновременно уделяла много внимания женщинам и мужчинам, воевавшим в партизанских отрядах. См.: *Зимянин М.* Нет пощады врагу // Комсомольская правда. 1941. 21 августа; Слава героическим партизанам! <передовая статья> // Комсомольская правда. 1941. 8 августа. Изображения партизанок в боевой обстановке см.: *Зимянин М.* Указ. соч.; *Солодарь Ц.* Грозные мстители // Комсомольская правда. 1941. 21 августа; *Лернер Г.* Будут помнить фашисты партизан! // Комсомольская правда. 1941. 29 августа.

ключе. В целом, как мы видим, сталинская пресса предлагала своим читателям весьма противоречивые замечания о ролях мужчин и женщин в развертывавшемся военном конфликте, давая дальнейшее развитие неоднозначным взглядам на гендерные различия 1930-х годов[26].

Неудивительно, что сходные противоречия существовали и за пределами журналистики. Военный кинематограф продолжал перерабатывать и умножать противоречия 1930-х годов. Отправившись в кинотеатр в 1941 году, советские граждане могли увидеть культовые фильмы — «Чапаев» и «Александр Невский». К концу 1941 года к этим довоенным произведениям добавились новые картины: «Три танкиста» и «Машенька». В «Трех танкистах» фронт трактовался как исключительно мужская территория, территория храбрых и решительных сыновей советской Родины. «Машенька» воплощала другой аспект традиционного воображения — службу женщины на фронте в качестве медработника. Интересно, что же должен был вынести зритель из кинотеатра, просмотрев этот удивительный репертуар?

В области фотографии и плакатной пропаганды также наблюдались попытки вписать различные понятия о гендерных ролях в образы, посвященные добровольческому движению и призывной кампании. На одном полюсе была визуальная пропаганда, включающая образы женщин — медицинских сестер и жертв, в то время как в ролях бойцов на фронте выступали исключительно мужчины. На другом полюсе оказывались визуальные возможности точно запечатлеть поколенческий образ добровольцев-девушек рядом с мужчинами, принадлежащим к разным поколениям[27] (илл. 8а и 8б).

---

[26] О других несоответствиях в газетных высказываниях о ролях мужчин и женщин во время войны см.: *Шейнин А.* Пять военных специальностей Лиды Замилевой // Комсомольская правда. 1941. 7 августа.

[27] Плакат П. Белоусова «Враг не пройдет» // Комсомольская правда. 1941. 5 октября; другие плакаты, представляющие добровольцев-мужчин, см.: *Кручина А.* Защитим родную Москву // Комсомольская правда. 1941. 21 октября, а также плакат без названия, худ. А. Кручина (Комсомольская правда. 1941. 26 октября).

Илл. 8а. «Мы защитим». Противоречия между высказываниями о ролях мужчин и женщин во время войны иногда можно проследить в одном и том же номере газеты, на одной странице и даже в одной статье или на одной иллюстрации. Так, на плакате художника И. Лиса, на котором изображены девушка с медицинской сумкой и мужчина (оба с винтовками), представляющие народное ополчение, смешаны знаки противоречащих друг другу репрезентационных реальностей. Плакат напечатан рядом с передовой статьей, в которой будущие добровольцы представлены исключительно как «юноши» (см.: Комсомольская правда. 1941. 6 июля). С разрешения «Комсомольской правды»

Советский театр и литература в 1941 году еще не успели освоиться с военным материалом. Военные пьесы и романы, требовавшие для своего создания большого времени, стали появляться только весной 1942 года. В этих условиях редкой театральной новинкой оказалась пьеса «Надежда Дурова», написанная К. Липскеровым и А. Кочетковым и поставленная на сцене Театра Моссовета в октябре 1941 года. Пьеса обращалась к реальной

Илл. 86. «Враг не пройдет». На этом плакате 1941 года (художник П. Белоусов) одна из пяти видимых фигур — девушка. Ее роль трудно определить по ее одежде. Комсомольская правда. 1941. 5 октября. С разрешения «Комсомольской правды»

исторической фигуре, Надежде Дуровой, русской дворянке, которая вступила в армию в качестве гусара во время войны с Наполеоном, выдав себя за мужчину. Выбрав эту тему, драматурги затронули вопрос о неоднозначном отношении к тому, какие гендерные роли подходят для общества военного времени, и обратились к имеющему долгую историю феномену желания женщины стать солдатом. Представленная в декорациях далекого прошлого, пьеса тем не менее неизбежно и намеренно указывала на события 1941 года.

По словам литературного критика Ал. Дейча, представленный в пьесе характер Дуровой заключал в себе «исконное свойство» русской женщины. Знаменитая актриса Вера Марецкая и режиссер Юрий Завадский также пытались истолковать с помощью романтической терминологии «исконных» предрасположенностей пылкое желание героини сражаться, равно как и ее необыкновенную воинскую доблесть, и старались всеми силами представить патриотический подвиг Дуровой не как нечто экстраординарное, а как нечто исконно русское. Такое понимание только укрепляло уже принятое в обществе истолкование намерения женщин сражаться как органическую и исторически оправданную потребность[28].

Более того, формальные требования театра также подразумевали подробное знакомство с героиней. Дурова, вокруг которой вращалось все действие, должна была что-то говорить, и драматурги наделили ее способностью красноречиво выражать бесстрашие женщины-солдата и раскрывать причины, побудившие ее присоединиться к действующей армии. В ключевом эпизоде пьесы Дурова объясняет мотивы, по которым она вступила в армию, императору Александру I. Обуреваемая патриотическим порывом, героиня восклицает: «Россия в опасности, я дочь ее!»[29] В пьесе слово «дочь» никак не противопоставляется идее защиты России с оружием в руках. Скорее, дело обстоит наоборот: новое понимание, которым драматурги наделяют идентичность «дочери», уже включает в себя право быть солдатом.

Таким образом, мы видим, что сталинская культура военного времени несла в себе следы противоречивой и многозначной культурной обстановки 1930-х годов. Однако теперь противоречивая природа сталинской репрезентации женских и мужских качеств стала более острой и более явно выраженной. Мощное и срочное усилие, потребовавшееся для возвращения традиции исключения женщин из числа бойцов, было предпринято наряду со столь же мощными и многочисленными усилиями понять феномен женщины — солдата и добровольца. Отсутствие общественного диалога о противоречиях официальной советской культуры усугубляло ситуацию и становилось потенциальной концептуальной проблемой для всякого, кто жил в сталинском обществе. В 1941 году разрешение противоречий перестало быть всего лишь теоретическим вопросом и приобрело практический смысл, стало вопросом жизни и смерти для тысяч девушек и юношей на призывных пунктах, в партийных и комсомольских организациях. Выбор одной из конфликтующих

---

[28] *Дейч Ал.* Надежда Дурова // Комсомольская правда. 1941. 11 октября.
[29] Там же.

гендерных ролей означал, останется ли девушка в тылу или отправится на фронт.

Противоречивый гендерный дискурс начала войны, естественно, вызывает вопрос об отношении к нему советского государства и его вождей: что руководители и видные общественные деятели считали нужным сказать о советском солдате и какая гендерная политика была (если была) ответом на стремление женщин стать добровольцами в 1941 году?

Не поощрять и не запрещать

В 1941 году четкий гендерный портрет советского солдата отсутствовал не только в газетах, фильмах и спектаклях. Его нельзя было найти и в публичных заявлениях и речах советских вождей. Те самые лица, к словам которых советский гражданин привык обращаться за руководящей идеей — прежде всего Сталин, среди многочисленных постов которого был и пост председателя Государственного Комитета Обороны; К. Е. Ворошилов, легендарный довоенный нарком обороны; Н. А. Михайлов, в военное время Первый секретарь ЦК ВЛКСМ, — не заняли ясной позиции по отношению к массовому стремлению женщин на фронт. Скорее, они своими авторитетными высказываниями только усугубили конфликт идей. Следует ли признать солдатом женщину-добровольца? Перестали ли считать солдатское призвание исключительной прерогативой мужчин? И наконец, можно ли считать сложившуюся в августе-октябре крайне трудную ситуацию на фронте теми самыми «исключительными обстоятельствами», при которых допустимо делать исключение для женщин и отправлять их в бой? В то время как в райвоенкоматах, в партийных и комсомольских организациях нужно было решать вопрос о гендерном статусе бойца и давать конкретные ответы, советские вожди, начиная со Сталина, продолжали говорить со своими слушателями в гендерно неопределенных терминах.

В первом после начала войны обращении к народу — речи, произнесенной по радио 3 июля 1941 года и сразу же ставшей важной культурной вехой, — хозяин советского дискурсивного поля — Сталин — не дал четких гендерных ориентиров. Он призвал «всех советских людей», «всех граждан Советского Союза» и народное ополчение «отстаивать каждую пядь советской земли» и «своей грудью защищать свою свободу». Гендерно окрашенное обращение «братья и сестры» прозвучало только однажды, в самом начале речи. Сталин никак не пояснил, например, следует ли считать «сестер» частью «граждан и бойцов» или нет. Такое замалчивание гендерных задач на фоне массового ухода женщин в добровольцы не помогало военным комиссарам принимать решения на призывных пунктах. Однако оно и не исключало самой возможности рассматривать стремление женщин защищать Родину как законное[30].

Большим мастером гендерно двусмысленных речей был новый глава комсомола Н. А. Михайлов, получивший эту должность после того, как его предшественник А. В. Косарев был расстрелян во время прошедшей в 1937–1938 годах чистки руководства ВЛКСМ. В 1941 году бо́льшая часть желавших попасть на фронт девушек были комсомолками, и ВЛКСМ нуждался в разъяснении гендерного вопроса гораздо больше, чем все прочие советские структуры. Тем не менее Михайлов в своих публичных выступлениях по вопросам о том, какие задачи должна решать молодежь во время войны, не внес какой бы то ни было ясности. В статье, посвященной всеобщему военному обучению — программе, которой советское руководство придало статус закона в сентябре 1941 года, Михайлов напоминал всем комсомольцам, остававшимся в тылу, что они «должны быть готовы отправиться на фронт и должны подготовиться к выполнению боевых заданий».

---

[30] Выступление по радио Председателя Государственного Комитета Обороны И. В. Сталина // Правда. 1941. 3 июля. Несколько месяцев спустя, во время менее судьбоносного события — военного парада в честь Октябрьской революции в Куйбышеве, — К. Е. Ворошилов повторил те противоречивые положения, которые можно было встретить в прессе при обсуждении роли советской женщины в войне (Речь маршала Советского Союза К. Е. Ворошилова на параде Красной Армии 7 ноября 1941 года в Куйбышеве // Правда. 1941. 9 ноября).

Не уточняя специфически женские и мужские задачи и роли, Михайлов, казалось, подразумевал (хотя и не утверждал это прямо), что границу между фронтом и тылом могут пересекать все молодые люди[31].

Единственным известным деятелем, который в 1941 году в выступлениях на радио и в прессе прямо указывал на возможность для советских женщин участвовать в боях и пытался привести в порядок противоречивую гендерную мозаику сталинского времени, была Марина Раскова. Летом и осенью 1941 года она убеждала высшее командование и Сталина в необходимости создавать женские авиаполки. Для Расковой прояснение вопроса о роли женщин в войне не было отвлеченной материей. Выступая на женском антифашистском митинге в Москве 8 сентября, она недвусмысленно говорила о советской женщине-бойце, сделав эту фигуру центром своей краткой речи. По словам Расковой, женщина-боец — массовое явление, насчитывающее «сотни тысяч автомобилисток, трактористок и летчиц, готовых в любую минуту сесть на боевые машины и ринуться в бой с кровожадным врагом». Надежды на то, что высокотехнологичная война станет общим делом, в котором смогут принять участие представители обоих полов, были наконец озвучены публично, не вызвав возражений ни со стороны участников митинга, ни со стороны центральных газет, которые опубликовали речь Расковой[32]. Настаивая на готовности женщин идти в бой, Раскова не подразумевала, что женщина-солдат должна стать универсальным идеалом для всех женщин. Напротив, Раскова сознательно делила советских женщин на самодостаточные типы. В своей речи она так же уважительно говорила о женщинах — работницах тыла, медработницах, партизанках и матерях. Каждому типу был посвящен отдельный параграф, и ни один не был выделен

---

[31] *Михайлов Н. А.* Комсомол должен стать душой ВСЕВОБУЧа // Комсомольская правда. 1941. 27 сентября. См. также речь Михайлова на Молодежном антифашистском митинге в Москве (Правда. 1941. 29 сентября).

[32] Речь Марины Расковой на митинге у Дома Советов 7 сентября 1941 года // Комсомольская правда. 1941. 9 сентября.

стилистически или композиционно как более важный. Сознательно разделяя понятие «советская женщина» на самодостаточные типы, лишенные нормативного общего знаменателя, Раскова предлагала свое решение противоречивому многообразию представлений о роли женщин в сталинском обществе и культуре. Ни один из ее женских типов не был универсальной «нормой», свойственной всем без исключения женщинам[33].

Попытка Расковой внести смысл в разрозненные представления о «советской женщине» осталась единственным примером такого рода. В целом же митинг проходил так же, как и другие подобные советские мероприятия, вечно терпевшие неудачи по части объяснения и упорядочивания гендерных ролей и идеалов. Противоречивость речей и советских вождей, и советских знаменитостей отражала противоречия их культурного окружения. Кажется, историк едва ли может заключить, что за уклончивыми публичными высказываниями этих деятелей по вопросу о женщине-бойце стояла какая-то логика или хотя бы четкие дискурсивные правила.

Однако рискну предположить, что, несмотря на всю уклончивость официальных высказываний о гендерной организации советского военного общества, руководство страны все же следовало нескольким дискурсивным принципам, определявшим его представления о женщинах-добровольцах в 1941 году. Вполне последовательную официальную позицию трудно различить с первого взгляда, однако она просматривается, если проследить не только за тем, что говорили советские вожди, но и за тем, о чем они умалчивали.

---

[33] На том же митинге выступила и другая знаменитая женщина — летчица, Герой Советского Союза, подруга Расковой — Валентина Гризодубова. В отличие от Расковой, Гризодубова в речи, открывавшей митинг, воспроизвела многоголосие разрозненных женских образов, которыми оперировала сталинская пресса, даже не попытавшись распутать этот узел. В ее представлении типичная женщина находилась одновременно и в тылу, и на фронте, причем в последнем случае оставалось неясно, чем она должна там заниматься. Попытка Расковой внести смысл в путаную репрезентацию образа советской женщины не смогла восторжествовать на этом митинге. См.: Речь Валентины Гризодубовой // Комсомольская правда. 1941. 9 сентября.

Так, например, если обратить внимание на то, что не попадало в официальные заявления и речи, можно понять, что советские вожди ни при каких обстоятельствах не позволяли себе прямого обращения к молодым женщинам с призывами браться за оружие и становиться в строй. Такое табу — воздерживаться от любых заявлений, которые могли быть истолкованы как государственная агитация в поддержку желания женщин воевать, — соблюдали все публичные фигуры из числа государственных, партийных, комсомольских и военных деятелей. Даже Раскова, чьей главной целью осенью 1941 года было формирование женских авиаполков, не переступала эту границу. В речи на всесоюзном антифашистском митинге она истолковывала желание женщин сражаться как вполне законное — но этим и ограничивалась. Раскова не призывала всех готовых вступить в бой женщин переходить от слов к делу[34].

Публично дистанцируясь от женского добровольческого движения, советское правительство в то же время и не запрещало женщинам вступать в действующую армию и принимать непосредственное участие в боевых действиях. В отличие от Германии и Великобритании, в СССР не было издано специальных законов и приказов, запрещавших женщинам принимать участие в боях и иметь доступ к оружию[35].

Эта двойственность — предпочитать, чтобы женщина держалась подальше от сражений, и в то же время не запрещать ей доступ к оружию — наиболее ярко проявилась в одном из приказов, изданных в первые месяцы войны. Приказ «О всеобщем обязательном обучении военному делу граждан СССР» предписывал Наркомату обороны и его органам на местах по всей стране организовать новую сеть военных курсов. Граждане должны были проходить их в нерабочее время, и каждый включал 110 часов обучения стрельбе из винтовки, пулемета и мино-

---

[34] Речь М. Расковой на митинге у Дома Советов.

[35] Британское королевское предписание 1938 года, например, недвусмысленно запрещало женщинам пользоваться любыми видами оружия. См. [DeGroot 1997: 445].

мета. Кроме того, давались уроки метания гранаты, строевой подготовки, рытья траншей, маскировки, а также индивидуальной и коллективной тактической подготовки к боевым действиям. Выполняемая под эгидой Наркомата обороны, новая система всеобщего военного обучения — ВСЕВОБУЧ — должна была дополнить работу уже существовавшей общесоюзной организации ОСОАВИАХИМ.

Хотя в заголовке постановления фигурировали гендерно неопределенные «граждане СССР», в самом его тексте на этот счет следовало разъяснение. К обязательной военной подготовке привлекались только граждане «мужского пола» в возрасте от 16 до 50 лет. О том, что женщины должны были также получать какую-либо обязательную военную подготовку, в документе не говорилось. Поэтому, как кажется, есть основания называть это постановление исключительно мужским законом. Однако на практике оно не определяло военное обучение как право мужчин и только мужчин. Закон подразумевал не то, что женщин не следует учить военному делу, а то, что государство не накладывает на них *обязательство* получать необходимые для боя навыки. Именно так это постановление зачастую понимали на практике молодые офицеры — как мужчины, так и женщины, — которые преподавали на подобных военных курсах. Женщин не обязывали и не поощряли, но желавших пройти военную подготовку девушек принимали на курсы ВСЕВОБУЧа и ОСОАВИАХИМа для обучения снайперской стрельбе, владению винтовкой, автоматом и пулеметом[36].

Сталинское руководство не только соблюдало правило «не поощрять и не запрещать», но и воздерживалось от любого развернутого обсуждения желания молодых женщин сражаться. Ни один партийный, государственный или военный деятель не объявил во всеуслышание, что он против желания женщин становиться солдатами, не призвал их одуматься или, по крайней мере, не оспорил их намерения с практической или гендерной

---

[36] В Государственном Комитете Обороны. О всеобщем обязательном обучении военному делу граждан СССР <передовая статья> // Правда. 1941. 18 сентября.

точки зрения. Советская пресса, в свою очередь, не предоставляла свои страницы каким-либо разгневанным, критически настроенным или любопытствующим гражданам или чиновникам на местах. В результате в газетах не получили отражения ни страх перед нарушением гендерных норм, ни тревога относительно того, что женщины могут узурпировать мужские права и пространства, ни опасения, что может получить распространение тип «мужеподобной женщины», — все то, что историки гендерных отношений отмечают в военное время в прессе США и Великобритании.

Обращаясь к советским женщинам с призывом оставаться в тылу и в то же время не решаясь даже критиковать желание девушек уходить на фронт, советское руководство проводило по отношению к женскому добровольческому движению сложную публичную кампанию, которую я предлагаю назвать кампанией «неодобрения без запрещения».

В 1941 году эта публичная позиция соответствовала проводимой советским государством политике. Между летом 1941 и началом 1942 года правительство не проводило женских мобилизаций и не предпринимало попыток организовать всю огромную и спонтанно возникшую массу женщин-добровольцев, несмотря на деморализующие потери РККА. Потеряв четыре миллиона бойцов всего за пять месяцев, СССР сумел с помощью своей призывной машины к концу декабря 1941 года отправить на фронт от четырех до пяти миллионов новых солдат и сотни тысяч командиров — и все это не призывая женщин. Не было даже предпринято попыток призвать женщин-добровольцев в армию в качестве писарей, телефонисток и технических сотрудников, для того чтобы освободившие эти места мужчины отправились на передовую[37].

Парадоксально, но, в отличие от западных участников войны, советские вооруженные силы не рассматривали массовой призыв женщин как возможный ресурс для небоевых должностей в армии. В Великобритании и Германии, например, практическая

---

[37] Людские потери Красной армии. Таблица [Золотарев 1998–1999, 1: 516].

подготовка к призыву женщин на канцелярские и технические должности, равно как и в бригады противовоздушной обороны, началась еще в конце 1930-х годов. Великобритания одной из первых на Западе инициировала массовое привлечение женщин в армию, чтобы возместить потери мужчин, и тем самым положила начало новой гендерной структуре вооруженных сил. Еще до того, как в декабре 1941 года в стране начался массовый призыв женщин в армию на небоевые должности (а это дало 450 тысяч добровольцев), британские вооруженные силы уже отбирали и готовили первых женщин-добровольцев для зенитных батарей. Идея предоставить женщинам возможность служить в наземных частях противовоздушной обороны, чтобы освободить мужчин для боевых действий на континенте, была поддержана еще в 1938 году. В августе 1941 года первые британские батареи смешанного состава приступили к несению службы[38].

Нацистская Германия, несмотря на свою крайне негибкую официальную гендерную доктрину, также стала одной из первых в массовом порядке привлекать женщин в вооруженные силы. Накануне Второй мировой войны 140 тысяч женщин занимали канцелярские, административные и связанные с коммуникациями должности в армейских частях[39].

И конечно же, США не были исключением. Американский конгресс одобрил создание Женского вспомогательного военного корпуса в мае 1942 года. Принятию этого решения предшествовал целый год жарких споров, как в самом конгрессе, так и в газетах, относительно условий вступления женщин в ряды вооруженных сил. В корпус, созданный после этого годичного обсуждения, поначалу было набрано 25 тысяч женщин, которые

---

[38] См. [DeGroot 1997; Campbell 1993].

[39] По ходу войны нацистское государство мобилизовало в отдельные вспомогательные подразделения около 400 тысяч женщин. Тем не менее им не был предоставлен статус военнослужащих, они выполняли только канцелярскую, административную и связанную с коммуникациями работу. Женские вспомогательные части использовались также в бригадах противовоздушной обороны, включая управление прожекторами, однако им не разрешали стрелять из зениток. См. [Tuten 1982; Campbell 1993].

должны были заниматься делопроизводством и обеспечивать связь[40].

Хотя в результате этих шагов гендерный состав вооруженных сил изменился, тем не менее британское, германское и американское правительства, военные и общественность выражали большую обеспокоенность возможной радикальной сменой традиционных гендерных представлений. Важным аргументом, который постоянно приводили государственные и военные руководители для оправдания присутствия женщин в армии в глазах общества, служило то, что призванные женщины не считались бойцами. Зачисление женщин на военную службу подавалось не как нарушение традиционных норм, а как всего лишь осуществление гендерной справедливости, при которой оба пола будут заниматься выполнением своих «естественных» обязанностей. Женщины заменят мужчин, занимающих канцелярские и технические должности, и тем самым дадут им возможность воевать на передовой[41].

В самих военных частях «небоевой» статус женщин строго соблюдался как в практическом, так и в символическом отношении. Независимо от того, были ли они официально зачислены на военную службу, их считали гражданскими лицами, а не солдатами. Им не выдавали оружия и не учили им владеть. Они не

---

[40] За время войны их количество выросло до 150 тысяч; женщинам стала доступна не только канцелярская работа и обеспечение связи. Помимо Корпуса, существовали и другие вспомогательные организации, чья деятельность в меньшей степени освещалась в СМИ: женщин брали на службу в качестве медсестер, клерков, телефонисток, летчиц, механиков, оружейников и шоферов. К концу войны их число составляло 266 256 человек. Состоявшие на службе во вспомогательных войсках женщины, согласно условиям найма, не были военнослужащими и редко оказывались на передовой. См. [Campbell 1993; Merryman 1998].

[41] Анализируя подобные публичные дискуссии, историки гендерных отношений ясно показали границы гендерных ролей на армейской территории. См. исследования публичных дискурсов военного времени, касающихся поступления женщин на военную службу в Америке и в британские отряды местной обороны: [Meyer 1996; Summerfield, Peniston-Bird 2007].

имели права даже носить оружие и пускать его в ход, чтобы защитить себя в случае опасности для жизни.

Безусловную установку на гражданский статус женщины в британской и немецкой армиях лучше всего демонстрируют случаи, когда женщины формально занимали положение бойцов — так было, например, в подразделениях воздушной обороны. Британские военные правила прямо запрещали женщинам, служившим в прожекторных частях, использовать зенитную артиллерию в целях самозащиты при атаке вражеской авиацией. Таким образом, женщины, оказавшись в боевых условиях, не имели ни права, ни умения защищаться [Campbell 1993; DeGroot 1997; Tuten 1982].

Следуя неписаным правилам, не позволявшим ни поощрять женщин-добровольцев, ни запрещать им службу, советское правительство отставало от Великобритании и Германии по числу призванных в 1941 году женщин. Однако политика «умывания рук» имела социальные последствия не менее важные, чем открыто обсуждавшиеся и продуманно выстроенные западные системы призыва. Отсутствие как запретов, так и целенаправленных кампаний против участия женщин в боях де-факто облегчало радикальные инициативы снизу. И если западные вооруженные силы неукоснительно оберегали статус солдата как мужскую прерогативу, иногда реальности вопреки, то на советских призывных пунктах в 1941 году гендерная составляющая солдата ставилась под вопрос и становилась главным источником споров.

Как свидетельствуют сохранившиеся архивные документы, на пунктах записи добровольцев, в учебных воинских частях, на партийных и комсомольских собраниях, где должны были приниматься решения относительно конкретных женщин, как правило, царил хаос и все решали спонтанные проявления личной инициативы, опирающиеся на разнородное понимание гендерной составляющей понятий «женщина», «солдат», «война». Собрания местных комсомольских руководителей и активистов, созывавшиеся в московском ЦК ВЛКСМ, дают редкую возможность увидеть всю палитру отношений и множественность инициатив по вопросу о том, какой должна быть роль женщины на войне. Характерным примером может служить собрание комсомольского актива Московской организации ВЛКСМ в июле 1941 года.

Председательствовавший на собрании Михайлов обратился к собравшимся с речью, которая, как и другие его выступления 1941 года, отличалась гендерной неопределенностью. Затем последовали речи местных руководителей, по-разному толковавших политику комсомола по отношению к положению женщин на фронте, причем эти интерпретации опирались на уже запущенные на местах инициативы.

Секретари райкомов с гордостью докладывали о том, что девушки в их организациях учатся меткой стрельбе, вождению танков и овладевают профессией связиста, готовясь к отправке на фронт. Так, секретарь комитета ВЛКСМ Московского железнодорожного узла тов. Шкинев рассказал об инициативе пятидесяти молодых женщин, решивших одновременно пройти военное обучение и организовать в свободное время профобучение для девушек допризывного возраста, которые смогут заменить их на железной дороге. Таким образом, пояснил комсомольский лидер, молодые женщины хотят обеспечить себе возможность беспрепятственного ухода на фронт, после того как они овладеют военной профессией. Другой секретарь всячески настаивал на введении всестороннего военного обучения для всех молодых женщин без исключения, в том числе и для тех, кто решил стать медработником. Секретарь Ленинградского райкома ВЛКСМ тов. Абрукин рассказал о том, что в его районе уже проводится всестороннее военное обучение студенток. Описывая военные инициативы женщин и требуя всестороннего военного обучения, эти местные комсомольские руководители, несомненно, видели своих комсомолок будущими участницами боевых действий и ожидали одобрения начальства как за свое собственное правильное понимание момента, так и за поддержку подобных инициатив снизу[42].

---

[42] Собрание комсомольского актива Московской организации ВЛКСМ. Июль 1941 // РГАСПИ. Ф. М-1. Оп. 5. Д. 99. Л. 6–9, 29, 30–31, 47–48.

Из протокола собрания видно, что Михайлов не возражал против вышеуказанных инициатив, не поправлял выступающих и не предлагал каких-либо разъяснений. Записи создают впечатление, что руководители на местах действительно правильно понимали гендерную политику ЦК комсомола и что надежды комсомолок на то, что им удастся получить военные специальности и отправиться на фронт, были вполне оправданны. Однако в какой-то момент неясность руководящих установок дала себя знать. Михайлов получил из зала записку, в которой напрямик спрашивалось: «Где и в каком качестве будут проходить обучение комсомолки?» То есть один из участников, прослушавший речь Михайлова и последующие выступления местных руководителей, не сумел уяснить, как решается вопрос о женщине-солдате, и потребовал прямого ответа[43].

Только тогда припертый к стене Михайлов осветил этот момент. В отличие от его собственной вступительной речи и от выступлений, которые он выслушал без возражений, его ответ был выдержан в узких рамках традиционных гендерных представлений. Он разъяснил, что в настоящее время девушки должны получать небоевые профессии и служить в соответствии с ними в качестве «санитарных сестер, сандружинниц, телеграфисток, радисток, шоферов». Лидер ВЛКСМ был непосредственно связан с партийно-государственным аппаратом и потому не выразил поддержки инициативе комсомолок и комсомольских вожаков на местах. Однако, сделав вынужденное официальное заявление, он не стал ни критиковать местные инициативы, ни указывать секретарям райкомов на необходимость придерживаться более традиционных правил, которые он только что огласил. Огласив свою гендерную линию, Михайлов не настаивал на ней. Обозначить дистанцию между позицией руководства ВЛКСМ и тем, что происходило на низовом уровне, было важнее, чем форсировать эту позицию[44].

---

[43] Там же. Л. 49–50.
[44] Там же.

Собрание московского комсомольского актива продемонстрировало одну из форм политики «неодобрения без запрещения», которой придерживалось руководство ВЛКСМ. Постоянное умножение представлений о роли женщин на фронте, как и числа инициатив, помогает лучше понять рассказы самих девушек о непредсказуемых и многообразных путях, которыми они приходили на передовую.

Советское руководство, с его неоднозначным пониманием обязанностей мужчин и женщин в военное время, углубило в 1941 году общественный конфликт идей, господствовавших как в официальной культуре, так и на местах, где женщины записывались в добровольцы, призывались и проходили военную подготовку. Дистанцируясь от неотложных вопросов, партийно-советское руководство отдало решение вопроса о женщинах-добровольцах и о новом типе солдата на откуп низовым организациям.

Вопросы, на которые местные военные, партийные и комсомольские руководители должны были дать ответ (может ли молодая женщина быть солдатом, и если да, то при каких обстоятельствах и по каким причинам это может происходить), были сами по себе знаками продолжающейся дестабилизации традиционных гендерных представлений. Сам смысл понятия «солдат» становился неоднозначным. Разнообразие решений, принимавшихся в местных военных и комсомольских организациях, показывает, что теперь нельзя было механически солидаризироваться с традиционными правилами исключения женщин из числа солдат. Табу, когда-то действовавшее повсеместно и не вызывавшее сомнений, потеряло свою безусловность.

В истории о женщинах, стремившихся уйти на фронт добровольцами в 1941 году, и о правительстве, которое всячески старалось от них дистанцироваться, имеется одна бросающаяся в глаза флуктуация. Это одобренный государством призыв примерно 300 молодых женщин-добровольцев в боевые авиационные части, осуществленный в Москве в октябре 1941 года. Такое действие властей выпадает из картины в целом последовательной политики невмешательства в местные хаотические процессы. Призыв в летчицы стал исключением в политике правительства, он резко нарушил по крайней мере одно из твердых правил советского руководства. В данном случае правительство использовало одну из своих управленческих структур — ЦК ВЛКСМ — для того чтобы прямо призвать молодых женщин добровольно уйти на фронт. Более того, оно сделало ЦК ВЛКСМ организационным центром этого призыва.

Почему советское руководство предприняло такой исключительный шаг, мы обсудим в следующей главе.

Глава 3
«Исключительный» призыв 1941 года

Введение. «Такие разные в личном и такие одинаковые в главном — желании воевать» [Ракобольская 2002: 11]

9 октября 1941 года Ирина Ракобольская, студентка физического факультета МГУ, дежурила в комитете комсомола университета. Позвонил телефон: ЦК ВЛКСМ сообщал о призыве на фронт девушек-добровольцев. Согласно телефонограмме, Краснопресненский район, к которому принадлежал Московский университет, должен был отобрать двенадцать человек, причем срочно. Ракобольская сразу начала составлять список: сначала вписала себя, а затем обзвонила все факультеты, объявляя о призыве и записывая имена добровольцев. На следующий день она, как и все, кто попал в список, явились в приемную ЦК ВЛКСМ. Там уже собралась большая толпа девушек. Только здесь, ожидая беседы с отборочной комиссией, Ракобольская узнала, что их призывают в военно-воздушные силы, а именно — в специальные женские авиаполки, формированием которых занимается Марина Раскова [Ракобольская 2002: 10]. Как объясняла Ракобольская в интервью 1997 года, для нее 29-летняя Раскова «была легендарной фигурой, знаменитой летчицей, Героем Советского Союза. Как же можно было упустить такую возможность — летать, сражаться, и все это под командованием Расковой?!»[1]

---

[1] Интервью, данное автору книги 17 октября 1997 года.

Распоряжение о призыве, которое Ракобольская записала 9 октября, было одним из первых документов советского правительства, изданных в рамках исполнения секретного приказа № 0099, который днем ранее подписал И. В. Сталин. Этот исключительный для 1941 года приказ предписывал сформировать три женских боевых авиаполка: истребительный, пикирующих бомбардировщиков и ночных бомбардировщиков[2]. Таким образом, в военно-бюрократический словарь вводилось новое слово — и, соответственно, новое понятие: боевой летчицы. Приказ несомненно преследовал цель вовлечь женщин в одну из самых технически продвинутых современных военных областей. Более того, рассылая указания о призыве в различные технические и педагогические институты, вечерние школы и на заводы, правительство давало понять, что рассматривает женщин-бойцов как уже существующую и готовую сражаться социальную группу и побуждало девушек как можно скорее принять эту теперь официально признанную женскую идентичность.

История девушек-добровольцев, откликнувшихся на октябрьский призыв, развивалась по новому сценарию. Роли протагонистов (действовавших по собственной инициативе женщин-добровольцев) и других важных персонажей (непредсказуемых чиновников на призывных пунктах) — изменились коренным образом. То, что еще недавно было уделом женщин — без конца писать петиции и обивать пороги военкоматов и райкомов комсомола, просить, убеждать и умолять, — все это вдруг закончилось. Правительство внезапно взяло дело в свои руки. Так, когда Ракобольская и ее подруги явились в ЦК ВЛКСМ, там их уже ждала отборочная комиссия. Приказ о создании боевых частей, в которые им предстояло поступить, был издан, командир назначен. Благодаря приказу № 0099 официальный язык, на котором говорили с добровольцами, изменился: в нем понятие «женщина» больше не противопоставлялось «мужскому началу», обладающему монополией на участие в современной войне. Для

---

[2] Приказ Народного комиссара обороны СССР № 0099 [Барсуков 1997а: 112–113].

того чтобы пройти отбор, девушкам предстояло убедить членов комиссии не в том, что женщина-солдат есть категория, которая имеет смысл, а в том, что они принадлежат к этой категории. Технические навыки или способность их быстро приобрести тоже учитывались.

Приняв решение призвать около 300 девушек, советское руководство ни в коем случае не изменило своей общей линии 1941 года: не привлекать женщин в массовом порядке и не способствовать приходу на передовую женщин-добровольцев. Однако разрешив небольшой и — в условиях 1941 года — исключительный призыв, правительство явно нарушило сложившееся представление о том, что оно вообще не интересуется девушками-добровольцами. А в более широком контексте Второй мировой войны приказ № 0099 столь же явно выводил советское общество за пределы западных моделей привлечения женщин к военной службе, о которых мы говорили в предыдущей главе. Ответ, который дало советское руководство на массовое женское добровольческое движение — ограниченный призыв, но непосредственно в боевые части, — заметно отличался от тех компромиссных шагов, которые составляли modus operandi политики западных правительств по этому вопросу: допускать женщин только туда, где не предполагается непосредственного участия в боевых действиях, а также на должности, определяемые как небоевые[3].

Октябрьский призыв до сих пор не получил убедительного исторического объяснения: почему советское руководство вдруг позволило своим гражданским и военным функционерам нарушить традиционные гендерные правила, касавшиеся выполнения гражданского долга в военное время? Более того, советский военно-воздушный флот испытывал тогда недостаток не летчиков, а боевых машин. В условиях, когда армия нуждалась в четырех миллионах новых солдат на передовой, призыв трехсот девушек в ряды боевых пилотов может показаться экстравагантным и со-

---

[3] Анализ призывов женщин-добровольцев во время Второй мировой войны в британские, германские и американские вооруженные силы см. в главе второй.

вершенно несвоевременным капризом. И конечно же, такое решение никак не помогало справиться с тяжелым положением советских войск под Москвой. Поэтому призыв «в порядке исключения» вряд ли можно объяснить вынужденными экстренными мерами[4].

Маловероятными представляются и те объяснения решения о подготовке женщин — боевых пилотов, в которых на первый план выдвигается роль Марины Расковой, якобы сумевшей убедить советское руководство и преодолеть сопротивление военных созданию женских полков[5]. Формирование трех женских боевых частей было затратным делом, особенно в условиях повсеместной хронической нехватки боевых самолетов, топлива и инструкторов; эта нехватка продолжится в ближайшие полтора года. Остается большим вопросом, сумела бы Раскова добиться создания женских полков, если бы ее усилия не совпали, до определенной степени, с представлениями советских вождей о том, что «женщина — пилот боевого самолета» — задача вполне реальная и целесообразная. Зачем тратить скудные государственные средства на то, чего не может быть?

Я рассматриваю октябрьский призыв не в рамках единоборства Расковой и советского руководства, а как принятое на высшем уровне правительственное решение. Это решение, на мой взгляд, не столько вознаградило усилия Расковой, сколько высветило причастность начальства к неоднозначной гендерной политике 1930-х годов, которую при желании можно было повернуть в любое русло. Так же как и все советское общество, вожди не находились в плену единственной и изолированной гендерной системы. Приказ № 0099 указывает прежде всего на то, что представление о «женщине» как непременной антитезе «войны» не

---

[4] См., например, анализ неполноты объяснений в рамках «парадигмы исключительных мер» в работе Рейны Пеннингтон [Pennington 2001: 50].

[5] В послевоенных воспоминаниях ветеранов ее полка приводится история о том, как Раскова пришла к Сталину с целым чемоданом писем от девушек-добровольцев, чтобы убедить его разрешить призывать женщин. Пеннингтон реконструировала распространенное среди ветеранов-летчиц представление о сильном характере Расковой и ее решающем влиянии на советское руководство. См. [Pennington 2001: 24–26].

было в 1941 году единодушным убеждением советских вождей. Кроме того, этот приказ показывает, что руководство желало проверить на прочность границы гендерных условностей. В данной главе поддержка правительством предложения Расковой расценивается как целенаправленный эксперимент. Такое понимание охватывает и допустимость женского участия в боевых действиях, и ожидания сталинским руководством определенной военной отдачи от этого опыта.

Прослеживая историю формирования женских полков до их отправки на фронт, я также исследую и различные ипостаси, в которых представала Марина Раскова: это и весьма эффективный функционер, и офицер-командир, глубоко укорененный в советской системе, и активистка, выступавшая с характерных для 1930-х годов позиций — за освобождение женщин и против универсализации гендерных ролей. Кроме того, она обладала большими личными амбициями, желая стать первой (насколько ей было известно) женщиной-командиром первого женского боевого полка в истории. Хотя сама Раскова погибла в 1943 году, не оставив воспоминаний о своем начинании, память о ней сохранилась в многочисленных мемуарах женщин — ветеранов организованных ею полков.

Читая приказ № 0099

Подписанный Сталиным 8 октября 1941 года приказ о призыве женщин-добровольцев в военно-воздушные силы не был чрезвычайной мерой[6]. Однако он возник в условиях крайне тяжелого военного положения: немецкие войска смяли советскую оборону на 500-километровом участке фронта, и над Москвой нависла реальная угроза. В отсутствие войск, которые можно было без промедления бросить в контрнаступление, советская столица в начале октября неожиданно оказалась беззащитной. В тот же день, когда был подписан приказ № 0099, Сталину позвонил генерал армии Жуков, который изучил обстановку на

---

[6] Приказ № 0099.

подступах к Москве и доложил, что «все пути на Москву, по существу… открыты»⁷. В тот же день, 8 октября, Государственный Комитет Обороны издал приказ об эвакуации из Москвы правительственных, партийных и военных организаций, предприятий тяжелой промышленности и военных заводов. Были составлены списки учреждений, предприятий, складов и станций метро, которые следовало взорвать в случае сдачи Москвы. Одновременно для того, чтобы ликвидировать прорыв на фронте и защитить столицу, спешно стягивались войска. В течение 15, 16 и 17 октября газеты и московские партийные и комсомольские организации призывали москвичей записываться в народное ополчение⁸.

Несмотря на чрезвычайную ситуацию, с призывом девушек в авиаполки не стали тянуть. После выхода приказа № 0099 последовало вполне логичное продолжение — назначение его главным исполнителем и командиром будущих полков старшего лейтенанта Марины Расковой. Чтобы она смогла выполнить поставленную задачу, особенно в условиях хаоса, царящего в городе, который одновременно эвакуировался и готовился к обороне, ей присвоили звание майора. Вооруженная приказом, подписанным лично Сталиным, новым воинским званием, а также своей всенародной известностью, майор Раскова превратилась в военно-государственного функционера, обладавшего таким влиянием в сталинской бюрократической системе, что она могла свободно открывать любые двери и требовать немедленного содействия решению необходимых вопросов. Кроме того, Раскова получила в свое распоряжение один из самых эффективных инструментов для осуществления призыва и отбора женщин-военнослужащих — содействие ЦК ВЛКСМ и комсомольских ячеек на местах⁹. В приказе указывались пункты подготовки

---

⁷ *Жуков Г. К.* Воспоминания и размышления. Цит. по: [Буков и др. 1995: 94].

⁸ См. радиообращение А. С. Щербакова, Первого секретаря Московского горкома партии [Буков и др. 1995: 115–116].

⁹ ЦК ВЛКСМ с июня 1941 года играл роль главной призывной инстанции для молодежи: за годы войны он осуществил по указанию Государственного Комитета обороны 73 призыва. См. [Захаров и др. 1985: 118].

Илл. 9. Марина Раскова. Из собрания РГАСПИ

и переподготовки женщин-добровольцев, а также источники обеспечения формируемых авиаполков всеми видами довольствия. Воплощение заложенной в приказе радикальной идеи о создании женских боевых подразделений и утверждение самого понятия «женщина — боевой пилот» отныне зависело в значительной мере от Расковой: насколько она сумеет использовать свой старый и новый авторитет, чтобы заставить работать все рычаги сталинской системы и добиться исполнения приказа в полном объеме (илл. 9).

Согласно приказу № 0099, задачей женского призыва было «сформировать и подготовить к боевой работе»[10] три женских полка. В приказе указывались три различных типа самолетов, и это свидетельствовало о том, что советское руководство обязывалось предоставить женщинам-добровольцам возможность участвовать во всех видах летных боевых действий. Этими самолетами были, во-первых, знаменитый советский истребитель Як-1; во-вторых, переделанный в ночной бомбардировщик в прошлом гражданский самолет У-2; и в-третьих, дневной бом-

---

[10] Приказ № 0099.

бардировщик Су-2, который вскоре будет заменен на грозный пикирующий бомбардировщик Пе-2. Таким образом, задействованы оказались как самые технически совершенные, так и самые технические отсталые машины из числа тех, что советский театр военных действий мог предложить военным летчикам.

Представление о женщинах — военных летчиках, которое задавал приказ № 0099, было весьма широким. Технические характеристики самолетов, на которых им предстояло воевать, дают возможность понять, какими именно летчицами позволяло стать женщинам советское руководство и в какие именно военные сообщества они должны были влиться. Як-1, благодаря своей высокой скорости и маневренности, стал одним из самых распространенных истребителей советских военно-воздушных сил. Пилоты-истребители должны были отлично знать свои боевые машины, мгновенно принимать решения и чувствовать локоть товарища при проведении совместного боя. Кроме того, от них требовалась хорошая физическая подготовка и психологическая выносливость, чтобы выполнять фигуры высшего пилотажа и выдерживать нагрузки, неизбежные в бою с участием истребителей. Решающая роль индивидуального мастерства в сочетании с высоким престижем индивидуального боя обеспечивали летчикам-истребителям во время Второй мировой войны репутацию наиболее заносчивого, элитарного и в то же время самого «мужского» военного сообщества. Указание в приказе на «Як» как самолет, на котором должны будут сражаться женщины-летчицы, явно шло вразрез с существовавшим до сих пор представлением о летчике-истребителе как о супергерое-мужчине[11].

Другой крайностью, с помощью которой женщинам-добровольцам Расковой предлагалось испытать себя в бою, были машины, летать на которых никогда не мечтал ни один летчик. Речь шла о тихоходных сверхлегких фанерных бипланах У-2, изначально не предназначавшихся для военных целей, но переделанных

---

[11] Краткую характеристику истребителей «Як» см. в [Noggle 1994: 157–159]. Воспоминания о культуре летчиков-истребителей, оставленные как летчицами, так и летчиками, см. в [Драбкин 2007а].

для осуществления ночных бомбежек. До войны этот гражданский самолетик был знаком любому начинающему пилоту: именно на нем все они совершали свои первые пробные и тренировочные полеты. Решение превратить эту машину в ближний ночной бомбардировщик обуславливалось ее способностью к полетам на малой высоте, что способствовало точности бомбометания. У-2 был переделан, чтобы нести бомбы, но сам он оставался беззащитным: ни брони, ни бортовой пушки. В результате получился самолет с двумя открытыми кабинами, который нес бомбы, пилота и штурмана под перекрестными лучами прожекторов и зенитным огнем противника.

Несмотря на то что большинство летчиков презрительно поглядывали на эти «кукурузники», У-2 нашел широкое применение в советских военно-воздушных силах. Уникальное сочетание психологической выдержки с мастерством пилота и штурмана характерно именно для экипажей У-2. Особенностью боевого опыта этих экипажей, которые скоро стали ассоциироваться именно с летчицами, являлось то, что при заходе самолета на цель люди оказывались совершенно открыты зенитному огню: у них не было даже пуленепробиваемых касок. Высокая уязвимость и была самой сложной в психологическом отношении особенностью пилотирования. Другой сложностью для пилотов У-2 была необходимость уклоняться от вражеского огня на самолете, обладавшем крайне низкой маневренностью[12].

Третий вид самолетов, на которых предписывалось летать женщинам-пилотам, пикирующий бомбардировщик Пе-2, позволял женщинам овладеть одной из самых передовых в техническом отношении военных машин. Раскова в письме к матери охарактеризовала этот самолет как «самый современный скоростной пикирующий бомбардировщик». Летчица не могла сдержать восхищения боевой машиной: «Самолет изумителен, — продолжала она, — скорость огромная, вооружен прекрасным

---

[12] Анализ боевых задач У-2 см. в [Ракобольская 1995а: 21–22]; краткую характеристику боевых заданий, выполнявшихся при участии У-2, см. в [Noggle 1994: 18–20].

оружием»[13]. Тяжелый Пе-2 часто называли летающим танком, и он составлял гордость советских военных авиаконструкторов: бронированный, высокоскоростной, высотный пикирующий бомбардировщик, снабженный внушительной пушкой для самообороны. При этом за ним скоро закрепилась неоднозначная репутация, и его стали считать настоящим испытанием для пилотов. В руках неопытных или плохо подготовленных летчиков самолет делался неуправляемым, что приводило к авариям и катастрофам со смертельным исходом еще до того, как такие летчики успевали вступить в бой. Однако в руках мастера Пе-2 был отличной ударной машиной с широким спектром ценных боевых качеств.

Укомплектованный экипажем из трех человек, — пилот, штурман и стрелок-радист — Пе-2 представлял собой мощную боевую единицу, способную действовать как в одиночку, так и в составе летного соединения. Он прицельно метал бомбы во время пикирования с большой высоты, двигаясь при этом на высокой скорости — последнее также затрудняло противнику зенитный огонь. Мог он участвовать в воздушных боях и сбивать вражеские самолеты. Особенно неуязвимыми Пе-2 становились в составе быстро двигавшихся групп. Необходимость сохранять боевой строй при обстреле с земли и воздуха требовала высочайшей дисциплины, и экипажи этих самолетов демонстрировали наилучшие показатели безопасности полетов в советском военно-воздушном флоте. Боевые действия в составе воздушных соединений также требовали от всех без исключения летчиков мастерства и воли, поскольку были возможны только при высокой степени координации как между членами одного экипажа, так и между экипажами соединения[14].

Таким образом, приказ № 0099 предоставлял девушкам-добровольцам доступ к самым разным типам летной боевой техники. Помимо того что они получили возможность испытать себя

---

[13] Письмо Расковой к матери. Сентябрь 1942 г. [Малинина 1951: 169].

[14] Краткий анализ возможностей Пе-2 и его боевых заданий см. в [Noggle 1994: 99–100].

в разных видах современной войны, в соответствии с приказом создавались, как и хотела Раскова, три женских полка, причем женщины набирались в них не только в летный состав, но и в наземные службы. Весь личный состав, включая техников и вспомогательные команды, необходимые для полноценного функционирования боевой единицы, как в истребительном полку, так и полках ночных и пикирующих бомбардировщиков, был укомплектован только женщинами. «Женские» полки должны были стать женскими в буквальном смысле слова[15].

Приказ № 0099 был задуман и написан так, что он преодолевал гендерные ограничения, продолжавшие господствовать в женских призывах на Западе, поскольку подразумевал, что женщины обладают способностями становиться военными летчиками в самых разных ипостасях и осуществлять все виды службы, которые могут иметь место в боевом полку. В этом приказе не было места делению обязанностей на специфически мужские и специфически женские. У каждого женского полка был мужской «двойник», занимавшийся сходными операциями, бойцы которого погибали при таких же обстоятельствах. Приказ породил удивительную ситуацию, когда существовали мужские и женские полки, но не было мужских или женских боевых заданий.

«Воевать? — Ну, да! — Сумею!»

Раскова и ЦК ВЛКСМ принялись за дело формирования женских полков незамедлительно, в тот же день, когда был подписан приказ № 0099. Помимо комитета ВЛКСМ МГУ, телефонограммы получили комсомольские ячейки Московского авиационного, Педагогического и Медицинского институтов, а также комитеты на фабриках и заводах. Известие о призыве дошло и до старшеклассниц, которые узнавали об этом от своих старших подруг, родственниц и соседок. Самым сложным делом оказалось передать новость уже подготовленным летчицам. Летные школы и аэроклубы, где большинство из них служили инструкторами,

---

[15] Приказ № 0099.

постоянно меняли дислокацию. Одни из них были эвакуированы туда, где их не могла настичь немецкая авиация, другие слились с боевыми частями или просто были распущены.

Используя комсомольские организации как средство мобилизации девушек-добровольцев, Раскова и сотрудники ЦК ВЛКСМ, сами того не зная, готовили организационную модель для позднейшего призыва женщин в вооруженные силы. Так, октябрьский призыв не ограничивался привлечением летчиц-профессионалов. Большинство попавших в списки молодых женщин не были раньше пилотами и не учились летному делу. Им было от семнадцати до двадцати четырех лет (возраст большинства комсомолок), и они приходили в полки из различных специализированных вузов, а также из рядов квалифицированных рабочих. Хорошо образованные девушки рассматривались Расковой как оптимальные кандидаты для скорейшего обучения боевым специальностям. Будущие физики, астрономы, инженеры, историки, врачи и учительницы должны были превратиться в женских полках в командиров, штурманов, техников, радистов и стрелков — не считая пилотов. Рабочие с хорошими техническими навыками наилучшим образом подходили для наземных команд механиков и вооруженцев. Сокращенный период подготовки (шесть — двенадцать месяцев вместо двух–трех лет по довоенным учебным планам) и центральная роль технических знаний при создании боевых летных полков заставляли выдвигать на первый план требование среднего или высшего образования при отборе и распределении по специальностям. Образование становилось фактором не менее важным, чем полученная ранее военная подготовка, физическая пригодность, желание и психологическая готовность сражаться[16].

Собравшиеся в здании ЦК комсомола 9 октября девушки сразу поняли, что призыв будет осуществляться на конкурсной основе. Не зная критериев отборочной комиссии, они ясно виде-

---

[16] См. воспоминания Первого секретаря ЦК ВЛКСМ Н. А. Михайлова, который руководил работой отборочной комиссии: [Михайлов 1972: 179–180]; см. также [Маркова 1986: 68].

ли, что число желающих значительно превышает обозначенное в приказе количество — 300 человек. Студентке педагогического института, будущему механику Наталье Алферовой показалось, что в ЦК выстроились в очередь тысячи девушек, претендовавших на триста мест[17]. Ирине Ракобольской и ее подругам из МГУ толпа показалась несколько меньше — сотни человек. Где-то в этой толпе стояли Зоя Малькова, Анна Шахина и Антонина Дубкова, которые искренне надеялись, что на этот раз все получится [Малькова 1962: 242]. В приемной перед комнатой, где заседала отборочная комиссия, было еще теснее. Ракобольская вспоминает: «В приемной все страшно волновались», страшась отказа. Хотя и было непонятно, каковы критерии комиссии, сама Ракобольская «была более спокойна: один раз прыгала с парашютом, окончила школу пулеметчиков и... очень уж хотела... <воевать>» [Ракобольская 1995а: 13].

Члены отборочной комиссии беседовали с девушками-добровольцами с глазу на глаз. Собеседование проводили начальник отдела кадров ЦК комсомола и военные комиссары, и это были первые примеры ситуаций, когда мужчины-офицеры разговаривали с женщинами-добровольцами как с потенциальными солдатами. В свою очередь, каждая девушка задавалась вопросом: получится ли у нее стать солдатом? Ответ на этот вопрос и должна была дать беседа в ЦК. Однако каков бы ни был результат в каждом конкретном случае, сама ситуация санкционированного государством собеседования объясняла — по крайней мере для самих девушек — что довоенный спор о допущении женщин в боевые части был разрешен в пользу женщины-солдата.

Эта внутренняя логика собеседований запомнилась девушкам на долго. В одном из первых номеров рукописного юмористического журнала «Крокодил», который в конце года стали делать добровольцы Расковой, главная тема собеседований воплотилась в кратком вопросе: сможет ли девушка «воевать?» Этот вопрос звучит в стихотворении, которое сопровождает карикатуру, запечатлевшую сцену собеседования. В центре расположен стол,

---

[17] Интервью с Натальей Алферовой в [Noggle 1994: 131].

Илл. 10. «Дверь в ЦК не закрывалась». Юмористическая стенгазета «Крокодил» 46-го Гвардейского полка ночных бомбардировщиков. 1941 [Ракобольская 2002: 11]. С разрешения Издательства МГУ им. Ломоносова

разделяющий изображенное пространство пополам. По одну сторону стола сидят двое мужчин в военной форме. На другой стороне — девушки, к которым обращен этот вопрос. На этом коллективном автопортрете запечатлены три типа женщин. Одна из них — профессиональная летчица в летной форме и берете — стоит у дальнего угла стола. В центре — «гражданская» девушка, одежда которой выражает квинтэссенцию представлений о «женственности» — высокие каблуки, обтягивающая юбка, приталенная блузка, длинные волосы, убранные в пучок. Слева от нее помещен образ самой юной из добровольцев: она комически представлена в виде малышки в платье и с бантиком в волосах, ползущей по полу к столу со словами: «Мне 17 лет» [Ракобольская 2002: 11] (илл. 10).

Сама беседа касалась, как вспоминали впоследствии ее участницы, многих аспектов. Первой и самой простой задачей было оценить уровень образования и технической подготовки претендентки. А для того, чтобы выполнить главную задачу — определить, готова ли девушка психологически к участию в боевых действиях, — мужчины из отборочной комиссии устраивали ей серьезное устное испытание. Они провоцировали эмоциональные и поведенческие реакции, которые, с их точки зрения, выдавали негодные для солдата «женские» качества. Офицеры подчеркивали физические и психологические трудности и лишения, которые ожидают фронтовиков, всячески стараясь отпугнуть девушек и внушить им, что быть солдатом — не их удел, а потом внимательно следили за реакцией.

А. М. Березницкая — в будущем начальник строевого отдела и отдела кадров полка пикирующих бомбардировщиков — в своих воспоминаниях приводит типичную картину собеседования:

> С каждой беседовал начальник отдела кадров <ЦК ВЛКСМ>. Наконец вызвали меня и расспросили, где и кем я работаю, как участвую в комсомольской жизни. Затем меня предупредили, что на фронте будет очень тяжело, возможно, придется жить в землянках, а кое-кто может и не вернуться. <...> В заключение мне предложили хорошенько подумать и, если не уверена в себе, отказаться. Так предлагалось каждой... [Березницкая 1962: 21–22].

Екатерина Рябова, которой не раз пришлось доказывать свою пригодность к службе, отмечала, что мужчины-офицеры в ситуации формальной беседы с женщинами-добровольцами явно повторяли свои приемы. Прежде чем попасть в ЦК ВЛКСМ, Рябова и ее подруга должны были пройти собеседование в комитете комсомола своего института.

> Мы пошли в вузком комсомола. Там стали убеждать, что в армии будет очень трудно, может, не по силам даже. Потом упорно интересовались, не жалко ли оставить родителей. Тех, кто колебался, сразу вычеркивали из списка... Я держалась стойко и была готова переносить любые трудности, только бы попасть на фронт. Оставшихся в списке пригласили в ЦК комсомола. Здесь тоже отговаривали. И все же те, кто держался твердо, прошли[18].

---

[18] Воспоминания Екатерины Рябовой см. в [Чечнева 1976: 36].

Согласно воспоминаниям женщин-ветеранов, отборочное собеседование происходило как бы в двух гендерных регистрах: в одном понимании женщина и боевые действия считались несовместимыми, в другом, противопоставление этих понятий не считалось окончательным.

Собеседование заканчивалось вполне логичным вопросом о семье добровольца. Отборочная комиссия, разумеется, предпочитала брать одиноких женщин, у которых не было иждивенцев. Но следовало ли при этом зачислять молодых матерей, даже если те убедительно доказали свою способность стать солдатами? Как оказалось, мужчины-офицеры, решая эту проблему, не считали безусловным положение о том, что материнские обязанности стоят выше гражданского долга женщины как бойца. Другими словами, понимание того, что солдаты, уходя на фронт, оставляют свои семьи в тылу, распространялось и на отобранных для военной службы женщин. Им позволялось передать свои родительские обязанности другим — сделать специальные распоряжения, чтобы оставить детей бабушкам и дедушкам или сдать в детские дома. Сама Раскова была среди тех женщин-матерей, кто полностью приостановил на время войны выполнение своих материнских обязанностей. Совершенно так же, как ее муж, служивший в артиллерии, она ушла воевать и оставила дочь на попечение бабушки — своей матери[19].

Когда Раскова была назначена главным организатором и командующим женскими полками, она переехала из своей московской квартиры в штаб военно-воздушных сил Московского военного округа, где ей отвели две комнаты — ее командный пункт. Здесь она совместно с аппаратчиками ЦК ВЛКСМ составляла списки известных женщин — военных, гражданских или спортивных пилотов, выясняла, где располагаются теперь их летные школы и аэроклубы, и рассылала повестки с требованиями к летчицам явиться в ее распоряжение [Маркова 1986: 67].

Однако известие о том, что Расковой поручена организация женской авиационной части, обычно доходило до аэроклубов и летных школ раньше, чем ее повестки. Неофициальное, из уст

---

[19] См. воспоминания матери Расковой [Малинина 1951: 162, 165].

в уста, радио работало быстрее. В тот день, когда новость достигла Московского Центрального аэроклуба, переместившегося на новую базу под Сталинградом, «девушки-летчицы кричали "ура", обнимались, поздравляли друг друга», — вспоминала Марина Чечнева, в то время работавшая летчиком-инструктором. Она так объясняла эту реакцию: «Сбывалось наше заветное желание громить врага в одном боевом строю с мужчинами» [Чечнева 1976: 35]. Вскоре после этого самые опытные летчицы были вызваны в Москву телеграммой за подписью Расковой.

Призыв женщин-пилотов продолжался в течение нескольких месяцев. Раскова была полна решимости заполучить в свои полки лучших летчиц и не ограничивалась рассылкой телеграмм. Она совершала поездки на фронты, посещала мужские полки, в которых служили отдельные летчицы, и приказывала женщинам присоединяться к своим частям. В случае необходимости, как вспоминает Мария Долина, служившая до войны запасным военным пилотом в Днепропетровской летной школе, Раскова могла оказывать сильное давление на тех летчиц, у которых были другие планы. Самой Долиной пришлось оставить свою мужскую 66-ю летную дивизию, в которую она вступила в начале войны, после того как летную школу включили в состав регулярной армии. «В то утро, когда Раскова приехала в штаб Южного фронта, чтобы отобрать женщин для своего полка, я оказалась там единственной женщиной, — вспоминала Долина в интервью начала 1990-х годов. — Раскова сказала, что надо вступать в женский полк. Я ответила: "Нет, я не хочу, этот <мужской> полк мне теперь как семья, это мой полк, как можно его бросить?" Я горько плакала». Раскова показала Долиной подписанный Сталиным приказ и объявила, что согласно этому приказу «всем женщинам надлежит служить в ее полку». «У Расковой была сильная воля и сильный характер», — заключила Долина. Со сталинским приказом в руках ей не приходилось повторять свои команды дважды[20].

---

[20] Интервью с Марией Долиной в [Noggle 1994: 120]. См. также интервью с командиром эскадрильи Галиной Тенуевой-Ломановой. Когда началась война, Галина была военной летчицей-инструктором и имела звание сер-

В октябрьские дни, ожидая прибытия в свое распоряжение первых женщин-пилотов, Раскова провела повторные собеседования с теми девушками, которые уже прошли комиссию ЦК ВЛКСМ. Чтобы убедиться в технической и психологической готовности кадров, отобранных для ее полков, и правильно распределить должности, она беседовала с каждой из женщин лично. Несколько месяцев спустя, объясняя своему будущему биографу Галине Марковой критерии распределения, Раскова говорила о том, что различные боевые специальности требуют от солдата различных качеств. По убеждению Расковой, среди призванных в три ее полка имелись все необходимые типы военнослужащих.

Тем не менее определить для каждой девушки подходящее место в полку было непросто. Каждый самолет, говорила Раскова своим летчицам, требует не только определенного уровня владения летным мастерством, но и определенного характера [Маркова 1986: 68, 76–77]. Она исходила из того, что женщины в современном мире могут быть солдатами, но при этом не утверждала, что правом участвовать в боях обладают *все* без исключения женщины. В ее позиции требование равных возможностей участия в боях для мужчин и женщин совмещалось с представлением о том, что не все мужчины и не все женщины предназначены для выполнения боевых задач, и уж совершенно точно не все способны участвовать в воздушных боях [Маркова 1986: 92].

Таким образом, Расковой был свойствен тот вид мышления государственного деятеля и тот вид личного честолюбия, который может быть определен как феминистский. Если мы считаем, что

жанта. Ее школа была закрыта, а инструкторы зачислены в мужские авиаполки. В помещении командования на Волжском фронте, куда она была отправлена за приказаниями для своего мужского полка, она встретила Раскову: «Она спросила меня, почему я служу в мужском полку, и сказала, что я должна вступить в ее полк. Мы все были настоящие патриотки, мы любили свою страну и своих героев. Раскова была известна на всю страну и на весь мир. Она была национальной героиней и красавицей, которой я восхищалась во всех отношениях. Поэтому я согласилась летать в ее полку» [Noggle 1994: 151–152]; см. также [Чечнева 1976: 37].

феминизм, независимо от природы породившей его системы, определяется осознанным и целенаправленным стремлением добиваться равноправия женщин в обществе, то склад мышления Расковой и ее усилия по формированию женских боевых полков следует определить как феминистские. В октябре 1941 года ее феминистские планы получили открытую поддержку и долговременное финансирование от сталинского военного руководства.

Феминистские намерения Расковой — изменить гендерное содержание современной войны путем всесторонних испытаний женщин на различных боевых и вспомогательных должностях — предполагали, что многим из ее добровольцев придется пойти на компромисс и подчинить свои мечты ее видению. Относительно заветного желания большинства девушек — стать летчицами-истребителями — Раскова высказалась сразу и без обиняков: она предупредила своих подчиненных, чтобы они не думали, будто «все станут истребителями» [Маркова 1986: 76]. Мечту стать частью элитарного и прославленного сообщества и испытать себя в индивидуальном бою смогут осуществить не более двадцати профессиональных летчиц — из них и будет сформирован один из полков. Остальным предстояло смириться с тем, что они будут летать на технически отсталых ночных бомбардировщиках У-2 или попытаются овладеть сложным в управлении пикирующим бомбардировщиком Пе-2. Хотя далеко не все надежды сбылись, каждая из профессиональных летчиц, призванных в результате приказа № 0099, стала боевым пилотом.

Что касается женщин-добровольцев, не являвшихся профессиональными пилотами, то их главная надежда — сражаться с врагом наравне с мужчинами, с оружием в руках — осуществилась далеко не во всех случаях. Только попавшие в число штурманов или стрелков (таковых оказалось более ста) считали себя полноценными солдатами. Столько же девушек — протестовавших и иногда даже плакавших над разбитыми надеждами — сделались штабными работниками, техниками, инженерами и вооруженцами. История Березницкой представляет собой типичный пример судьбы тех, кому не повезло. Шагая в колонне вместе с другими девушками сразу после призыва, она чувствовала себя необыкновенно счастливой: «Мы шли, полные самых патриотических чувств, гордые от мысли, что нам, девушкам, доверили сражаться за свободу Родины плечом к плечу с мужчинами» [Березницкая 1962: 22]. Эйфории пришел конец после сообщения: ее назначили военным писарем. Это стало страшным ударом для самолюбия Березницкой, для которой выполнение традиционной женской работы оказалось равносильно оскорблению. Она вспоминала:

> И вдруг мандатная комиссия решила: быть мне... писарем. Я была потрясена. Писарем! Это звучало оскорбительно. Я никогда не думала, что в армии что-то пишут... Я была уверена, что там все без исключения воюют с винтовкой в руках. Я стала просить дать мне другую работу, но комиссия была неумолима. Такая участь постигла и мою подругу Машу Мещерякову. Спрятавшись в темном уголке коридора, мы с Машей горько плакали. <...> А от слова «писарь» нас коробило. <...> Но сколько ни плачь, а надо было приступать к работе [Березницкая 1962: 23].

Имелась и другая сторона медали: некоторые женщины получили боевые роли и командные должности, намного превосходившие то, на что они могли надеяться изначально. Тридцатилетняя Евдокия Бершанская, гражданская летчица с десятилетним стажем, была самой старшей среди женщин-добровольцев. Она получила звание капитана и была назначена Расковой командиром полка ночных бомбардировщиков. Бершанской пришлось оставить мечту стать летчиком-истребителем и привыкать к совсем иному уровню ответственности. Ирина Ракобольская в свои двадцать четыре года получила звание лейтенанта и должность начальника штаба полка ночных бомбардировщиков. Ее протесты против причисления к командному составу — Ракобольская хотела стать штурманом — не вызвали сочувственного отклика со стороны Расковой [Ракобольская 2002: 17–18]. Подобным образом происходили назначения на командные должности во всех трех полках, что указывает и на недостаточное количество кадровых женщин-офицеров, и на то, что Раскова последовательно проводила в жизнь свой план: сохранить полки полностью женскими[21].

Разумеется, майор Марина Раскова больше чем кто-либо могла рассчитывать на воплощение своих личных надежд. Помимо искреннего стремления предоставить женщинам равные с мужчинами возможности в вооруженных силах она рассчитывала еще и стать командиром той части, которую считала самой технически совершенной и эффективной в боевых условиях: полка пикирующих бомбардировщиков. В ее случае возможность иметь власть над мощными машинами и людьми в воздушном бою отнюдь не превышала ее военных ожиданий, а полностью соответствовала ее видению самой себя как женщины — военного летчика и женщины-командира.

Чтобы подготовиться к боям, Расковой и ее тщательно отобранным летчицам нужно было многому научиться, причем в самые сжатые сроки. Для этого ее полки нужно было срочно эвакуировать из Москвы. В это время все, кто записался в ее полки, временно располагавшиеся на территории Военно-воздушной академии, впервые могли убедиться, что их командир умеет добиваться своего, нажимая на нужные рычаги сталинской системы. К 15 октября Раскова уже имела на руках приказ об эвакуации. Полкам выделили необходимый продовольственный запас и новую тренировочную базу. Им предстояло заниматься в Военно-авиационной школе пилотов маленького городка Энгельс на берегу Волги, напротив Саратова [Маркова 1986: 70–71].

17 октября, за два дня до того, как Государственный комитет обороны ввел в Москве осадное положение, около трехсот молодых женщин, одетых в мешковатую, слишком большую для них военную форму, прошли строем по московским улицам и погрузились в товарные вагоны направлявшегося на восток поезда. Отъезд из Москвы «в самые тяжелые... дни» был «огромным разочарованием», — писала Ракобольская [Ракобольская

---

[21] Первый командир полка истребителей, боевая летчица Тамара Казаринова вышла из небольшого числа кадровых офицеров. См. о ней [Pennington 2001: 110–111; Макунина 1962: 187–191].

2002: 13]. Вместо передовой добровольцев полков Расковой отправили из Москвы в эвакуацию, чтобы там они прошли подготовку и стали бойцами. Так началось создание женского боевого содружества, появившегося на свет благодаря советскому государству. Рассказывая друг другу истории о том, как они уходили в добровольцы, делясь мечтами об участии в боях во время долгой поездки в Энгельс, девушки превращали довоенные разговоры о «новой женщине» в реальный коллективный опыт общей для всех них новой истории, в создании которой они сами участвовали.

Рождение женских боевых коллективов

Поездка из Москвы в Энгельс, обычно занимавшая сутки, на этот раз длилась неделю. Начальник штаба авиационной группы Расковой капитан Милица Казаринова — одна из немногих кадровых женщин-офицеров — вспоминала, что эшелон все время останавливался, вагоны то и дело отцепляли от главного состава и приходилось ждать на дальних путях. Раскова, по ее словам, «проталкивала свои вагоны» к Энгельсу от станции к станции. Приказы Наркомата обороны — целый сборник с подписями самых разных руководителей — равно как и ее волевой характер раз за разом выручали ее [Казаринова 1962: 12].

Томительная неделя, проведенная в эшелоне, оказалась весьма полезной для девушек. Здесь добровольцы впервые узнали Марину Раскову уже не только как недосягаемый образ легендарной летчицы. Раскова, в свою очередь, использовала свою харизму и делилась с подчиненными своим амбициозным видением того, для чего они пришли в вооруженные силы. Когда Раскова отлучалась по своим бесконечным делам, девушки зубрили устав и инструкции, а когда она возвращалась — беседовали с ней или чаще слушали ее (илл. 9).

Как рассказывает капитан Казаринова, во время этих разговоров Раскова часто вспоминала разные случаи из жизни и старалась объяснить как она понимала место женщины в военной авиации. Так она пыталась превратить отобранных ею молодых женщин в тех бойцов, которые были ей нужны. «В этих беседах она как-то незаметно, — замечает Казаринова, — ставила перед ними большие, сложные задачи», далеко выходящие за рамки личных желаний. Мечты девушек о сражениях и защите Родины включались в более широкую картину планов майора Расковой, когда она рассказывала о том, что хорошо подготовленным женщинам в будущем будет гарантировано право поступить на военную службу [Казаринова 1962: 12].

Ясно сформулированные и неоднократно повторенные взгляды Расковой можно восстановить из воспоминаний ее подчиненных даже полвека спустя. Так, Ракобольская вторит многим мемуарам ветеранов: «Марина Раскова часто говорила нам: "Вас первых взяли в армию, и от вас зависит, будут ли брать женщин еще. Вы должны доказать, что можете владеть оружием не хуже мужчин"» [Ракобольская 1995а: 15][22]. Согласно Расковой, ответственность ее полков перед будущими поколениями была чрезвычайно велика.

После прибытия в военно-авиационную школу в Энгельсе новобранцы уже не имели таких возможностей беседовать в узком кругу со своим командиром, как в поезде во время поездки. Теперь Раскова чаще обращалась к ним с речами перед строем одного или нескольких полков. В таких обращениях она объясняла помощь и сотрудничество со стороны руководства страны как знаки его веры в женщин-солдат. Необходимость «доказать», что женщины могут обращаться с оружием не хуже мужчин и что привычный мужской солдатский идеал неверен, — еще один речевой прием в основополагающем тексте, который снова и снова воспроизводила Раскова. Для ее подчиненных, готовых доказывать свое право сражаться в качестве новой советской женщины еще со времен неудачных попыток записаться в добровольцы, вопрос о готовности к бою превратился теперь в коллективный императив: «Мы должны доказать...» [Ракобольская 2002: 25][23].

---

[22] См. также [Кравцова 1971: 170].
[23] См. также: [Маркова 1986: 91; Аронова 1969: 35; Кравцова 1968: 26–27].

В 1941 и 1942 годах Раскова была преисполнена оптимизма относительно будущего женщин в вооруженных силах. Она как могла заражала своим энтузиазмом подчиненных, внушая им уверенность в успехе предприятия, о котором нельзя было сказать, что оно неосуществимо, потому что никто не пытался осуществить что-либо подобное раньше. Раскова внушала своим летчицам, что они творят историю. Такая установка может показаться нескромной людям послевоенных поколений, но она не выглядела чем-то неожиданным в сталинское время. По словам Расковой, весь личный состав трех первых женских боевых полков вносил непосредственный вклад в решение женского вопроса и в саму историю. Жизнь всех этих женщин приобретала историческое значение. «Быть первыми в истории», быть достойными попасть в историю — эти понятия вскоре стали определять внутренний дискурс полков.

Особенно ярко представление об их исторической значимости показывает дискуссия, разгоревшаяся в феврале 1942 года, после того как девушки посмотрели недавно поставленный спектакль «Надежда Дурова». Главная героиня пьесы — дворянская барышня, служившая в гусарах и принимавшая участие в сражениях 1812 года, — стала для подопечных Расковой поучительным примером. В разговоре со своими юными новобранцами Раскова призвала их воспринимать самих себя как исторический феномен, о котором в будущем также напишут исторические пьесы [Казаринова 1962: 18; Чечнева 1976: 53; Аронова 1969: 35].

Раскова и ее полки мечтали о военной славе и народной любви. И как вспоминают женщины-ветераны, Раскова предвкушала, с каким восхищением будут смотреть на ее летчиц после войны. Она рисовала в своем воображении живые сцены, помещая их в ту или иную конкретную обстановку, и охотно делилась этими картинами со своими пилотами, штурманами, техниками, со всем личным составом. В компании своих подчиненных из полка пикирующих бомбардировщиков, с которыми она проводила бо́льшую часть времени, Раскова часто вслух фантазировала о том, как она и весь полк, в форме и при наградах, посетят ее любимое место в Москве — Художественный театр. В этих мечтаниях сама Раскова, разумеется, находилась в центре внимания — ведь она была организатором первых в истории женских боевых соединений и командиром полка, изменившим традиционные представления о военной службе [Маркова 1986: 108].

Отношения Расковой с ее новобранцами и их аккультурация в ее амбициозные военные планы поддерживались также интенсивной военной подготовкой. После прибытия в школу все время девушек уходило на различные занятия и задания. Помимо общих уроков строевой подготовки и стрельбы летчицы изучали теорию воздушного боя в применении к своему типу самолета, что являлось предварительным условием для начала учебных полетов. Штурманы постигали с нуля военную навигацию, бомбометание и радиосвязь. Сотрудницы наземных служб, число которых пополнилось после последовавшего вскоре призыва девушек из Саратова, изучали авиационные двигатели, различные виды оружия и бомб. Сроки подготовки полков зависели от сложности управления и обслуживания того или иного типа самолета и варьировались от семи до двенадцати месяцев.

Осенью и зимой 1941 года, как вспоминают женщины-ветераны, они занимались по одиннадцать — тринадцать часов в день, что позволило им уже в начале 1942 года приступить к самостоятельным полетам и техническому обслуживанию самолетов. Расчеты на то, что предварительный летный опыт и хороший уровень образования новобранцев ускорят процесс овладения военными знаниями и практическими навыками, оправдались. И тем не менее, поскольку подготовка осуществлялась в ускоренном режиме и в неспокойной обстановке, трудно было избежать аварий, катастроф и первых небоевых потерь. 8 марта два ночных бомбардировщика столкнулись над летным полем. Четыре девушки погибли, и отправка полка на фронт была задержана на два месяца [Маркова 1986: 87; Ракобольская 2002: 21]. Однако по сравнению с мужчинами-новобранцами (в среднем гораздо менее образованными и готовившимися в еще более спешном порядке) эти тщательно отобранные и получившие интенсивную подготовку женские полки должны были попасть на фронт гораздо лучше готовыми к боям.

Первым из трех полков приступил к делу истребительный, насчитывавший двадцать «Яков»: он был назначен оборонять Саратов в апреле 1942 года. В летный состав этого полка вошли наиболее опытные пилоты. По их воспоминаниям, они начали доказывать свою пригодность в качестве летчиц-истребителей уже во время тренировочных полетов. Во многих мемуарах повторяется одна и та же история, главную роль в которой играет летчица Валерия Хомякова. Рассказывают, что во время ее показательного полета в Энгельсе один из членов государственной экзаменационной комиссии объявил во всеуслышание, что из нее получится настоящий истребитель. Этот случай, рассказ о котором кочует из одного сборника женских воспоминаний в другой, помогал девушкам верить, что мужчины-военные способны признать и принять тот факт, что военные навыки не подчиняются традиционным гендерным стереотипам [Словохотова 1962: 195; Словохотова 1971: 284; Маркова 1986: 79].

Женщины скоро стали выступать на равных с лучшими инструкторами-мужчинами в тренировочных воздушных боях, проходивших над учебным аэродромом на глазах у зрителей [Маркова 1986: 79, 86]. Сами они полагали, что являются уникальными личностями, объединенными общей судьбой — стать летчиками-истребителями. Эта уверенность должна была пройти первое испытание на прочность в летной школе. В письме, посланном из школы родным, 22-летняя Лиля Литвяк гордо объявляла матери и брату: «Можете считать меня "натуральным" истребителем». Это была та идентичность, которую она, как полагала, сумела доказать и себе, и другим во время тренировок[24].

Первым приняв участие в боях, полк истребителей первым и распрощался и с тем подходом, который, согласно приказу № 0099, исповедовала Раскова, — формированием исключительно женских частей. Укомплектовать наземный состав двух эскадрилий только женщинами оказалось невозможно, и Раскова пошла на компромисс, зачислив в полк мужчин-механиков.

---

[24] Письмо Лили Литвяк от 29 января 1942 года см. в [Грибанов 1971: 333].

Полк пикирующих бомбардировщиков к моменту отправки на фронт в декабре 1942 года имел еще более смешанные летный и наземный составы. Эта часть до начала лета проходила подготовку на легких бомбардировщиках Су-2, производство которых затем было остановлено. В июне 1942 года полк получил Пе-2 — и вынужден был продлить подготовительный период еще на четыре месяца. Раскова давно лелеяла мечту заполучить эти самолеты и много сделала для того, чтобы она осуществилась. Однако ее летчицы приняли новые машины без большого энтузиазма. Дурная репутация Пе-2 — самолета, который не прощает ошибок пилота, — создавала понятные сложности. Раскова отобрала для своего полка наиболее опытных летчиц, налетавших до войны по тысяче и более часов. Они не хотели летать на Пе-2 и, как вспоминает Галина Маркова, про себя досадовали на амбиции своего командира [Маркова 1986: 93–95][25].

Однако психологическое сопротивление, связанное с репутацией самолета, удалось преодолеть в течение следующих четырех месяцев — за это время не было ни катастроф, ни потерь, — и в результате возникла превосходно подготовленная часть пикирующих бомбардировщиков. Дополнительной проблемой стало то, что «пересадка» на Пе-2 повлекла за собой расширение летного и наземного составов: этот самолет требовал на четыре человека больше, чем его предшественник. Помимо пилота и штурмана технически продвинутый бомбардировщик обслуживался стрелком-радистом, а также наземной командой из четырех человек. Поскольку времени на то, чтобы набрать и подготовить новую женскую группу, не оставалось, Раскова снова пошла на компромисс и зачислила в свой полк мужчин — стрелков-радистов, механиков и вооруженцев, сохранив при этом главные боевые роли пилота и штурмана исключительно за женщинами. Благодаря этим компромиссам Раскова ненамерен-

---

[25] Критическую оценку амбиций Расковой и ее командирских качеств см. в интервью с летчицей, командиром эскадрильи Галиной Ломановой [Noggle 1994: 152], а также: Беседы с Л. Л. Поповой. URL: http://www.airforce.ru/history/ww2/popova (дата обращения 18.05.2018). Гл. 3, 3–5.

но выстроила новую гендерную структуру авиационных боевых действий, не совпадавшую с первоначальным замыслом. В ее полку смешанные экипажи теперь учились воевать и работать вместе в воздухе и на земле. В каждом экипаже командиром была молодая летчица-офицер, а под ее началом находились как мужчины, так и женщины [Маркова 1986: 94–95].

Новый состав ее полков не уменьшил радость Расковой от сознания того, чего она уже достигла. В письме к матери, написанном в Энгельсе, Раскова пыталась описать свои чувства накануне отправки ее полка на фронт:

> Мамочка, я счастлива сейчас, как никогда. Прихожу утром на стоянку своих машин. Красивые они, мощные, много их — прямо сила! И всему этому я хозяйка. По взмаху моей руки одновременно запускаются моторы, и по моей воле все мгновенно поднимается в воздух, собирается в боевой строй и летит за мной туда, куда я поведу. Это большое счастье, которого я никогда еще не испытывала. А самое большое счастье — это видеть мощное наше оружие, которое таит в себе смерть врагам[26].

Единственным из трех полков, который в мае 1942 года был направлен на фронт, будучи укомплектован исключительно женщинами, оказался полк ночных бомбардировщиков. Хотя такой состав задумывался в качестве правила, в итоге он оказался исключением. За годы войны различия между этим — полностью женским — и двумя другими по преимуществу женскими полками постепенно увеличивались. Полк ночных бомбардировщиков сознательно сохранял свой статус чисто «женского» на протяжении всего военного времени. В отличие от него, полк истребителей был усилен мужской эскадрильей. Кроме того, истребители получили командира-мужчину после ухода с этого поста майора Тамары Казариновой — по состоянию здоровья или по причине неудовлетворительного командования (этот вопрос

---

[26] Письмо М. Расковой матери. Сентябрь 1942 года [Малинина 1951: 170].

до конца не прояснен ее однополчанами). В дальнейшем история женского истребительного полка осложнилась переводом его четырех лучших женских экипажей в мужской истребительный полк во время Сталинградской битвы [Pennington 2001: 110–111; Макунина 1962; Паспортникова 1971: 375–377].

Женский полк пикирующих бомбардировщиков также воевал и заслужил боевые отличия, о которых мечтала Раскова, однако не под ее командой. В начале января 1943 года Раскова и ее экипаж погибли в авиакатастрофе, догоняя полк, передислокация которого на фронт из-за неблагоприятных погодных условий растянулась больше чем на месяц. Раскова, погибшая накануне своего первого боевого задания, была удостоена высшей чести, которую советское правительство лишь в редких случаях оказывало своим гражданам: она была похоронена с военными почестями у Кремлевской стены[27]. Вместо нее командовать полком был назначен тридцатилетний майор Валентин Марков, и таким образом возник еще один нетрадиционный военный коллектив: мужчина во главе в основном женского полка, где женщины занимали подавляющее большинство боевых и командных позиций.

Майору Марине Расковой в момент смерти был почти тридцать один год. Весь последний год своей жизни она провела среди женщин-добровольцев. Ее смешанные и целиком женские полки отправлялись на фронт как боевые коллективы, разделявшие понимание своих личных и исторических целей. Благодаря Расковой молодые женщины получили ясное видение армии и боевой обстановки как пространства, где новые конфигурации гендерных отношений должны были вот-вот начать материализовываться.

Поскольку планы Расковой были одобрены советским руководством, ни она, ни ее подчиненные не сомневались, что государство верит им и ждет от них результатов. Понятие «экспери-

---

[27] См.: Памяти Героя Советского Союза Марины Расковой // Правда; Комсомольская правда; Красная звезда. 1943. 9 января; У праха героини // Красная звезда. 1943. 12 января; Траурный митинг на Красной площади, посвященный памяти М. М. Расковой // Красная звезда. 1943. 13 января.

мент», которое я предложила в начале этой главы, одновременно и охватывает логику «веры и доверия», и объясняет кажущееся экстравагантным правительственное решение организовать женский боевой полк в период военной опасности и скудости ресурсов. Создавая женские боевые единицы и обеспечивая их финансирование, советское правительство показывало, что верит в боевых летчиц по крайней мере до такой степени, что готово пойти на эксперимент, то есть инвестировать в эту идею достаточные ресурсы, чтобы попытаться ее реализовать.

Проводя эксперимент, советские руководители в то же время очертили ясные границы для освещения в прессе призыва женщин. Октябрьская мобилизация и роль правительства в формировании женских боевых полков совершенно не отражались в новостях. Такая политика замалчивания распространялась и на массовые женские призывы, которые были предприняты государством в 1942 году.

Глава 4
По приказу государства

Введение. «Речь идет не об отдельных добровольцах, а о тысячах людей...»

В начале 1942 года командующий Московским фронтом противовоздушной обороны генерал-майор Д. А. Журавлев был вызван в кабинет Первого секретаря Московского обкома ВКП(б) А. С. Щербакова. Журавлев отправился в обком, гадая, с чем мог быть связан этот срочный вызов. Как он вспоминал впоследствии в мемуарах, встреча началась с обычных расспросов о состоянии столичной ПВО. Затем Щербаков задал неожиданный вопрос: «Скажите, товарищ Журавлев, как вы посмотрите на то, что в ваши войска мы пошлем служить женщин?» Застигнутый врасплох генерал не сразу нашелся, что ответить. И Щербаков поспешил прояснить количественную составляющую своего предложения: «Учтите, что речь идет не об отдельных добровольцах, а о тысячах людей» [Журавлев 1988: 125].

Следом Щербаков дал понять, что вопрос не подлежит обсуждению: по его словам, решение призвать тысячи женщин-добровольцев в войска ПВО «в принципе получило одобрение» в Центральном комитете партии. Теперь задача Журавлева состояла в том, чтобы без промедления приступить к реализации плана: обеспечить призыв женщин в войска ПВО и «продумать вопросы организации политического и воинского воспитания девушек-бойцов». К концу Великой Отечественной войны в московских противовоздушных войсках служили 20 000 женщин, выполнявших обязанности корректировщиков огня, номеров дальномерного расчета и приборного отделения, радистов, операторов наведения, командиров расчетов и летчиков-истребителей [Журавлев 1988: 126][1].

Во второй половине 1942 года состоялось много встреч, подобных беседе Журавлева и Щербакова. Партийные руководители вызывали к себе представителей военного командования, чтобы проинформировать их о предстоящих вскоре призывах в вооруженные силы тысяч девушек. Все это говорило о радикальной перемене государственной политики по отношению к женщинам-добровольцам. Отказавшись от прежней установки — не поощрять и не запрещать запись девушек в боевые части, — правительство обратилось к новой практике указов и квот, поднявших численный состав женщин в армии с 58 000 в октябре 1942 года до более чем 520 000 в действующей армии (или более 900 000, если считать все вооруженные силы) к концу войны[2]. После почти полугода стихийного притока женщин-добровольцев военное руководство стало наконец учитывать их при разработке долговременных планов в качестве доступного и высокомотивированного ресурса военных специалистов, младших командиров, административного и обслуживающего персонала.

Начиная с весны 1942 года поступление женщин на военную службу перестало зависеть от настойчивости отдельных добровольцев и произвольных решений отдельных военных комиссаров, партийных и комсомольских работников. Характерная для 1941 года спонтанность и непредсказуемость уступила место всесоюзным призывам. При этом государственная машина уже

---

[1] См. также: Девушки-воины ПВО КА на защите Москвы. Рукописный журнал, издаваемый политуправлением Центрального Корпуса ПВО, ред. майор М. Форофонтов. Август 1945 г. // РГАСПИ. Ф. М-11. Оп. 1. Ед. хр. 405. Л. 9, 15, 21, 28–39; [Мурманцева 1979: 138].

[2] Полное объяснение того, как были посчитаны эти цифры, см. в заключительной части этой главы и в приложении. В книге Мурманцевой «Советские женщины в Великой Отечественной войне» число женщин в советских вооруженных силах оценивалось в 800 000 человек. Эта работа 1979 года не содержит, однако, объяснения того, как была произведена общая оценка и какие виды военной службы включает данная цифра.

не замыкалась на каком-то одном типе женщин-добровольцев. Напротив, как и советское общество, вожди руководствовались различными представлениями о природе «женского», включая и разные понятия о женщине-солдате. Правительство фактически поддержало идеи, которые желавшие стать солдатами девушки и их вдохновительницы — такие, как Марина Раскова, — озвучивали еще в самом начале войны: советское общество включает в себя не один узаконенный женский тип, а целый спектр типов, по-разному относящихся к традиционным гендерным ролям, вплоть до полного несовпадения с ними. Следуя этому принципу, советское правительство начало проводить дифференцированную гендерную политику и предоставило женщинам различные возможности для прохождения военной службы и обретения боевого опыта. Некоторые из этих подходов опробовались в то же самое время на Западе. Другие представляли собой не имеющие прецедентов варианты гендерных отношений, конфликтов и сотрудничества мужчин и женщин.

Женские призывы и общесоюзная пресса

В начале 1942 года огромные потери, которые несла Красная армия в первые месяцы войны, приблизились к новой отметке. Контрнаступление, предпринятое советскими войсками в начале декабря 1941 года под Москвой, к апрелю 1942 года отбросило немцев от столицы на менее опасное расстояние в 100–250 километров. Однако цена этой победы оказалась почти столь же высока, как цена недавних поражений. Во время битвы за Москву списки потерь Красной армии пополнили почти два миллиона солдат (1 805 923). На всех фронтах между декабрем 1941 года и мартом 1942 года было убито или ранено чуть меньше трех миллионов (2 851 700) человек. К концу марта 1942 года, через девять месяцев после нападения Германии на Советский Союз, сталинское руководство столкнулось с новой опасностью. При столь огромных потерях в живой силе за столь короткий промежуток времени армия оказалась лишена резервов. Перспектива потерять боеспособную армию для продолжения войны возникла в тот момент, когда враг находился всего в 250 километрах от Москвы, далеко и глубоко продвинувшись на советскую территорию [Невзоров 1998: 303][3].

Предпринимая новые шаги по укреплению обороны, руководство СССР решило прибегнуть к тем ресурсам, которые женское добровольческое движение предлагало еще с июня 1941 года. За короткий промежуток времени между зимой и весной 1942 года правительство радикально изменило свое отношение к рвавшимся в бой девушкам. Оставив прежнюю позицию снисходительного, но совершенно пассивного наблюдателя, сталинское руководство провело ряд следовавших одна за другой массовых добровольных мобилизаций.

Принятое на высшем уровне решение радикально изменить призывную политику и начать мобилизацию женщин не получило, однако, освещения в советской прессе ни в 1942 году, ни позднее. Газетные публикации, которые могли натолкнуть читателя на мысль о том, что правительство изменило позицию по отношению к роли женщин в войне, в 1942 году были разрозненными и чаще всего были связаны не с военной службой, а с военным обучением женщин. В основном это были появлявшиеся время от времени статьи, говорившие об интересе советских вождей к тому, как женщины овладевают военными профессиями. В «Правде» первое обращение к женщинам и девушкам — приобретать военные навыки — вышло 7 марта, в обычных для этой даты праздничных материалах накануне Международного женского дня. И в последующие военные годы подобные мартовские резолюции устанавливали границы разрешенного советской прессе освещения государственных призывов женщин-добровольцев. Хотя обращение к женщинам — овладевать военными специальностями — было сигналом к началу общесоюзной кампании, объяснение лежащих за этой кампанией причин оставалось под запретом. Государственный призыв женщин на военную службу в течение длительного времени был окутан

---

[3] См. также таблицу: Людские потери Красной Армии [Золотарев 1998–1999, 1: 516].

непроницаемым молчанием[4]. Советские граждане не могли узнать о текущих и планируемых призывах ни из газет, ни из выступлений руководителей.

В «Комсомольской правде» официальный призыв, обращенный к женщинам, — изучать военное дело — получил более детальную разработку, однако и эти публикации не переходили предписанных пределов. Опубликованная 25 марта в «Комсомолке» передовая статья от имени ЦК ВЛКСМ с небывалой ясностью указывала местным организациям на необходимость предоставить каждой девушке, желающей овладеть определенным видом оружия, возможность это сделать. Так, газета разъясняла: «Если молодая советская патриотка горит желанием овладеть пулеметом, мы должны предоставить ей возможность осуществить эту мечту. Если советская девушка хочет стать снайпером, мы не в праве отказать ей в осуществлении этого желания». Провозгласив, что желание девушки «учиться метко разить врага пулей и гранатой» является ее законным правом, газета покончила с той двойственностью относительно военного обучения молодых женщин, которой грешила запущенная с осени 1941 года программа ВСЕВОБУЧа. Право стать пулеметчиком, снайпером или минометчиком было наконец безусловно закреплено и за юношами, и за девушками[5].

Весной и летом 1942 года в номерах «Комсомольской правды» разговор о праве женщин овладевать огнестрельным оружием перемежался с обычными для этой газеты рассказами о боевых подвигах женщин — солдат и командиров, — вставших в ряды вооруженных сил в 1941 году. Так же как и в первый год войны, «Комсомолка» печатала очерки о девушках — артиллеристах,

---

[4] Постановления ЦК ВКП(б) о Международном Коммунистическом женском дне // Правда. 1942. 7 марта. См. «Лозунги к 1 Мая» Центрального комитета Всесоюзной Коммунистической партии (большевиков), где границы официального дискурса были немного расширены за счет призыва к «советским патриоткам» — «изучать военное дело» и «готовиться стать умелыми защитниками родины» (Правда. 1942. 25 апреля).

[5] Советская девушка! Овладевай военными специальностями! <передовая статья> // Комсомольская правда. 1942. 25 марта.

пулеметчицах и снайперах, — не противопоставляя их мужчинам. Начиная с марта 1942 года изображение женщин — бойцов и командиров — в этой газете обрело внутреннюю связь с государственной задачей способствовать интересу молодых девушек к овладению стрелковым оружием и уходу в добровольцы в рамках государственного призыва, даже если о последнем не говорилось прямо[6].

В марте того же 1942 года центральные и местные руководящие органы комсомола организовали целый ряд митингов с женской молодежью, чтобы донести до нее всю важность подготовки к участию в боевых действиях. Молодые женщины — участницы боев были на этих собраниях почетными гостями и агитаторами. Так, на собрании женского комсомольского актива города Москвы, состоявшемся 22 марта, согласно сохранившимся архивным документам, главные речи произнесли командир женской диверсионной группы Елена Колесова и капитан-связист Вера Салбиева. Получив указание популяризировать военное обучение, но ничего не зная о долговременных мобилизационных планах правительства, как Колесова, так и Салбиева с энтузиазмом поддержали идею о том, что военное обучение есть самый надежный путь к настоящей военной службе. Обе полагали, что их слушательницы горят желанием попасть в армию, и с гордостью рассказывали, как они сами стали умелыми воинами, отлично понимающими, что их судьбы опровергают «буржуазные» пред-

---

[6] «Комсомольская правда» постоянно обращалась к образам женщин-солдат, таких как боец противотанкового подразделения Любовь Земская, пулеметчица Нина Онилова, командир взвода Евдокия Ситникова, снайперы Людмила Павличенко и Катя Соловьева, танкист Тоня Егорченко. См.: *Полякова И., Потлейдер А.* Истребитель танков Любовь Земская // Комсомольская правда. 1942. 25 марта; Фотография командира взвода Евдокии Ситниковой // Комсомольская правда. 1942. 31 марта; *Хамадан Ал.* Смерть Нины Ониловой // Комсомольская правда. 1942. 8 июля; Подвиг советской девушки // Комсомольская правда. 1942. 23 сентября; *Николаев И.* У рычагов танка // Комсомольская правда. 1942. 30 октября; *Винкин Е.* Месть ленинградки // Комсомольская правда. 1942. 30 октября. См. также: *Кущенко Н.* Речь на втором антифашистском митинге молодежи в Москве // Правда. 1942. 9 июня.

ставления о женщине. Колесова и Салбиева строили свои речи вокруг собственного образа состоявшихся бойцов и убеждали женскую аудиторию в необходимости научиться владеть автоматическим оружием, средствами связи, приобрести медицинские навыки для того, чтобы поскорее попасть на фронт. В их речах передовая выступала как награда женщинам за самоотверженное овладение оружием и приобретение военных навыков[7].

Заключительные выводы этого собрания были сделаны 49-летней К. И. Николаевой, одной из немногих переживших репрессии старых большевичек, которая занималась организацией женского движения еще в 1910-е годы. Во время войны Николаева исполняла обязанности секретаря ВЦСПС и была важной фигурой в патриотических кампаниях. Поднимая уровень речей на митинге до высот нового понимания роли женщин, Николаева объявила, что участие советских женщин в боевых действиях, начавшееся в 1941 году, знаменует собой одновременно победу над буржуазным прошлым и зарю новой исторической эпохи. Она указала на выступавших до нее женщин-бойцов как на зримое доказательство исторического прогресса и перехода от старого представления о женщине к новому — и к воплощению этого представления на практике. Под конец Николаева назвала традиционное «положение», гласящее, что война не женское дело, «буржуазными размышлениями», недостойным серьезного обсуждения после целого года войны[8].

Женские призывы и государство

В советском обществе обсуждение государственных призывов женщин в вооруженные силы так и ограничилось беседами на комсомольских собраниях и частными разговорами партийных, комсомольских и военных руководителей. Практическую реализацию призывов можно проследить по официальным докумен-

---

[7] Стенограмма собрания женской молодежи города Москвы. 22 марта 1942 г. // РГАСПИ. Ф. М-1. Оп. 5. Д. 112. Л. 5 об., 6, 8.

[8] Там же. Л. 9. См. также [Карасева 1958: 229–230].

там, которыми обменивались непосредственно привлекавшие женщин в армию институции и чиновники. За три года войны как ЦК ВЛКСМ, так и Наркомат обороны создали богатый архив секретных приказов, инструкций и отчетов об исполнении женских призывов. Исходное представление о том, что советское общество может предоставить очень разные типы женщин-добровольцев — и тех, кто способен заместить мужчин-военных на канцелярской работе, и тех, кто станет полноправным солдатом и даже командиром, — определяло своеобразие советских призывов: они лишь отчасти совпадали со своими западными аналогами.

Это сложное представление можно было уже заметить в диалоге, с которого началась данная глава. Так, обращаясь к командующему Московским фронтом противовоздушной обороны Журавлеву, первый секретарь Московского горкома ВКП(б) Щербаков говорил о призыве женщин как о «замене» мужчин на тыловой работе. Освобождая от тыловой работы значительное количество необходимых фронту мужчин, женщины-добровольцы, по словам Щербакова, окажут большую услугу армии и советскому народу. Такое обозначение женщин-добровольцев как «заместительниц» военнослужащих тыла едва ли сильно расходилось с традиционно общепринятыми понятиями о гендерной структуре вооруженных сил. Щербаков, кажется, проводит ту же гендерную политику, что и британские и американские военные, которые, с одной стороны, проводили женские мобилизации, а с другой — утверждали, что мобилизованные женщины солдатами не являются [Журавлев 1988: 125][9].

Однако в случае Щербакова принцип «замены» распространялся не на всех женщин-добровольцев, о которых он говорил. Помимо женщин, способных «высвободить» мужчин для фронта, Щербаков упомянул также и «девушек-бойцов». Журавлев вспоминает, что его самого эта последняя категория беспокоила больше всего. Вопросы, которые он вынес из встречи с партийным

---

[9] Анализ британских, американских и германских мобилизаций женщин, а также характерной для этих акций риторики см. в главе второй.

руководителем, были вызваны беспрецедентным характером полученного им приказа. Как ему на практике воспитывать «женщин-бойцов», гадал он. Реконструируя в воспоминаниях свой сумбурный внутренний монолог, Журавлев приводит свое главное сомнение: «Справятся ли девушки с военной "премудростью", которая испокон веков была уделом мужчин?» [Журавлев 1988: 126].

Двойственность статуса женщины-добровольца, обрисованная Щербаковым, не была результатом замешательства или растерянности — ни его личного, ни сталинского руководства, представителем которого он являлся. В действительности подобное представление о женщине-добровольце отражало ключевой принцип, определявший в 1942–1945 годах ситуацию с мобилизацией женщин. Когда Щербаков говорил о женщинах-«заместительницах» и о женщинах-бойцах, речь шла о разных женщинах. Не говоря о том, что в беседе с Журавлевым партийный руководитель перечислил далеко не все возможности для несения боевой и небоевой службы, которые правительство собиралось предоставить девушкам в зависимости от их общего образования, военной подготовки и личных склонностей.

Опираясь на различные представления о женщине, сталинское руководство наметило несколько направлений женских призывов. До начала любой призывной кампании происходил обмен мнениями, в ходе которого вырабатывались квоты и штатные расписания для различных должностей. В обсуждениях участвовали Государственный комитет обороны, Наркомат обороны, ЦК ВЛКСМ, командующие армией, флотом и военно-воздушными силами. При этом в громоздкой бюрократической машине существовало довольно четкое разделение обязанностей. Опыт октябрьской мобилизации женщин в авиаполки позволил ЦК комсомола с его системой разбросанных по всей стране горкомов и райкомов выступить в роли главного вербовщика, только теперь масштабы деятельности значительно выросли и по численности, и по охвату территории. Зачисленные добровольцы являлись в местные военные комиссариаты. Там их распределяли по родам войск и направляли в распоряжение соответствующих уполномоченных Наркомата обороны, ведающих обучением военному делу и пополнением частей. В конце каждого призыва, после курса обучения, Главное управление формирования и укомплектования войск Красной Армии распределяло новобранцев по частям в соответствии с полученными военными специальностями[10].

Как показывают документы, девушки, пришедшие в армию в качестве «заместительниц», не допущенных до участия в военных действиях, составляли подавляющее большинство из числа призванных государством. Призыв женщин-добровольцев на административные должности был одним из первых: он развернулся после того, как Сталин в качестве Народного комиссара обороны подписал приказ № 0296 от 19 апреля 1942 года[11]. Объясняя порядок взаимодействия с местными военными властями, заместитель Народного комиссара Е. А. Щаденко сравнивал женщин-добровольцев, к которым был обращен приказ, с «ограниченно годными и негодными к стою» мужчинами, а также мужчинами старшего возраста. Поток добровольцев, возникший в результате выполнения указа 19 апреля, обеспечил пополнение на должности, согласующиеся с традиционным женским статусом: бухгалтеры, секретари, делопроизводители, счетоводы, писари и адъютанты. Установленная степень пригодности этих женщин для армии не позволяла им получить статус военнослужащего. В соответствии с приказом они считались не солдатами, а наемными работниками[12].

---

[10] См. документы, которые помогают отследить цепь приказов, инициатив и ответственности в ходе призывов в войска противовоздушной обороны и в военно-воздушный флот: Приказ Народного комиссара обороны СССР № 0058 от 26 марта 1942 года [Барсуков 1997а: 184–185]; Приказ Народного комиссара обороны СССР № 0297 от 19 апреля 1942 года [Барсуков 1997а: 214–215]. См. также отчет Командующего войсками противовоздушной обороны Наркомату обороны от 20 марта 1942 года и приказ ГКО о призыве комсомолок в противовоздушные войска от 25 марта 1942 года [Комаров 1990: 158–159].

[11] Приказ Народного комиссара обороны СССР № 0296 от 19 апреля 1942 года [Барсуков 1997а: 213–214].

[12] Приказ Народного комиссара обороны СССР № 0325 от 25 апреля 1942 года [Барсуков 1997а: 217].

Такие же замены не участвующего в боях административного персонала женщинами-добровольцами были в срочном порядке повторены в июне и сентябре 1942 года, а также в январе 1943 года[13]. В июне 1942 года ЦК комсомола без помощи других организаций провел призыв еще 30 000 молодых женщин для заполнения административных и канцелярских вакансий[14]. В течение всего этого периода замнаркома Щаденко, руководивший ходом призыва, оказывал давление на тех представителей военной администрации, которые отставали от предписанных темпов «замещений». Так, 6 сентября 1942 года в приказе, больше похожем на выговор, он резко раскритиковал медлительность «замен», категорически требуя, чтобы все молодые и здоровые военнослужащие, занимающие административные и канцелярские должности в армейском управлении и в тыловых военных округах, были заменены «ограниченно годными <мужчинами>, женщинами и возрастами старше 46 лет»[15].

Помимо целенаправленной замены занимающих военно-административные должности, Наркомат обороны издавал также приказы о призывах женщин, в которых категория женщины-добровольца, замещающего мужчину, стала охватывать широкий спектр военных специальностей. Начавшиеся в марте — апреле 1942 года и продолжавшиеся на протяжении всего этого года и зимой 1943 года призывы в части противовоздушной обороны и связи, в бронетанковые войска, в военно-воздушный и военно-морской флот были санкционированы приказами, обязывавшими комсомольских и военных функционеров искать женщин-

---

[13] См. переписку между ЦК ВЛКСМ и Наркоматом обороны о призыве 30 000 женщин-добровольцев с целью замены мужского административного состава в военных округах от 19 июня 1942 года // РГАСПИ. Ф. М-1. Оп. 47. Д.49. Л. 25; Приказ Народного комиссара обороны СССР № 0459 от 4 июня 1942 года [Иванова 2002: 233]; Приказ Народного комиссара обороны СССР № 002 от 3 января 1943 года [Барсуков 1997б: 13–14].

[14] Переписка между ЦК ВЛКСМ и наркоматом обороны от 10 июня 1942 года // РГАСПИ. Ф. М-1. Оп. 47. Д. 49. Л. 25.

[15] Приказ Народного комиссара обороны СССР № 0678 от 6 сентября 1942 [Иванова 2002: 235–236].

добровольцев, способных заменить мужчин — администраторов и техников.

Из 40 000 призванных в военно-воздушные силы в апреле 1942 года только 15 000 женщин занимались канцелярской работой и замещали мужчин на управленческих должностях заведующих складами и столовыми, а также работали поварами и библиотекарями. Остальные 25 000, пройдя специальную подготовку, стали не участвующими в боях военными специалистами: связистами, шоферами и вооруженцами[16]. Во время призыва 30 000 женщин в войска связи — также в апреле 1942 года — соотношение между канцелярскими/управленческими «заместительницами» и военными специалистами составило 5865 к 24 144[17]. Среди 100 000 молодых женщин, призванных в войска противовоздушной обороны в марте 1942 года, примерно половина — 45 000 — получили подготовку в качестве военных специалистов в области связи, обслуживания аэростатов и воздушного наблюдения[18]. Сходное разнообразие небоевых замен было характерно и для призыва 25 000 девушек в военно-морские силы, а также для состоявшегося в январе 1943 года призыва в бронетанковые войска. В администрации военно-морского флота и береговых войск женщины заменяли мужчин в 25 различных должностях и профессиях[19].

В соответствии с приказами о призывах, не участвующие в боях военные специалисты образовали определенную категорию женщин-добровольцев, которая качественно отличалась от канцелярского и управленческого персонала. В отличие от последних, не получавших никакой специальной подготовки и за-

---

[16] Приказ Народного комиссара обороны СССР № 0297.

[17] Приказ Народного комиссара обороны СССР № 0284 от 14 апреля 1942 года [Барсуков 1997а: 212–213].

[18] Приказ Народного комиссара обороны СССР № 0058.

[19] Приказ о мобилизации девушек-комсомолок и некомсомолок-добровольцев в Военно-морской флот № 0365 от 6 мая 1942 года [Усенко, Бородин 1996: 126–127]; Доклад о состоянии воспитательной работы среди краснофлотцев-девушек, февраль-декабрь 1945 года // РГАСПИ. Ф. М-1. Оп. 32. Ед. хр. 331. Л. 1, 4.

мещавших мужчин сразу после призыва, первые посвящали до трех месяцев строевой подготовке и изучению оружия, получая в конечном итоге военную профессию. Так, например, майский приказ о призыве в военно-морской флот требовал, чтобы девушки занимались строевой подготовкой как важной составляющей специального военного обучения. Впоследствии в отчетах об успехах в обучении, поступавших в ЦК ВЛКСМ, подчеркивалось, что женщины успешно овладевают оружием[20].

Это нетрадиционное для женщин сочетание военных профессий, строевой подготовки и владения оружием давало девушкам, отобранным для обучения не требующим участия в боях специальностям, статус военнослужащих. Приказы о призыве содержали специальные указания по этому вопросу: женщины должны считаться состоящими на службе в соответствии с общими правилами и обеспечиваться «всеми видами довольствия наравне с военнослужащими». Приобретение полноценного военного статуса и интеграция в регулярную армию позволили женщинам получать установленное для военнослужащих денежное довольствие, занимать определенные должности и продвигаться по службе в соответствии с общеармейскими правилами[21].

В приказах о призывах они по-прежнему рассматривались как «заместительницы» и потому противопоставлялись мужчинам — солдатам и младшим офицерам, отправляющимся в составе регулярных войск сражаться на земле, в воздухе и на море. Однако такое противопоставление имело качественно иное гендерное содержание по сравнению как с женщинами, поступавшими на аналогичную службу в вооруженные силы на Западе, так и с советскими женщинами, занимавшимися канцелярской и управленческой работой. Советские призывы создавали смешанные прифронтовые пространства, где мужчины и женщины выполняли одинаковые обязанности, получали за свою службу одинаковые награды и, если надо, могли защитить себя с оружием

---

[20] Доклад о состоянии воспитательной работы среди краснофлотцев-девушек. Л. 3.

[21] См., например, приказы № 0058, 0284, 0297.

в руках. Эти новые пространства совместной службы мужчин и женщин сужали сугубо «мужскую» территорию в вооруженных силах. Такой сравнительно скромный шаг вперед — скромный в сравнении с остальными советскими призывами женщин — освобождал небоевые подразделения от условных гендерных противопоставлений и превращал советское руководство в активную силу, определяющую границы и правила гендерных отношений в вооруженных силах.

Процесс переосмысления гендерных отношений в советских войсках, в результате которого исключительно мужские пространства превращались в смешанные, разделяемые обоими полами, не останавливался на пороге военных действий. Сделав очередной шаг для изменения гендерной организации вооруженных сил, советское руководство создало смешанные боевые пространства, доступные и мужчинам, и женщинам-бойцам. В официальном языке правительственных и военных приказов и инструкций как мужчины, так и женщины, причастные к этим смешанным боевым ситуациям, назывались и считались солдатами.

В объявленном в марте 1942 года призыве в силы противовоздушной обороны большинство из 100 000 добровольцев — 55 000 женщин — должны были поступить в зенитно-прожекторные и зенитно-пулеметные части, обслуживающие боевые расчеты, в качестве военных специалистов, наводчиков и пулеметчиков. Согласно инструкциям, границей для женщин служило только тяжелое «восьмидюймовое» зенитное орудие, а более легкие пушки могли обслуживаться как мужчинами, так и женщинами. Из 3000 девушек, призванных в части легкой зенитной артиллерии, 1200 (40%) заменили мужчин-наводчиков, как и было определено в приказе[22]. Во время второго призыва в войска противовоздушной обороны, начавшегося через шесть месяцев и охватившего 50 000 новобранцев, боевые посты в расчетах тяжелой артиллерии уже стали доступны и для женщин-добровольцев[23].

---

[22] Приказ Народного комиссара обороны СССР № 0058.

[23] Приказ Народного комиссара обороны СССР № 00224 от 23 октября 1942 года [Барсуков 1997а: 349–350].

Смешение мужчин и женщин в боевых частях и обретение женщинами статуса солдат в официальном языке указывало на то, что советское руководство и в практическом, и в дискурсивном отношении отказывается от общей установки на восприятие боевых действий как исключительно мужского дела. Область сражений, перестав быть единым и однородным «мужским» пространством, в 1942 и 1943 годах раздробилась на фрагменты, которым мобилизация женщин-добровольцев приписывала различное значение. Война в окопах, в соответствии с общей логикой женских призывов, рассматривалась как более «мужская», чем служба в зенитных частях. Тем не менее кадровые офицеры противовоздушных сил не поддерживали эту скрытую иерархию. Такие военачальники, как Журавлев, которому довелось служить вместе с женщинами-бойцами, не соглашались с более низким статусом, который приписывался его роду войск. В зенитных частях считалось, что их служба была более опасна и требовала больших психологических затрат, чем служба в пехоте.

Иван Левицкий, командовавший в 1942 году дивизионом зенитно-артиллерийского полка, наполовину укомплектованного женщинами, суммировал господствующую в среде офицеров-зенитчиков точку зрения: «У танкиста — броня, у пехотинца — окопчик, а у зенитчика — ничего, оборудуя боевые порядки, он прячет от поражения все, кроме себя. Он не роет щелей, не делает блиндажей, он не уходит от оружия даже тогда, когда самолет пикирует на батарею»[24]. По мнению Левицкого, женщины, ставшие членами боевых зенитных расчетов, оказались в одном из наиболее сложных и опасных родов войск Второй мировой войны. Появление в боевых частях девушек не поменяло природу противовоздушного боя, но изменило гендерную составляющую зенитных войск. К концу войны процент женщин в зенитно-артиллерийских полках варьировал от 50 до 100 [Мурманцева 1971: 44][25].

---

[24] Воспоминания Ивана Левицкого см. в [Алексиевич 1988: 91].

[25] См. также [Иванова 2002: 151–152]. Воспоминания мужчин и женщин, вместе воевавших и командовавших прожекторными частями и тяжелой зенитной артиллерией, см. [Журавлев 1988: 130]. Воспоминания зенитчицы

Начиная с 1944 года гендерное разделение между не находившимися на передовой противовоздушными частями и войсками, непосредственно вступавшими в сражения, начало терять прежнее значение, по мере того как женские и смешанные противовоздушные батареи стали выдвигаться на линию фронта, соседствуя с полевой артиллерией[26].

В 1942–1945 годах массовое появление женщин-добровольцев в войсках в самых разных качествах демонстрировало различные представления советского руководства о роли женщин на войне и, одновременно, санкционировало новые гендерные отношения в советских вооруженных силах. Это явление поневоле послужило долговременным катализатором для стихийных «низовых» процессов переосмысления гендерных понятий военнослужащими непосредственно на передовой. Я вернусь к этой интереснейшей теме в следующих главах. А теперь я обращусь к рассказу о женщинах-добровольцах, чей статус бойцов никогда не рассматривался официальными инстанциями как «замена» мужчин.

Клавдии Коноваловой, которая рассказывает о том, как она получила назначение в команду, обслуживающую тяжелое орудие, в течение одного года научилась тому, что должны были знать и делать все члены расчета, и стала его командиром, причем под ее командой оказалось две женщины и четверо мужчин, см. в книге: [Алексиевич 1988: 150–151].

[26] До 1944 года служба женщин в полевых частях допускалась только в случае чрезвычайной военной опасности. Так, осенью 1942 года женские зенитно-артиллерийские части вынуждены были защищать Сталинград в качестве полевой артиллерии вместе с пехотными и танковыми частями. В 1944 году, когда линия фронта стала сдвигаться на запад, правительство начало частичную передислокацию противовоздушных сил, распространяя их действие на полевые операции в качестве фронтовых зенитных частей или полевой артиллерии. Для тысяч девушек, воевавших в женских и смешанных частях, различие между «тылом» и «фронтом» стерлось. В 1944 и 1945 годах смешанные и женские противовоздушные полки, батареи и расчеты часто вели бои на ключевых участках фронта в Европе. Полк Левицкого, например, был сформирован и начал действовать в Горьком, а закончил боевой путь в польском городе Познани. См. [Алексиевич 1988: 91], а также [Чуйков 1975: 310; Гарина 1996: 42–43; Журавлев 1988: 138].

Илл. 11. «Девушки-добровольцы принимают присягу». Из книги [Мурманцева 1979]

«Женщина-боец» как категория призыва

Уже в марте 1942 года советские вожди распрощались с привычным образом сражающегося на передовой воина-мужчины и сделали первые шаги к призыву и обучению женщин для окопной войны. Однако женщины-добровольцы были направлены в пехотные соединения не в качестве обычных стрелков, а как своего рода пехотная элита. Они должны были стать весьма специализированными бойцами — снайперами или командирами, обладающими техническими или тактическими знаниями и служащими в особо важных пулеметных, минометных и артиллерийских частях. Их призывали и обучали именно для участия в боях и в официальных документах именовали «женщинами-бойцами». Эти бойцы никого не «замещали». Они готовились в качестве пополнения в соответствующие подразделения и потому составляли отдельный поток в рамках женского призыва. Относительно их солдатского или командирского статуса не возникало никакой двусмысленности (илл. 11).

Как на бумаге, так и на практике призывы девушек-бойцов проходили отдельно от остальной мобилизации. Для набора и подготовки будущих снайперов или младших командиров издавались отдельные приказы, составлялись отдельные инструкции, создавались отдельные отборочные комиссии и учебные лагеря. При этом общие требования к будущей женщине-бойцу, выдвигавшиеся ЦК ВЛКСМ, республиканскими, городскими и районными комитетами комсомола, были очень похожи на те, что предъявлялись к женщинам при других призывах. Оптимальный возраст — от 18 до 26 лет, образование — по крайней мере семь классов (в идеале — десятилетка). Это должно было обеспечить быстрое усвоение специальных военных знаний и навыков. Физическую пригодность подтверждала медицинская комиссия. Единственное условие, которое отличало эти наборы девушек в действующую армию от других призывов, состояло в требовании к кандидатам — иметь за плечами специальный курс в системе ВСЕВОБУЧа[27].

Решение о начале подготовки женщин-снайперов было принято 20 марта 1942 года — то есть за пять дней до того, как НКО одобрил первый массовый призыв женщин-добровольцев в войска противовоздушной обороны. Приказ санкционировал создание Центральной женской школы снайперской подготовки [Никифорова 1985: 60]. Первый секретарь ЦК комсомола Михай-

---

[27] Указанные требования к женщинам-бойцам исчерпывающе описываются, например, в приказе Народного комиссара обороны № 0367 от 21 мая 1943 года, в соответствии с которым была реорганизована Центральная женская школа снайперской подготовки. См. этот приказ в изд. [Иванова 2002: 221]. См. также обмен документами между центральными, районными и республиканскими комитетами комсомола: Постановление заседания Бюро Коми обкома ВЛКСМ от 8 ноября 1942 года // РГАСПИ. Ф. М-1. Оп. 47. Д. 49. Л. 98; Телеграмма облкрайвоенкомата // Там же Ф. М-1. Оп. 47. Д. 153. Л. 46. См. также личные воспоминания в [Никифорова 1985: 60; Лобковская 1995: 8–9].

лов в своих мемуарах утверждает, что создание женской школы снайперской подготовки было отчасти его идеей. Идея, вспоминал Михайлов, как бы носилась в воздухе: органическая связь женщин с современными боевыми действиями не казалась ни ему, ни его соратникам экстраординарной, а представлялась вполне естественной.

> Сейчас трудно припомнить в деталях, — писал он в 1970-е годы, — каким образом родилась идея создать женскую школу снайперского мастерства. От девушек-комсомолок мы <сам Михайлов и ЦК ВЛКСМ> получали множество писем, просьб, заявлений о том, чтобы их обучили искусству стрельбы и направили на фронт. Это было естественно. С первых дней войны девушки проявили себя как настоящие героини. Печать, радио сообщали об их подвигах на фронте [Михайлов 1972: 209].

В советской прессе начала 1942 года органическую связь женщин с боевыми действиями олицетворяла знаменитая женщина-снайпер Людмила Павличенко, чье имя часто появлялось вместе с другим известным снайпером Великой Отечественной войны, Владимиром Пчелинцевым. Михайлов не только читал об этих героях, но в качестве главы комсомола несколько раз встречался с ними обоими по разным поводам и решил воспользоваться их именами для развертывания в 1942 году кампании по популяризации военной профессии снайпер. Павличенко и Пчелинцев были во многих отношениях культурными и поколенческими «двойниками». Обоим было чуть за двадцать. До войны оба учились в вузе и осваивали в военных кружках снайперскую стрельбу. С началом войны, летом 1941 года, ушли добровольцами на фронт, хотя студенты не подлежали призыву. После года участия в боях Павличенко, недавняя студентка исторического факультета Киевского университета, имела на своем счету 309 убитых врагов, а бывший студент Ленинградского горного института Пчелинцев убил за тот же срок 152 врага [Михайлов 1972: 201–205][28].

---

[28] Описание военного времени см.: *Кущенко Н.* Указ. соч.

Одними из первых пропагандировать этот «раздвоенный» между мужчиной и женщиной образ лучшего снайпера стали не журналисты, а боевые товарищи Людмилы Павличенко. Весной 1942 года «Комсомольская правда» получила первую корреспонденцию из осажденного Севастополя, посвященную Павличенко. Писал сержант В. Григоров:

> Уважаемый товарищ редактор! Я решил написать вам о бесстрашном снайпере, старшем сержанте Людмиле Михайловне Павличенко. Своими славными боевыми делами Людмила Павличенко завоевала высокий авторитет среди снайперов, защищающих крепость Черного моря — Севастополь. <…> Мы учимся у нее, как надо выполнять приказ нашего любимого Народного Комиссара обороны товарища Сталина об овладении воинским мастерством. Людмила Павличенко, в совершенстве овладев снайперской винтовкой, разит врага без промаха. И Ленинско-Сталинский краснознаменный комсомол должен гордиться своей дочерью[29].

Свое письмо о Павличенко Григоров завершил подробным описанием ее боевых подвигов и дуэлей с немецкими снайперами. Лейтмотивом его рассказа звучали слова самой героини: «Будет больше! <убитых врагов>». Летом 1942 года «Комсомолка» готовила материал о Павличенко и попросила женщину-снайпера написать заметку для своих читателей. Статья Павличенко «За что я их убиваю» вышла 4 июня. Статья сопровождалась стихами известного комсомольского поэта Иосифа Уткина и большим портретом Павличенко на позиции, целящейся во врага через прицел снайперской винтовки. Надпись вверху гласила: «Слава снайперу Людмиле Павличенко!» Под рисунком была подпись: «300 метких выстрелов»[30] (илл. 12).

---

[29] Заметка была опубликована 2 июня 1942 года. *Григоров В.* Стреляй как Людмила Павличенко // Комсомольская правда. 1942. 2 июня.

[30] Слава снайперу Людмиле Павличенко! 300 метких выстрелов; *Уткин И.* Людмиле Павличенко // Комсомольская правда. 1942. 4 июня; Фото Людмилы Павличенко; Героическая дочь Советского народа // Комсомольская правда.

Илл. 12. «Слава снайперу Людмиле Павличенко. 300 метких выстрелов». Комсомольская правда. 1942. 4 июня. С разрешения «Комсомольской правды»

Начиная с октября 1942 года Павличенко становится видной общественной фигурой. Она выступает в молодежной прессе, произносит речи на митингах и собраниях и таким образом активно участвует в создании своего публичного образа как женщины-солдата. Ее статус женщины-военнослужащего еще больше утвердился, когда комсомольско-партийное руководство включило Павличенко в состав выезжавшей за рубеж делегации, призванной представлять советскую молодежь в Великобритании, США и Канаде. Ее спутником в этой поездке стал Пчелинцев. Выступая в военной форме и агитируя за открытие второго фронта, эта пара персонифицировала новые гендерные идеалы советской молодежи и ее новое отношение к войне[31].

1942. 7 августа; *Павличенко Л.* За что я их убиваю // Комсомольская правда. 1942. 19 сентября; см. также письмо матери Павличенко в «Комсомольскую правду»: *Белова Е. Т.* Моя дочь // Комсомольская правда. 1942. 2 июля.

[31] Посланцы Советской молодежи // Комсомольская правда. 1942. 1 сентября; *Pavlichenko L.* Lieutenant Liudmila Pavlichenko to the American People // Soviet Russia Today. 1942. October. № 9–10. P. 33. Год спустя советская молодежь увидела кульминацию публичной карьеры Павличенко — знаменитой

Неудивительно, что в 1942 году идея создания женской школы снайперов воспринималась Михайловым как нечто естественное и более того — неотлагательное. Ее реализация началась во время одной из поездок в Подмосковье в начале 1942 года. Михайлов с группой коллег оказался в деревне Вешняки (14 километров от Москвы). Заброшенный, частично разрушенный дом неподалеку от военного полигона показался ему вполне пригодным для размещения снайперской школы [Михайлов 1972: 210; Никифорова 1985: 5]. Превращение заброшенного здания в школу заняло примерно год. Партийное и военное руководство выделило фонды; был набран административный, командный и преподавательский штат. В своих организационных принципах школа ориентировалась на «авиационный» женский призыв 1941 года. Организаторы прилагали усилия для того, чтобы командный состав школы оказался по возможности женским. Два главных военных руководителя были кадровыми офицерами примерно того же возраста, что и Раскова. Нора Чегодаева, первый начальник школы, была выпускницей Военной академии им. Фрунзе. Ее отозвали с Волховского фронта специально для того, чтобы возглавить школу. Кадровый военно-политический работник майор Екатерина Никифорова была назначена начальником политотдела и прослужила в этом качестве до конца войны. Первыми командирами взводов в школе также были женщины. Несмотря на установку назначать на командные должности квалифицированные женские кадры, организаторы не предполагали делать организацию исключительно женской. Офице-

---

женщины-бойца. В одном из июньских выпусков «Комсомолки» она начала публиковать свою переписку с мужчинами и женщинами, рабочими оборонных заводов; она призывала их увеличить производительность труда и давать больше оружия фронту, который она в данном случае воплощала. Глубоко вовлеченная к тому времени в комсомольскую и партийную пропагандистскую работу, Павличенко создавала в своих письмах к рабочим переосмысленную гендерную перспективу борьбы советского народа. Она выбрала форму, при которой выступала от лица всех солдат на фронте, мужчин и женщин, обращаясь к работникам тыла. См.: Переписка знатного снайпера с молодыми оружейниками завода // Комсомольская правда. 1943. 9 июня.

ры-мужчины отвечали за теоретическую и практическую боевую подготовку девушек-курсантов. За первый год, пока школу готовили к открытию, были обучены снайперы-инструкторы — мужчины и женщины. Таким образом, школа стала еще одним смешанным военным коллективом, которым руководили и в котором преподавали как женщины, так и мужчины-военнослужащие [Соловей, Успенская 1985: 163].

В начале декабря 1942 года ЦК комсомола объявил первый всесоюзный призыв будущих снайперов, и в школу поступило около 300 молодых женщин из различных регионов России, из Сибири, Украины и Таджикистана. 24 декабря 1942 года они приступили к занятиям [Никифорова 1985: 60].

Начиная с 1943 года история этого учебного заведения очень хорошо документирована. В мае 1943 года, согласно приказу НКО № 0367, школе было присвоено официальное название — Центральная женская школа снайперской подготовки (ЦЖШСП) — и утверждена организационная структура, сохранявшаяся до 1945 года. Она предполагала два батальона снайперов, укомплектованных 960 женщинами-добровольцами, и одну роту снайперов-инструкторов из 160 женщин — выпускниц школы. Подписанный Сталиным приказ стал очередным примером государственной политики, в соответствии с которой женщины-курсанты рассматривались как будущие кадровые военные и боевая направленность женской военной организации никак не камуфлировалась[32].

Учебный план также не предусматривал никаких послаблений и отклонений от разносторонних требований к подготовке снайпера, прописанных в армейском уставе. Быть снайпером означало прежде всего состоять на службе в пехоте. Конечно же, снайперы благодаря своей специальной подготовке считались элитными бойцами, но это не избавляло их от тягот фронтовых будней: артиллерийских и минометных обстрелов, воздушных налетов и продолжительных марш-бросков. Они на равных с другими участвовали в обычных и специальных военных опе-

---

[32] См.: Приказ Народного комиссара обороны № 0367 от 21 мая 1943 года [Иванова 2002: 221].

рациях, начиная с отражения атак противника и вплоть до высадок десанта и наступлений во взаимодействии с другими родами войск. Участвуя в общих боях, снайперы не подсчитывали убитых ими врагов [Якушева 1985: 88][33].

Как рассказывает Никифорова, принятая в школе система всесторонней подготовки пехотных снайперов была сознательно ориентирована на обучение умению воевать в пехоте, терпеть лишения и выживать. Шестимесячное пребывание в школе включало строевую подготовку, активные занятия физкультурой, овладение всеми видами пехотного вооружения, теорию и практику снайперской стрельбы, индивидуальные и групповые боевые тактические упражнения, а также воспитание командных и лидерских качеств. В результате после шести месяцев тренировки по десять — двенадцать часов в день, в основном под открытым небом, выпускницы школы овладели не только снайперской винтовкой. Они умели стрелять из пулемета, автомата, противотанкового ружья, имели навыки метания гранаты в цель и на расстояние. Их также учили штыковому и рукопашному бою, а в результате частых марш-бросков при полной выкладке в любое время дня и ночи они приобретали большую физическую выносливость.

Кроме того, школа готовила младший командный состав как для отправляющихся на фронт женских снайперских частей, так и для своих собственных нужд. Установка учебного плана на выработку командных умений и овладение тактикой делало возможным для лучших курсантов параллельно со снайперской школой сдачу экстерном выпускных экзаменов в Московском пехотном училище. За три года двумя учебными заведениями было одновременно выпущено 118 девушек: они стали и снайперами, и командирами в звании младшего лейтенанта [Никифорова 1985: 5–6][34].

---

[33] О статусе и подготовке снайперов в пехоте см. также главу седьмую.

[34] См. воспоминания, дневники, письма женщин-снайперов в том же издании: [Меркулова 1985: 69]; Письмо Евгении Шляховой о ее обучении в Школе весной 1943 года [Никифорова 1985: 80]; [Соловей 1985: 93–94; Аршавская

Не менее важной, чем суровый режим занятий, была цель воспитать уверенную в себе женщину-курсанта, будущего солдата, снайпера, офицера. Эта не раз провозглашенная цель составляла суть военно-политической и идеологической работы партийной и комсомольской организаций школы [Никифорова 1985: 60–61][35]. Для учащихся были разработаны определенные ритуалы, которые символически отмечали этапы их военной карьеры. Поступление в школу отмечалось торжественным собранием, во время которого курсанты приносили воинскую присягу и их принимали в ряды красноармейцев в качестве женщин-бойцов. При выпуске лучшим стрелкам вручались наградные именные снайперские винтовки, с которыми девушки уходили на фронт. Получившая имя своей хозяйки винтовка воплощала символическое единство девушки и ее боевого оружия. Этот праздничный ритуал был введен в школе Центральным комитетом комсомола в июле 1943 года [Никифорова 1985: 60–61][36].

Отправка на фронт — еще один, прощальный, ритуал. Школьное руководство организовывало праздничные обеды; на вокзалах перед отправлением на фронт проводили торжественные митинги с участием комсомольских и военных руководителей. Так, например, появление пятидесяти вооруженных женщин в военной форме на Рижском вокзале в июне 1943 года представляло собой тщательно отрепетированное зрелище. «Настал долгожданный день, — вспоминала одна из выпускниц, Н. Лобковская. — Солнце освещало золотистыми лучами окна домов, когда мы с вещевыми мешками, снайперскими винтовками и скатанными шинелями шагали по улицам Москвы к Рижскому вокзалу и пели "Прощай, любимый город"». На вокзале девушек провожал начальник Главного управления всеобщего военного

1985: 104; Лобковская 1995: 10–11]. Руководство школы представило еще 125 девушек к присвоению младших офицерских званий для службы командирами и инструкторами в школе [Никифорова 1985: 63].

[35] См. также [Артамонова 1985: 64].

[36] См. переписку между политотделом Школы и ЦК ВЛКСМ относительно вручения девушкам наградных снайперских винтовок: РГАСПИ. Ф. М-1. Оп. 47. Д. 153. Л. 51.

обучения НКО генерал-майор Н. Н. Пронин. Присутствовал также секретарь МГК ВЛКСМ по военной работе А. Н. Шелепин. Произносились речи, вручались подарки. Пронин и Шелепин, по словам Лобковской, «вручили каждой пакет с бумагой и конвертами для писем и прекрасный нож, который на фронте очень пригодился и был предметом зависти разведчиков». Редкие, почти роскошные для военного времени вещи, вручаемые женщинам перед отправкой на фронт, выражали не только внимание к ним руководства, но и поддержку их решения стать защитницами родины [Никифорова 1985: 11–12][37].

Создание школы снайперов было первой инициативой сверху по подготовке женщин к участию в боевых действиях в составе пехотных войск. Этот проект оказался и самым длительным из всех женских мобилизационных кампаний военного времени. Личный состав курсантов пополнялся на протяжении войны с помощью повторных призывов, и работа по превращению девушек-призывников в пехотных снайперов не прекращалась с декабря 1942 по март 1945 года. За период работы в 1943–1945 годах школа дала фронту семь выпусков. В общей сложности 1885 окончивших школу снайперов и инструкторов воевали на двенадцати фронтах. Выпуски марта и ноября 1944 года оказались самыми многочисленными: соответственно 585 и 559 человек [Никифорова 1985: 4, 63][38].

История Центральной женской школы снайперской подготовки не охватывает всего множества мероприятий по обучению женщин снайперскому мастерству. Цифра 1885 человек — показатель только двух лет деятельности одного учебного заведения,

---

[37] См. также краткое описание прощания в ноябре 1943 года на Белорусском вокзале в дневнике Меркуловой [Меркулова 1985: 69]. За годы войны преподавательский состав школы неоднократно награждался за качественную подготовку курсантов. По представлению ЦК ВЛКСМ школе дважды вручался Орден Боевого Красного Знамени [Никифорова 1985: 61–62].

[38] См. также составленный в октябре 1944 года отчет о выпускницах — рядовых снайперах и офицерах, отправленных на фронт и получивших награды: Справка в ЦК ВЛКСМ. Октябрь 1944 // РГАСПИ. Ф. М-1. Оп. 47. Д. 153. Л. 52–53.

и она не учитывает женщин-снайперов, подготовленных в системе московских снайперских школ, организованных Главным управлением всеобщего военного обучения НКО, которые занимались обучением женщин еще до того, как была создана специальная женская школа[39].

Сама женщина-снайпер, владеющая всеми видами пехотного оружия и подготовленная для ведения индивидуальных и коллективных боевых действий, не являлась пределом возможного в государственной политике касательно женщин-добровольцев. Осенью 1942 года состоялся призыв в военные училища 2000 женщин для подготовки фронтовых командиров стрелковых, пулеметных, минометных, артиллерийских, саперных взводов и частей связи, в результате чего женщины оказались во главе сражавшихся на передовой мужских подразделений. Также осенью 1942 советское правительство инициировало организацию Первой отдельной женской добровольной стрелковой бригады: в ней рядовыми, военными специалистами, командирами стали более 5000 женщин. Этот военный эксперимент продемонстрировал намерение государства испытать боевые качества женщин в рамках крупного пехотного соединения.

Призыв женщин в военные училища для подготовки младшего командного состава опять вводит в нашу историю две уже знакомые исторические фигуры. К ноябрю 1942 года Первый секретарь ЦК ВЛКСМ Н. А. Михайлов и заместитель наркома обороны, начальник Главного управления формирования и укомплектования войск Красной армии (Главупраформа) Е. А. Щаденко определили необходимое число добровольцев и составили список военных училищ, которые должны были принять на учебу женщин.

В соответствии с этими квотами ЦК комсомола должен был менее чем за три недели — между 5 и 22 ноября — призвать 2000 девушек. Следуя уже отработанной практике, республиканские, городские и районные комитеты комсомола отобрали под-

---

[39] Главное управление всеобщего военного обучения НКО организовало по всей стране мощную сеть вечерних курсов снайперского мастерства, которые закончили 102 333 женщины [Мурманцева 1979: 134].

ходящие кандидатуры и направили их в местные военкоматы для распределения по родам войск и направления в военные училища. Женщины-добровольцы попали в пять училищ: 1500 человек — в Рязанское пехотное, где должны были получить квалификацию командиров стрелковых, пулеметных и минометных взводов; 300 — в Пензенское артиллерийское; 80 — в Московское военно-инженерное, чтобы стать командирами саперных частей. Остальных 120 добровольцев разделили между Куйбышевским военным училищем связи и Калининским училищем химической защиты[40].

Мобилизационные нормативы по Рязанскому пехотному училищу были перевыполнены. Только в 1943 году в него было послано более 2000 женщин-добровольцев. Однако отборочная комиссия училища подходила к вопросу о том, что такое фронтовой офицер — женщина, строже, чем призывные власти на местах, и потому приняла в курсанты только 1453 из них. Прошедшие отбор, как и следовало ожидать, отличались высоким уровнем образования: только у трех было меньше шести классов, а подавляющее большинство (70 %) имело более девяти или училось в институтах. Остальные 30 % имели неоконченное среднее образование: семь или восемь классов. Всем им было от восемнадцати до двадцати одного года [Мурманцева 1979: 136].

Через три месяца большинство девушек окончило военные училища. Рязанское выпустило 1388 женщин-командиров: 1363 лейтенанта и 25 младших лейтенантов. Из общего числа выпускниц 704 стали командирами стрелковых, 382 — пулеметных и 302 — минометных взводов. Среди них была и Любовь Любчик, командовавшая мужским взводом пулеметчиков и закончившая войну в Варшаве. Станислава Волкова и Апполина Лицкевич-Байрак входили в число 74 выпускниц Московского военно-инженерного училища. Они ушли на фронт в качестве командиров саперных взводов [Мурманцева 1979: 136–137][41].

---

[40] Переписка между ЦК ВЛКСМ и НКО в октябре-ноябре 1942 года // РГАСПИ. Ф. М-1. Оп. 47. Д. 49. Л. 88, 93.

[41] Воспоминания Любови Любчик, Станиславы Волковой и Апполины Лицкевич-Байрак см. в [Алексиевич 1988: 48, 135, 154–155].

Осенью 1942 года правительство еще на одном примере показало, что готово выйти за пределы традиционных гендерных ролей. Создание Первой отдельной женской добровольной стрелковой бригады не только копировало элементы других женских призывов в действующую армию, но и поднимало женскую военную подготовку и положение женщин в войсках на новый уровень. Новизна этого события заключалась в беспрецедентном числе девушек, привлеченных к боевой подготовке в одно и то же время и в одном и том же месте.

5000 женщин из двенадцати городов и областей России и четырех автономных республик (Коми, Татарской, Удмуртской и Башкирской) в конце ноября 1942 года прибыли в поселок Очаково, расположенный на территории Московского военного округа[42]. По свидетельству политрука разведроты Нины Морозовой, в бригаде было три пехотных батальона и несколько специализированных подразделений: противотанковая часть, а также роты связи, разведки и саперов. Каждый пехотный батальон имел в своем составе пулеметный и минометный взводы [Морозова 2000: 23][43]. В целом в бригаде служило 5175 женщин, из них 3892 — рядовые, 986 — сержанты и старшины, 297 — офицеры [Мурманцева 1985: 76].

В отличие от женщин, призванных в ходе других кампаний 1942 года, данная группа получала подготовку как многофункциональная и по сути самодостаточная военная единица. Цель обучения состояла уже не в том, чтобы сделать девушек всесторонне подготовленными бойцами или командирами женских или смешанных взводов и рот. Создание Первой отдельной женской добровольной стрелковой бригады, сплотившее 5000 женщин-бойцов в единую воинскую часть, преследовало цель другого

---

[42] Папка, посвященная организации женских стрелковых бригад (Ф. М-1. Оп. 47. Д. 103), хранящаяся в РГАСПИ, была выдана автору, однако два часа спустя отобрана без предупреждения или объяснения. Последующее изложение основано на записях, сделанных мною второпях после этого инцидента, а также на основе воспоминаний женщин-добровольцев, служивших в бригаде.

[43] Воспоминания Татьяны Карелиной в [Тяжкун 1996: 124].

масштаба. Выпускным боевым заданием бригады были масштабные военные учения в апреле — мае 1943 года, в ходе которых применялись все виды вооружения и был совершен 75-километровый марш-бросок. Морозова, участница этих учений, вспоминала:

> Задача была поставлена следующая. Условный рубеж противника в 75 километрах. Это расстояние надо было пройти за сутки с нагрузкой более 30 килограмм (винтовка, 3-х суточный боекомплект и сухой паек, шинель в скатке, плащ-палатка). Особенно тяжело было ночью. Солдаты устали. Многие бойцы засыпали на ходу. И наткнувшись на препятствие, могли упасть и продолжать спать. Поэтому взвод приходилось все время обегать и следить, чтобы никто не отстал и не ушел в сторону в сонном состоянии. После марша все подразделения, за исключением разведки, получили отдых. А разведчики с марша приступили к поиску и разведке позиций противника. После сбора добытых сведений и донесения их командиру батальона разведчикам дали отдых, а стрелковые роты пошли в бой. Окончательную оценку проведенных игр давали после обратного марша к месту дислокации. Как женщины-бойцы старались не подвести свой взвод и своих товарищей! [Морозова 2000: 23–24].

Морозова объясняла решимость девушек-бойцов проявить себя как можно лучше общим пониманием того, что в глазах правительства женская стрелковая бригада была «экспериментом», на который «возлагались большие надежды». Пользуясь терминологией, напоминающей выступления Расковой, Морозова и другие женщины из ее бригады приписывали руководству страны экспериментаторские намерения — стремление доказать, что определенные категории женщин-добровольцев можно считать полноценными бойцами [Морозова 2000: 22].

В 1942 году руководство страны, вероятно, не прибегло бы к мобилизации женщин, если бы не испытывало острой нехватки живой силы и не нуждалось в создании боевых резервов. Тем не менее эта нехватка не была единственной причиной целенаправленных призывов женщин-бойцов в целом и создания

Первой отдельной добровольческой женской стрелковой бригады в частности. Советское государство могло ограничиться призывом женщин в качестве «заместительниц» мужчин, как это происходило на Западе, и решать проблему нехватки бойцов, освобождая мужчин для участия в боевых действиях. Однако оно пошло дальше, как в практическом отношении, так и в дискурсивном. Нехватка бойцов в 1942 году послужила катализатором, который подтолкнул руководство к продолжению эксперимента за рамками традиционных понятий о солдатской и женской сущности — эксперимента, который начался еще в 1941 году с призыва девушек в авиаполки. Одним только недостатком живой силы нельзя объяснить разнообразие форм призывов. Нельзя объяснить этим и готовность правительства принять понятие «женщина-боец» в качестве объективной категории советских граждан, подлежащих призыву и военному обучению.

Интерес руководства страны к экспериментам с альтернативными способами построения вооруженных сил заметен в его попытках (часто запоздалых из-за хронического недостатка средств) учесть потребности женщин-бойцов при организации повседневной жизни армии. Так, в 1942 году женщинам-бойцам разрешили выбирать, получать ли в составе пайка табачные изделия или шоколад[44]. К концу года Наркомат обороны утвердил должность ответственного за производство и поставку женской военной формы. Начиная с 1943 года большая по размеру, часто поношенная и простреленная мужская одежда, которую женщины вынуждены были сами перешивать и подгонять по фигуре, стала постепенно замещаться женской военной формой. Пошив штанов и юбок был приведен в соответствие с различными боевыми и небоевыми специализациями [Комаров 1990: 160]. В апреле 1943 года заместитель наркома обороны А. В. Хрулев одобрил увеличение снабжения женщин-солдат мылом на сто граммов. Все это означало, что Красная армия расширяла значе-

---

[44] Приказ Народного комиссара обороны СССР № 164 от 11 апреля 1943 года [Барсуков 1997б: 115]; Приказ Народного комиссара обороны СССР № 244 от 12 августа 1942 года [Барсуков 1997а: 285].

ние понятия «военная служба» за счет того, что придавала потребностям женщин-солдат статус базового элемента повседневной военной жизни и гигиены.

Поступление зимой 1943 года в Первую отдельную женскую добровольную стрелковую бригаду партии специально пошитых для женщин-пехотинцев штанов, отвечающих женским физиологическим особенностям, знаменовало собой кульминацию попыток советского руководства создать полноправную женщину-солдата, способную действовать эффективно и с удобством для самой себя. Специально пошитые с учетом естественных потребностей женщин-пехотинцев, эти штаны имели не ширинку, а отстегивающийся клапан между ног. Однако штаны, как и зимняя форма в целом, были доставлены с запозданием. В первые месяцы обучения, как вспоминала Морозова, пришлось обходиться без специальной одежды, и это превратилось в досадное испытание.

> Специального теплого обмундирования еще не поступило, — писала она, — а хлопчатобумажные юбочки для боевых условий — одно мучение. Чего стоил один бросок по-пластунски на 800 метров по снегу на сильном морозе! Позже мы получили ватные женские брюки с отстегивающимся назад клапаном. Это было очень удобно [Морозова 2000: 23].

По моему мнению, в основе стремления советского правительства привести военную форму в соответствие с потребностями женщин-бойцов лежало понимание физиологически обусловленных различий не как непреодолимого препятствия, а как вполне решаемой задачи. Такой гибкий подход в условиях действующей армии является одним из первых примеров санкционированного государством требования равного удобства службы для мужчин и для женщин путем признания их физиологических различий.

Однако штаны, пошитые для женской бригады, стали не только кульминацией, но и последним пределом государственного эксперимента. Бригада так и не была направлена на передовую в качестве полноценной боевой единицы. По воспоминаниям ее ветеранов, она была разбита на отдельные части, оставленные в тылу для несения охранной службы. Только некоторое количество женщин — подготовленных в бригаде младших командиров и политработников — было направлено на фронт, чтобы возглавить мужские части. Хотя бригада и не получила назначения на передовую, она тем не менее продемонстрировала новое видение места женщины в вооруженных силах, возникшее в Советском Союзе. Разница между большой не по размеру военной формой, которой снабжали женщин-добровольцев в 1941 году, и специально пошитыми зимой 1943 года штанами для женщин-солдат наглядно показывает произошедшую за это время эволюцию представлений начальства о женщинах-бойцах.

Приход женщин в армию между 1942 и 1945 годами был многосторонним процессом. В некоторых случаях зачисление в ряды вооруженных сил выполнялось в соответствии с традиционными гендерными стереотипами. В других — создавало новые значения и новые структуры мужского и женского участия в несении службы и в боевых действиях.

Вследствие призывов 1942 и 1943 годов число женщин-солдат в советских войсках, зарегистрированное армейскими комсомольскими организациями, значительно выросло: с 8638 в январе 1942 года до 163 172 в январе 1943 года и до 247 551 человек в январе 1944 года. И в дальнейшем вплоть до окончания войны число женщин-солдат на фронтах не опускалось ниже отметки 200 000 человек. В январе 1945 года фронтовые комсомольские организации насчитывали 246 530 женщин. В конце войны — в июне 1945 года — во фронтовых частях оставалось 212 419 женщин[45]. Если принять во внимание ежегодные потери советских войск, то можно заключить: для того чтобы приведенные цифры увеличивались в 1942–1943 годах и оставались сравнительно постоянными в 1944–1945 годах, общая численность женщин всех военных профессий и на всех фронтах за четыре года войны

---

[45] Статистика из кн.: [Еремин, Исаков 1977: 91].

должна было составлять около 520 000. В эту цифру не входят бойцы противовоздушных соединений, военные специалисты и административный персонал в тыловых военных округах. Кроме того, сюда не входят те привлеченные комсомолом женщины, которые работали на наемной основе (поварихи, прачки, кладовщицы и др.)[46].

Далеко не все женщины из этих 520 000 были бойцами, чья главная функция состояла в физическом уничтожении противника. Если разложить цифру 520 000 на элементы, то можно наглядно увидеть многосоставность вооруженных сил того времени, причем связанные непосредственно с боевыми действиями солдаты окажутся в меньшинстве. Согласно имеющейся статистике о призванных в 1942–1943 годах в армейские и фронтовые медицинские подразделения, примерно 200 000 из полумиллионной армии женщин-солдат должны были служить в медсанчастях действующей армии, 80 000 — в качестве врачей во фронтовых госпиталях и 110 000 — в качестве не участвующих в боевых действиях военных специалистов и административного персонала (связисты, механики, вооруженцы, шоферы, писари). Если исключить врачей, военных специалистов, не участвующих в боевых действиях, и административный персонал, то цифра 520 000 сократится примерно до 320 000. А если исключить медиков, служивших в составе боевых частей, то общее число

---

[46] Общее число 52 000 было посчитано на основе подававшихся каждый год отчетов о численности комсомолок в действующей армии с учетом ежегодных потерь. Это вычисление учитывает число всех потерь среди женщин (убитых, а также раненых и не вернувшихся на фронт после ранения) за каждый год из четырех. Прибавив эти цифры к числу женщин-комбатантов, служивших в конце войны, мы получим приблизительную общую оценку присутствия женщин в вооруженных силах. См. таблицы и более подробные пояснения методики вычислений в приложении. Статистика ежегодных потерь взята из таблиц 62 и 72 в издании: [Кривошеев 1993: 136, 152–153]. Если прибавить к цифре 520 000 еще и бойцов противовоздушных подразделений (300 000) и комсомолок (военных специалистов и администраторов) в тыловых военных округах, то конечная цифра женщин, служивших в советских вооруженных силах во время Второй мировой войны, превысит 900 000 человек.

снизится до 120 000. Таково примерное число женщин-бойцов и младших командиров, воевавших в советских вооруженных силах: пулеметчиц, минометчиц, снайперов, фронтовых саперов, зенитчиц, артиллеристов, пилотов, танкистов и младших командиров[47].

Хотя и сами женские призывы, и общее число призванных, и, главное, роль советского правительства в создании женщины-солдата не входили в число разрешенных для всесоюзной прессы тем, фронтовики никак не могли не связать появление женщин-бойцов в боевых частях после 1942 года с волей руководства страны. В отличие от женщин-добровольцев 1941 года, попадавших в войска благодаря стихийным «низовым» факторам, вторая волна призванных государством женщин приходила на фронт с полученными в военных школах и училищах умениями, с военными званиями и официальными назначениями. У мужчин, встречавших на фронте мобилизованных и хорошо обученных женщин-бойцов, не могло быть сомнений, что к их появлению на передовой напрямую причастно государство.

Таким образом, в притоке девушек в армии нужно различать две разные истории. Первая началась в 1941 году, когда большинство женщин-добровольцев попадали на фронт без помощи государственных организаций. Вторая была инициирована в 1942 году непосредственно руководством страны.

---

[47] Число женщин-медиков и нонкомбатантов вычислялось исходя из сохранившихся приказов НКО (использовавшихся в этой главе) и на основании данных из работы: [Захаров и др. 1985: 128].

ЧАСТЬ ТРЕТЬЯ

НА ФРОНТЕ.
1941–1945

Глава 5
Женщина-боец в 1941 году

Введение. «Верю в своего "максимчика"»

Одесса. Август 1941 года. Лейтенант Иван Гринцов бежал по траншее на левый фланг занимаемой его ротой позиции. Там держал оборону новый пулеметный расчет, с бойцами которого он как командир еще не успел познакомиться. И вот враг начал очередное наступление силами пехоты, а этот расчет молчал. Должно быть, у пулеметчика-новобранца сдали нервы. Достигнув расположения нового расчета, Гринцов увидел, что пулеметчик лежит за своей машиной наготове, внимательно следя за приближающимся противником. Позднее Гринцов вспоминал, что хотел уже оттолкнуть солдата и открыть огонь, но тут пулемет наконец заработал[1].

> Но в это мгновение пулемет заговорил, — вспоминал еще один свидетель, политработник Яков Васьковский. — Солдаты противника скопились на узком участке. И первая же очередь скосила чуть не половину. Они были так близко, что и спрятаться уже некуда. Последние повалились метрах в тридцати от пулемета. В наших окопах кричали «ура». Такого действия пулеметного огня, кажется, еще никто в роте не видел [Васьковский 1967: 135].

Незаурядная отвага и смертоносная точность стрельбы с близкой дистанции говорили о том, что пулеметчик обладает завидной

---

[1] Воспоминания Ивана Гринцова см. в [Гармаш 1968: 124–125].

выдержкой, отличными навыками стрельбы и прекрасными способностями к тактическому расчету. Дать врагу подойти к окопам как можно ближе, чтобы стрелять в упор, стрелять до тех пор, пока первые шеренги не будут уничтожены, а последние не отступят — таков, по воспоминаниям еще одного защитника Одессы, Петра Гармаша, был боевой почерк двадцатилетней пулеметчицы Нины Ониловой — именно ее работу, как оказалось, и наблюдал на позиции Гринцов. Когда огонь стих, боец обернулся и лейтенант «увидел, что перед ним девушка — загорелая, с круглым веселым лицом, по-мальчишески коротко остриженная». «Молодчина! — воскликнул Гринцов. — Ты только посмотри, сколько там лежит фашистов!» [Гармаш 1968: 125].

Онилова погибла восемь месяцев спустя, 8 марта 1942 года, защищая другой осажденный черноморский город — Севастополь. Ей было посмертно присвоено звание Героя Советского Союза[2]. За время ее боевого пути — весьма длительного по меркам советско-германского фронта — Онилова, ее боевой почерк и ее пулемет «максим» вошли в легенду, стали частью устной и письменной истории ее подразделения. «Верю в своего "максимчика"», — любила повторять Онилова, объясняя Гринцову и многим другим как секреты своего военного искусства, так и суть своих отношений со смертоносным оружием: пулемет был надежный товарищ и средство самовыражения в бою [Васьковский 1967: 136][3] (илл. 13).

Эффектное, запомнившееся однополчанам вступление Ониловой в бой позволяет нам рассматривать войну, а именно военную технику, не только как разрушительную силу, но и как платформу для солдатского самовыражения. В случае женщин-солдат военная техника и умение ее применять в бою сыграли

---

[2] Нина Онилова была представлена к званию Героя Центральным комитетом ВЛКСМ 18 декабря 1944 года. Согласно документам, хранящимся в РГАСПИ, официально звание было присвоено ей только в 1965 году (РГАСПИ. Ф. М-7. Оп. 2. Ед. хр. 939. Л. 4–11).

[3] См. также [Коломиец 1967: 205–207; Смирнова-Медведева 1967: 89]. См. также выдержки из записных книжек Ониловой: РГАСПИ. Ф. М-7. Оп. 2. Ед. хр. 939. Л. 17–19.

Илл. 13. Нина Онилова. 1941–1942.
Из собрания РГАСПИ

огромную роль в переосмыслении гендерной сущности современного солдата[4]. Когда в 1941 году, на передовую начали прибывать первые женщины-бойцы и медработники, боевые действия — по большей мере отступление и оборона городов и военных объектов уже в тылу противника — происходили в условиях всеобщей демеханизации. Тем интереснее ситуации, в которых женщинам-добровольцам доверяли не только в буквальном смысле бесценную технику, но и успех военных операций и жизни солдат.

Что же происходило на фронте, в тех боевых пространствах, где мужчины и женщины сражались вместе? Удалось ли девушкам-добровольцам воплотить в жизнь новое представление о себе — гражданине, солдате и женщине — в повседневной фронтовой рутине и в бою? И как мужчины — солдаты и командиры — реагировали на присутствие женщин в боевых частях, объясняли самим себе это присутствие и научались сражаться и выживать вместе с женщинами-бойцами?

---

[4] См. основополагающие работы по проблеме механизированного применения силы и индивидуальных действий: [Фассел 2015; Fussel 1989. Fussel 2003; Keegan 1976; Leed 1979; Merridale 2006].

Нижеследующее представляет собой попытку исторического повествования о конфликтующих и созидательных способах концептуализации и воплощения гендерных отношений на фронте в 1941 году.

Куда делись наши самолеты?

Летом 1941 года миллионы советских граждан уходили добровольцами на фронт, боясь, что война может закончиться еще до их прибытия в боевые части. Однако к концу лета и началу осени военные действия стали принимать неожиданный для всех характер. В августе 1941 года Приморская армия, бойцом которой стала Нина Онилова, уже второй месяц защищала Одессу. Город-порт был отрезан от основных сил, практически окружен и получал пополнения только водными путями по ночам. Линия фронта, растянувшаяся от Черного до Балтийского моря, под давлением наступающих сил противника сместилась вглубь советской территории на 300–600 километров. Войска Красной армии вынуждены были постоянно вести бои в условиях окружений и лихорадочных перегруппировок.

Создававшаяся военными пропагандистами и массовой культурой на протяжении более чем десятилетия картина современной войны — знакомые всем образы идущих в атаку самолетов и танков и поддерживающей их артиллерии — и теперь казалась бойцам абсолютно верной, но с одной оговоркой: она в точности отражала широкомасштабные действия немецких дивизий.

Хотя газеты многое сознательно недоговаривали, из сообщений советской прессы можно было в общих чертах понять, что происходило на фронте на этом раннем этапе войны. Немецкое наступление проходило в соответствии с передовыми стратегическими установками того времени, представляя собой массированную, хорошо технически подготовленную операцию на фронте протяженностью в сотни километров. Оно началось утром 22 июня, когда бомбардировщики пересекли границу, вторгшись в воздушное пространство прибалтийских республик, Белоруссии, Украины и Крыма. Немецкая авиация подвергла бомбардировке города в глубоком тылу⁵. За воздушными налетами следовали артиллерия, танки, механизированная пехота. Нельзя сказать, что немецкое наступление проходило в точном соответствии с советской доктриной современной механизированной войны, но все же в нем легко было различить многие знакомые по этому сценарию моменты. Это наступление было как бы вариантом военной операции при Халхин-Голе, но только выполнялась она германским вермахтом на огромных пространствах СССР⁶.

В сообщениях Информбюро эвфемизмы «героическое сопротивление» и «изматывание противника» скрашивали факты отхода советских частей на сотни километров вглубь страны⁷. Гордые описания военной техники исчезли с газетных страниц. Картина механизированной войны сменилась симптоматичным явлением: теперь журналисты предпочитали рассказывать о подвигах отдельных людей. От образа современной войны остался одинокий солдат — такой как героический летчик Талалихин, совершивший таран немецкого бомбардировщика во время битвы под Москвой. Переключение внимания с широкомасштабной механизированной войны на использование техники в отчаянных актах личного героизма было знаком — хотя об этом и не говорилось вслух — катастрофических поражений и резкого сокращения техники, имевшейся в распоряжении Красной армии⁸.

К концу лета преимущество РККА над вермахтом по количеству боевых машин полностью исчезло. Вместе с огромными

---

⁵ См. первые обращения по радио к советскому народу В. М. Молотова и И. В. Сталина в «Правде» от 23 июня и 4 июля 1941 года.

⁶ См., например, ежедневные утренние и вечерние сводки о положении на фронте «От Советского Информбюро» в «Правде» 25 и 29 июня и в «Комсомольской правде» от 6 июля и 21 августа 1941 года. См. также репортажи журналистов, например: *Галин Б.* Лейтенант Телегин // Красная звезда. 1941. 13 августа.

⁷ См. речь Сталина по радио (Правда. 1941. 4 июля).

⁸ *Талалихин В.* Как я протаранил немецкий самолет под Москвой // Красная звезда. 1941. 8 августа. См. также: От Советского Информбюро // Правда. 1941. 29 июня.

территориями и сотнями тысяч солдат были потеряны десятки тысяч единиц техники. Только за первый день — 22 июня 1941 года — немецкие бомбардировщики уничтожили на аэродромах 1200 советских самолетов. К началу июля Красная армия потеряла или вынужденно оставила в боях при отступлениях и окружениях более 4000 самолетов, почти 12 000 танков, 19 000 артиллерийских орудий и минометов. К началу битвы за Смоленск 10 июля в распоряжении Красной армии было только 135 танков, что составляло всего лишь седьмую часть от задействованной в операции немецкой бронетехники. Самолетов с красными звездами на крыльях в небе над Смоленском видно не было вовсе. Два месяца спустя, в сражении за Киев, которое закончилось одной из самых крупных побед Германии во Второй мировой войне, потери Красной армии в технических средствах оказались совсем невелики, поскольку их к тому времени почти не осталось. На более чем 500 000 взятых в плен красноармейцев пришлось только 64 танка и примерно 2000 пушек. Ни один самолет захвачен не был [Соколов 1998: 130, 164]; Зюзин 1998: 171; Раманичев 1998: 195][9].

Пресса военного времени в основном избегала темы всеобщей (хотя и временной) демеханизации Красной армии. Ветераны же вспоминают, что отсутствие обещанной техники и невозможность грамотно и полноценно участвовать в современной войне вызывали у солдат «потрясение» и «гнев». С довоенным сценарием механизированной войны приходилось на некоторое время распрощаться. Но довоенные образы были частью самоидентификации советского человека, и сразу отказаться от них бойцы не могли. Так, в начале июльской битвы за Смоленск пехотинцы Западной группы армий, которым вскоре предстояло попасть в окружение, все еще продолжали надеяться на появление советских самолетов. Они сосредоточенно вглядывались в небо, как рассказывают очевидцы, ожидая, когда же появятся самолеты

---

[9] Анализ соотношения германских и советских сил и технических средств к июню 1941 года и на первых этапах войны см. в [Mawdsley 2005, Chaps. 2, 13], а также [Kirshin 1997; Wegner 1990].

с красными звездами [Зюзин 1998: 171][10]. Это напрасное ожидание техники, любой техники — самолетов, танков, зениток, противотанковых пушек, — которая все не появлялась, вызывало у красноармейцев на начальном этапе войны чувство физической и психологической уязвимости, ощущение краха. Тактика вермахта — концентрированное использование боевых машин преимущественно на узких участках — еще сильнее обостряла ощущение технической слабости РККА и мощи вражеского механизированного натиска.

К концу лета 1941 года на участке фронта под Одессой, где начинала свой боевой путь Нина Онилова, появления советской техники уже никто не ждал. Как вспоминала другая пулеметчица, Зоя Медведева, в первые пять дней пребывания на передовой (этому периоду она посвятила свою вторую книгу воспоминаний — «Мы сражались под Одессой») ей приходилось то выдерживать моторизованные атаки врага, не имея возможности ответить тем же, то вступать в рукопашные бои на нейтральной полосе и в своих окопах.

Будни такой неравной войны были суровыми. Только за один день — второй из проведенных ею на передовой — Медведева пережила несколько бомбардировок и сильных артиллерийских обстрелов, минометный обстрел своего пулеметного расчета, одну танковую атаку и пять атак пехоты. Отсутствие советских самолетов и танков казалось ей чем-то само собой разумеющимся, так же как недостаток снарядов и жесткое нормирование патронов. На Приморском фронте рев двигателей и грохот артиллерии ассоциировался с действиями врага [Медведева 1972: 32–35][11].

---

[10] См. также военные и послевоенные описания событий 1941 года, в том числе: *Полевой Б.* Школа ненависти // Правда. 1942. 22 октября; *Эренбург И.* Изгнание врага // Красная звезда. 1943. 9 сентября.

[11] Более ясно скудость техники видна из мемуаров командующего Приморской армией генерал-лейтенанта Г. П. Софронова, который вспоминал о том, что приходилось отменять атаки и контратаки из-за того, что его и без того небольшие артиллерийские подразделения не имели снарядов. См. [Софронов 1967: 13–14].

Наиболее распространенным из доступных технических средств в окопах под Одессой был станковый пулемет — модернизированный в 1910 году русский вариант «максима»; именно с ним сражались как Онилова, так и Медведева. Незаменимый при отражении вражеских атак, «максим» был малопригоден в ближнем бою. В такие моменты все бойцы роты, в которой служила Медведева, орудовали штыками, кулаками, ножами и пистолетами, вступая в бой на подступах к окопам или непосредственно в траншеях [Медведева 1972: 35].

В первый год войны техническое превосходство врага можно было наблюдать не только в бою. «В сорок первом, да еще и в сорок втором, — вспоминала летчица-штурмовик Анна Егорова, — гитлеровцы могли позволить себе такую роскошь — погоняться по полям за одиноким русским солдатом на танке, построчить из всех пулеметов и пушек, свалившись с неба». Егорова рассказывала о такой «войне» не понаслышке. В 1941 году она выполняла обязанности летчицы эскадрильи связи штаба Южного фронта. Она летала на разведку, доставляла приказы и донесения из одной части в другую и, как большинство летчиков в ее эскадрилье, мечтала о переводе в боевую авиачасть. Один из печальных эпизодов произошел с ней уже в мае 1942 года, когда ее легкий небоевой самолет был сбит немецким истребителем. Враг продолжал обстреливать ее и на земле, когда она бежала от горящей машины через кукурузное поле: «А я все бежала и бежала. Временами падала, притворяясь убитой... Когда "месс" уходил на разворот, я вскакивала... и снова бежала... Израсходовав весь боекомплект, фашист улетел» [Тимофеева-Егорова 1983: 65].

Тамара Сычева, в будущем командир противотанкового артиллерийского взвода, вместе с мужем наблюдала подобные сцены летом 1941 года на Юго-Восточном фронте под Львовом. В своих мемуарах Сычева вспоминает слова мужа, который пытался удержать ее от ухода на фронт: «Видишь, сколько у них <немцев> техники... за каждым солдатом гоняются» [Сычева 1989: 19].

В условиях, когда бо́льшая часть советской военной техники была уничтожена, повреждена или оставлена врагу, оставшаяся часть, разумеется, приобрела особую значимость, а бойцы, которым она была доверена, стали играть особую — символическую — роль.

В 1941 году пулемет часто оказывался единственной доступной красноармейцам боевой техникой. Вследствие этого пулеметчики находились в центре внимания однополчан — от них зависела жизнь многих — а сами пулеметы становились инструментами для демонстрации личных качеств и боевых навыков. Для Медведевой и ее подруг механизированные «оазисы» РККА стали пространствами, в которых их самоидентификация как женщин-солдат приобретала живые конкретные формы.

В женских воспоминаниях мечты о современной войне касались не только владения пулеметом. Девушки-добровольцы стремились в артиллерию, танковые дивизии и, конечно, военную авиацию — как раз в те рода войск, которые почти прекратили свое существование в начале войны. Пушки, танки, самолеты — были на вес золота. Военная техника становилась не правом, а привилегией советского военнослужащего. В условиях общей демеханизации многие шли на компромисс и становились медработниками. Проявив себя в бою, они переводились в части своей мечты уже на передовой.

Именно таким образом Тамара Сычева, дипломированный снайпер, оказалась в противотанковой артиллерии: ее твердое осознание себя как женщины, чье место «было на батарее», а не в медсанбате, было поддержано военным и партийным руководством ее части и даже самим медсанбатом, в котором она служила. В конце лета 1941 года ее полк отступал, а Сычева отмечала маленькую личную победу. Попав на батарею, она знала, что теперь сможет реализовать «свое призвание» женщины-артиллериста [Сычева 1989: 8, 50–52].

Путь в танковую часть Ирины Левченко занял гораздо больше времени, но он тоже начался на передовой — во фронтовом госпитале. Когда в деревню, где располагался ее госпиталь, вошел танковый взвод, Левченко влюбилась в танк с первого взгляда — он воплощал для нее ту современную войну, с которой стоило связать свою жизнь. В воспоминаниях, опубликованных в начале 1980-х, она описывала свое решение стать танкистом:

> При виде танков мечты о самолете поблекли. Танки! Вот о чем должно мечтать, к чему стремиться! Ничто, кажется мне, не может сравниться с чувством огромного подъема, которое охватывает вблизи танка... Воевать в танковой части, быть танкистом — значит воевать на главном, решающем направлении. Так казалось мне тогда, так думается и теперь [Левченко 1983: 79][12].

Гендерные споры на передовой

Сражавшиеся на передовой в 1941 году Нина Онилова, Зоя Медведева, Тамара Сычева и Ирина Левченко принадлежали к женщинам-солдатам, число которых в промежутке между июлем и декабрем 1941 года насчитывало 17–27 тысяч человек[13]. В отличие от Ониловой и Медведевой, бо́льшая их часть служила медиками и связистами в пехоте, а также в качестве медперсонала во фронтовых госпиталях. В 1941 году в артиллерии, военно-воздушных и бронетанковых силах женщин, как правило, не было. Случай Тамары Сычевой, ставшей санитаркой в артиллерийской батарее еще в июне 1941 года и вскоре перешедшей в противотанковую часть, был скорее исключением для специа-

---

[12] О мечтах, связанных с механизированной войной, см. также в воспоминаниях медработницы С. Найденовой («Девушки в шинелях»), начальника штаба батальона А. Майлова «Под Новой Руссой», комсорга полка В. Кохася («Маша и Наташа») в кн. [Некрасов 1975]. Воспоминания мужчин и женщин и очерки о том, как воевали в 1941 году женщины — автоматчицы, пулеметчицы, снайперы и разведчицы — см. также [Лоскутов 1966: 282–285; Бочаров 1967: 196–197]. См. также о боевых путях 31 женщины-добровольца в 1941 году в их письмах, дневниках и записках: [Минаева и др. 1964].

[13] См. главу 4 и таблицу 2 в приложении. Цифры указывают на нижнюю и верхнюю границу числа женщин и были посчитаны с учетом среднего для 1941 года уровня потерь советских войск (142 %), который вычитался из общего числа ушедших на фронт комсомолок на 1 января 1942 года. Согласно спискам членов армейских комсомольских организаций боевых частей, на этот день в строю оставалось только 8683 женщины-комбатанта из числа тех, кто попал на фронт в 1941 году. Это число не включает девушек, служивших и работавших в тыловых военных округах (34 979), а также служивших в диверсионных и партизанских отрядах, сформированных и подготовленных ВЛКСМ в период с июня 1941 по январь 1942 года.

лизированных войск в первый год войны. Большинство женщин — будущих бойцов противотанковых соединений, командиров полевых противовоздушных частей, летчиц, зенитчиц, танкистов и младших командиров — начали приходить в оснащавшиеся техникой специализированные боевые подразделения не ранее конца 1942 — начала 1943 года.

Для большинства женщин, служивших в медицинских частях и в войсках связи, судя по их воспоминаниям, их тогдашний статус — санинструктор или связистка — воспринимался ими как первый шаг навстречу тому, что они считали сутью войны — сражаться с оружием в руках. Но даже не имея в своем распоряжении оружия и техники, служившие военными медиками женщины и мужчины обладали в Красной армии статусом полноправных пехотинцев, и этим обстоятельством — наличием в боевых частях военнослужащих-женщин — советские вооруженные силы отличались от всех других стран — участниц Второй мировой войны.

Однако иерархия представлений о роли тех или иных участников боевых действий была такова, что спасение солдат под огнем противника ценилось ниже, чем уничтожение врага. Массовый приход девушек в военно-медицинские части в 1941 году еще больше закрепил эту иерархию, добавив к ней отчетливый гендерный аспект. Хотя девушки никогда не составляли среди военных медиков большинства, фигура женщины-санинструктора служила ориентиром для разделения боевых пространств на мужские и женские, то есть традиционным образом упорядочивала структуру советских вооруженных сил[14].

Такое деление передовой на «мужское» пространство, где сражались и гибли мужчины, и «женское» пространство, где женщины не сражались, а спасали солдат под огнем противника, и не гибли, а жертвовали собой, конечно же, противоречило объективным реалиям боя. Казалось, лицемерие такой гендерной конструкции должно быть очевидно всем — современный бой

---

[14] В ходе войны советские корпус военных медиков на 40 % состоял из женщин. См. [Мурманцева 1979: 148].

не повиновался традиционным гендерным императивам и идеалам. И тем не менее, как рассказывают женщины-добровольцы, риторика о строгом гендерном делении передовой была главным оружием тех, кто протестовал против участия женщин в боевых действиях и одновременно не имел ничего против, если женщины оказывали медицинскую помощь в бою и погибали.

Так, прибыв на фронт в составе пулеметного взвода, Зоя Медведева была просто вычеркнута из списков личного состава своим новым командиром взвода Петром Нестеровым, молодым человеком ее возраста. В своих воспоминаниях Медведева писала, что, когда в день прибытия были собраны списки пополненных взводов, «недосчитались одного бойца-пулеметчика... <...> Пропавшим бойцом была я» [Смирнова-Медведева 1967: 11][15].

Объясняя начальству, почему он исключил Медведеву из списка бойцов взвода, Нестеров охарактеризовал ее как «бабу». Этот эпитет предельно ясно сказал начальству о его отношении к участию женщин в боевых действиях. «Баба» — одно из самых богатых по коннотациям слов, выражающих традиционные гендерные прототипы в русском языке. Оно отсылает к многочисленным женским особенностям и недостаткам: тут и более низкое положение женщины по отношению к мужчине в моральном и интеллектуальном плане, и прирожденная некомпетентность, и способность приносить неудачу. Этот смысл был совершенно ясен не только начальству Нестерова, но и самой Медведевой. В то же время Нестеров не хотел сказать, что «баба» — хотя она и не должна участвовать в «мужском деле» — обязана тут же покинуть зону боевых действий. Он полностью разделял мнение о том, что медицинская помощь в условиях боя была, удивительным образом, женским делом и предлагал сделать Медведеву санинструктором [Медведева 1972: 25].

В 1941 году у такой гендерной логики были оппоненты. Прежде всего сами женщины-добровольцы. Мужчина, с его претензиями на окончательность суждений безапелляционно заявляющий, что не понимает и не принимает присутствия женщин на передовой

---

[15] См. также: [Сычева 1989: 52; Кулаков 1982: 40; Молчанов 1985: 144].

в качестве солдата, воспринимался женщинами весьма критично. Отпор подобным героям женщины давали незамедлительно: безапелляционные заявления получали развернутые опровержения, традиционные обоснования женских и мужских ролей на фронте разбирались на составные части, и их несостоятельность предъявлялась их авторам. Невозможность уединиться в военных частях вообще, и в окопах — в особенности, превращала эти гендерные споры почти что в публичную перепалку в масштабе взвода или роты. По воспоминаниям женщин, продолжительные препирательства о смысле и месте женщины на войне всегда происходили на публике. Находившиеся рядом в траншеях или блиндажах бойцы составляли их небольшую, но постоянную аудиторию [Смирнова-Медведева 1967: 13].

Как рассказывала в своих воспоминаниях «Держись, сестренка!» Анна Егорова, для нее не составляло особого труда объяснить на конкретных примерах, какими зыбкими и несостоятельными становятся на войне общепринятые противопоставления полов в боевых ситуациях. Так, вступив в спор с немолодым батальонным комиссаром Игнашовым, убеждавшим ее, что желание стать летчицей-штурмовиком и выполнять опасные задания на Ил-2 «не подходит женщине», Егорова показала себя красноречивым и умелым критиком фантастического разделения боевого пространства современной войны на женское и мужское:

> А что же подходит женщине на войне, товарищ комиссар? — с вызовом спросила я. — Санинструктором? Сверх сил напрягаясь, тащить с поля боя под огнем противника раненого? <…> Или, может, легче врачом? <…> — Игнашов хотел что-то сказать, но остановить меня было уже трудно. — Видимо, легче быть заброшенной в тыл врага с рацией? [Тимофеева-Егорова 1983: 78].

Рассказ о гендерных спорах на передовой будет не полным без еще одного героя. На передовой, если верить женским и, как мы увидим, мужским воспоминаниям, участники споров не принадлежали к двум непримиримым гендерным лагерям. Безусловно, появление девушек в боевых частях нередко вызывало у бойцов-мужчин непонимание и протесты. Но помимо этого оно выявляло и наличие мужчин, которые узнавали в женщине-бойце тот знакомый им еще с довоенных времен тип «советской женщины», к которому принадлежали их сестры, жены и дочери, также рвавшиеся уйти на фронт. В неформальных и формальных беседах, как вспоминают женщины-ветераны, мужчины делились с ними рассказами о своих близких. Так, Медведевой довелось услышать, как один солдат говорил про нее другому: «Видно, боевая деваха. Сестренка моя тоже рвалась в военкомат, да мать не пустила. Шестнадцать годков только исполнилось» [Медведева 1972: 10, 54].

Батальонный комиссар Игнашов тоже, как оказалось, очень хорошо был знаком с типом женщины, который олицетворяла Егорова. Выслушав ее пылкие и проницательные возражения, он не стал спорить, оставив без прямого ответа вопрос Егоровой, почему женщине можно рисковать жизнью в бою в качестве санинструктора, но нельзя погибнуть в бою в качестве пилота штурмовика. Вместо того чтобы продолжать спор, Игнашов улыбнулся и заметил, что у него «такая же сумасбродная дочь»: работала в тыловом госпитале, «так нет, ей обязательно нужно на фронт, на передовую» [Тимофеева-Егорова 1983: 79]. То, что он охарактеризовал свою дочь и Егорову как «сумасбродных», не значило, конечно, что он одобрял этих девушек. Однако признание существования альтернативного гендерного отношения к реалиям войны лишало изначальный постулат Игнашова, что война «не подходит женщине», его претензии на универсальность и позволило Игнашову отказаться от своих возражений и помочь Егоровой. «Беседа с Игнашовым явно затягивалась, но расстались мы, как старые друзья» [Тимофеева-Егорова 1983: 79].

Воспоминания мужчин также помогают восстановить всю сложность гендерных споров на передовой и возникающих из них новых отношений и дискурсов. Рассказы об ушедших на фронт дочерях, сестрах, женах и женщинах-однополчанках подчеркивают то, что женщина, стремящаяся принять участие в боях, представляла собой узнаваемое явление — новую «концепцию» женщины: так, по словам ветерана Александра Кулакова, его товарищи танкисты отзывались о 19-летней связистке танковой части Валентине Бархатовой, желавшей стать водителем танка [Кулаков 1982: 41].

В воспоминаниях ветеранов встречается множество попыток рассказать о женщинах-бойцах, не прибегая к полярной логике традиционных гендерных представлений. Такие понятия, как «боевая девушка», «особенная» девушка, «смелая и решительная» девушка, «своенравная» девушка, в воспоминаниях и письмах ветеранов-мужчин свидетельствуют о том, что мужчины на передовой активно вырабатывали новый гендерный язык, который не предполагал универсальных означений гендерных различий в современной войне [Кулаков 1982: 35][16].

В отсутствие четкой партийно-государственной политики по отношению к женщинам-добровольцам в 1941 году, командиры на передовой, еще в большей степени чем офицеры в военкоматах, содействовали развитию альтернативных взглядов на женскую и мужскую природу и созданию новых гендерных отношений. Так, женщины-ветераны, добившиеся права участвовать в боях, много пишут в воспоминаниях о младших командирах, которые пресекали разговоры о «бабах» и самостоятельно принимали решения о де-факто гендерной реорганизации частей в их подчинении.

И Зоя Медведева, прошедшая подготовку в тылу, и Тамара Сычева, освоившая противотанковую пушку уже на фронте, вспоминают командиров и политработников, поддержавших их желание сражаться. Завершая рассказ о своем первом дне на передовой, Медведева пишет, что командир ее роты лейтенант Иван Самусев (непосредственный начальник Нестерова) говорил на близком ей гендерном языке. Не обнаружив фамилии Медведевой в списке личного состава взвода, он попытался переубедить Нестерова перед строем его солдат и поддержал желание Медведевой воевать именно в качестве пулеметчицы, охарактеризовав

---

[16] См. также: [Лелюшенко 1985: 104]; письма танкиста Славы своей подруге, штурману полка ночных бомбардировщиков Евгении Рудневой [Руднева 1995: 239].

ее как «смелую девку, <которая> дело свое <пулеметное> знает» [Медведева 1972: 25]. Убедившись в том, что переубедить Нестерова не удастся, лейтенант просто приказал подчиненному считать пулеметчицу бойцом своего взвода. Свой приказ он объяснял тем, что приход женщин в вооруженные силы является очередным шагом на пути женской эмансипации. По словам Медведевой, Самусев заверял своих солдат: «У других — рады-радешеньки, что в боевую семью приходят девушки», удивляясь, почему «в нашей роте» не все принимают то, что девушки участвуют в боях повсюду [Смирнова-Медведева 1967: 12].

Тамара Сычева при переходе в противотанковую батарею также не была лишена мужской помощи. На этот раз помощниками оказались молодой командир орудия и комиссар полка. Мужчины, помогавшие Сычевой, не всегда соглашались с ее рассуждениями о ее прирожденном призвании женщины-артиллериста. Их поддержка скорее основывалась на альтернативном понимании современного солдата-гражданина — статусе, который, по их мнению, больше не являлся привилегией исключительно мужчин. Первый командир Сычевой исходил из того, что солдатом сегодня может стать тот, кто психологически готов участвовать в механизированной войне и способен овладеть теми или иными видами оружия. Поэтому он подбадривал Сычеву, утверждая, что та «скоро будет настоящим артиллеристом», хотя она все еще оставалась санинструктором [Сычева 1989: 39]. Комиссар полка следовал другой логике, но так же, как и командир орудия, не связывал идентичность солдата-гражданина с полом в соответствии с традиционными гендерными стереотипами. Обращаясь к наводчику, возражавшему против перехода Сычевой в боевую часть, комиссар задал риторический вопрос о женщинах: «Кто смеет запретить им защищать свою Родину?» Разумеется, привести причины для такого запрета было нетрудно, однако тон комиссара не допускал возражений [Сычева 1989: 52].

Воспоминания командиров-мужчин, помогавших девушкам остаться в боевой части или перейти в нее, показывают, что такая, вполне осознанная, поддержка происходила не без внутренней борьбы и сомнений. Хотя женщинам казалось, что мнение мужчин безусловно совпадает с их собственным, на самом деле многим мужчинам-офицерам нелегко было примирить в сознании традиционно противоречащие друг другу понимания «женщины» и «солдата». Искреннее желание считать женщин равноправными солдатами и готовность разделить с ними передовую сталкивалось с невольным стремлением оберегать их. Я предлагаю интерпретировать подобные внутренние конфликты в качестве свидетельства того, что на фронте гендерные отношения можно было осмыслять либо в рамках традиционных, бинарных противопоставлений, либо за рамками. Противоречивые и необязательно разрешавшиеся в пользу девушек споры об их роли в современной войне как раз и сохранили для нас примеры того, как ранее, казалось бы, несокрушимая гендерная организация действующей армии теряла свою несокрушимость. Мужчины-ветераны, вспоминавшие о трудном выборе, который они делали, решая поддержать женщин-бойцов, по-своему выражали один из главных тезисов этой книги: процесс общественного принятия альтернативных гендерных форм не укладывается в общепринятую метафорику чудесного преображения. Для многих научиться мыслить и действовать вразрез с простыми, построенными на противопоставлениях гендерными различиями можно было только в результате долгого и болезненного процесса.

Полковой комиссар К. В. Максименко в своих воспоминаниях сумел хорошо передать эту противоречивую динамику поддержки женщин-солдат. Он подробно описывает, почему в конце концов решил поддержать просьбу одной радистки перевести ее в воздушные стрелки. Максименко объяснял, что ему «хотелось уважить ее просьбу» и «не сдерживать порыв боевой, смелой девушки» традиционными запретами. Но, тут же переключаясь на ту самую гендерную логику, которой он сопротивлялся, Максименко добавлял, что «в то же время было жаль подвергать ее такому <смертельному> риску» [Максименко 2001: 235].

Девушку, о которой шла речь в этих воспоминаниях, звали Наталья Максимова. Благодаря решению Максименко она сражалась в качестве стрелка-радиста на пикирующем бомбардировщике и погибла вместе с мужским экипажем при выполнении боевого задания в апреле 1945 года. Когда Максименко писал свои мемуары, для него все еще оставался открытым вопрос, правы ли были они с командиром авиаполка, когда согласились на ее просьбу. В зависимости от того или иного определения понятия «женщина» он пытался понять, не лишил ли он Максимову ее призвания стать матерью (призвания, которое она не выбрала себе сама) или, наоборот, только помог ей самореализоваться в качестве женщины-бойца — а он ведь и сам был о ней такого мнения [Максименко 2001: 235–236][17].

Описывая эти внутренние конфликты в рассказах о своей поддержке желавших сражаться девушек, мужчины-ветераны словно предупреждают нас о недопустимости применения только одной модели субъективности для объяснения всего разнообразия исторических апроприаций и разрешения гендерных конфликтов того времени.

И все-таки, как свидетельствуют командир разведроты Сергей Хитаров, приход девушек в боевые части в 1941 году не всегда сопровождался мучительными сомнениями. Хитаров записал свои воспоминания в 1946 году по просьбе местного комитета ветеранов войны и посвятил их разведчице и автоматчице Марии Байде, с которой сражался во время обороны Севастополя осенью и зимой 1941 года. Он хотел написать о Байде целую книгу, но в 1946 году написал пять машинописных страниц. Согласно Хитарову, именно он принял решение об участии Байды в боевых действиях, и об этом решении он никогда не жалел.

Однажды зимой 1941 года, начал свой рассказ Хитаров, Мария Байда, служившая санинструктором, пришла к нему в блиндаж. Это была 19-летняя «девушка высокого роста, открытое веселое лицо». В полку Марию все знали как храбрую медсестру, бес-

---

[17] Описание сходных спорных вопросов и чувств, которые офицеры-мужчины испытывали по отношению к двадцатилетней танкистке Валентине Бархатовой, см. в [Кулаков 1982: 46]; по отношению к пулеметчице Зое Медведевой см. [Хренов 1975: 213–214]; по отношению к снайперу Алии Молдагуловой см. [Смородкин 1985: 12]; см. также воспоминания командира зенитного орудия Валентины Чудаевой в [Алексиевич 1985: 140].

Илл. 14. Мария Байда после войны. Из собрания РГАСПИ

страшно помогавшую раненым на поле боя. Она особо отличилась во время «особо тяжелых боев» в ноябре 1941 года, когда враг непрерывно атаковал в течение десяти дней. Мария

> не покидала поле боя, — вспоминал Хитаров, — под осколками мин, снарядов, под дождем свистящих пуль, под вой рвущихся бомб, она творила поистине чудеса, оказывая первую помощь. <...> Ежесекундно рискуя жизнью, она выносила тяжелораненных из самой гущи боя. Десятки раненых обязаны ей жизнью. Ее имя как сестры-спасительницы передавалось из уст в уста[18] (илл. 14).

Оставаясь рядовым санинструктором, Байда мечтала стать полноправным бойцом. Или, как пишет другой воевавший рядом с ней ветеран Сергей Бондарин, «ее мечтой» было «получить

---

[18] *Хитаров С.* Воспоминания командира разведроты Хитарова о Марии Байда (РГАСПИ. Ф. 7. Оп. 2. Ед. хр. 104. Л. 94). Хитаров так и не написал книгу о Марии.

личное оружие — автомат» и «вступить в прямой бой с врагами»[19]. Как следует из армейских листовок, мечты Марии и, в частности, ее желание стать разведчицей были хорошо известны товарищам по батальону. Вот только Хитаров ничего не знал о планах Марии в тот зимний день, когда она попросила перевести ее в разведроту:

> Товарищ начальник, возьмите меня в разведку, — сказала она и замерла. Я от неожиданности обалдел. Карусель мыслей... Разведка... девушка, даже смешно стало. «Мария, о чем ты говоришь? Ты ведь не знаешь, что такое разведка. Нет, нет, девчина, работай на медпункте, польза от тебя и там велика». Похлопал я ее по плечу. «Товарищ начальник, возьмите, — настаивала она. — Если не возьмете, пойду к командиру полка, все равно буду в разведке», — твердо заявила она. И надо было видеть ее лицо, ее глаза — в них был такой огонь, огонь, который может быть только у людей сильных, уверенных в себе. И Мария стала разведчиком[20].

Для Хитарова, согласно его повествованию, переход Байды в разведроту не был ни исключением из правил, ни выходящей из ряда вон уступкой. Причина состояла в другом. Командир разглядел в Байде некое внутреннее качество — «сильный» характер — которое, по его мнению, причисляло молодую женщину к особому разряду людей. Причем этими особыми людьми могли быть как мужчины, так и женщины. Именно это внутреннее качество убедило его в том, что девушка может стать бойцом. Хитарову потребовалось всего несколько секунд, чтобы понять это. Байда — «девчина», чье участие в боевых действиях казалось «смешным», вдруг преобразилась в его сознании в Марию — «сильного человека» и разведчицу. Сам Хитаров пережил два

---

[19] *Бондарин С.* Маруся — дочь Севастополя // Литературная Россия. 1965. 16 апреля; см. также: *Галышев С.* Разведчица Мария Байда // Известия. 1942. 27 июня.

[20] *Хитаров С.* Указ. соч. Л. 94; см. также: *Бондарин С.* Указ. соч.; *Галышев С.* Указ. соч. Шесть месяцев спустя, в июне 1942 года, Мария Байда стала первой женщиной-комбатантом, получившей звание Героя Советского Союза за боевые заслуги.

разных эмоциональных состояния: от ошарашенности после просьбы Байды — до восхищения ее внутренней «силой».

Переключаясь между двумя противоположными гендерными установками, Хитаров, однако, не считал, что они исключают друг друга и подрывают его мировоззрение. Последнее, как мне кажется, объясняется тем, что он не придерживался веры в некую универсальную, одну на всех «женскую природу». Некоторые женщины были для него «девчинами», другие обладали характером бойца — и этот характер Хитаров не связывал только с одним полом. Именно такая гендерная гибкость в суждениях о женщине помогла ему избежать конфликта с самим собой.

Сходная готовность считать девушку солдатом отличает воспоминания Бондарина о переходе Байды из санинструкторов в разведчицы. В результате как Хитаров, так и Бондарин посвятили значительную часть своих воспоминаний полностью лишенным самоосуждения описаниям того, как Байда сражалась с врагом. В своих рассказах авторы ставили целью доказать самим себе и читателю, что и они, и другие командиры-мужчины не ошиблись, посчитав, что Байда принадлежит к особому разряду девушек, к которому неприложима максима «война — не женское дело».

Таким образом, для того чтобы поддержать желание девушек воевать, командирам-мужчинам не нужно было прибегать к риторике чрезвычайной военной ситуации. В окопах, где вместе сражались женщины и мужчины, сосуществование разнородных и противоречивших друг другу пониманий гендерных отношений помогало девушкам осуществить свои желания гораздо лучше, чем апелляции к чрезвычайному положению и недостатку бойцов.

Боевое крещение в первый год войны

В 1941 году попавшие на фронт новобранцы ждали своего первого боя недолго: обычно он начинался через считаные часы. В августе под Одессой Зоя Медведева получила боевое крещение на следующий день после зачисления в пулеметный взвод. Времени на гендерные споры о праве женщин участвовать в боях просто не было: идейная схватка быстро сменялась реальным боем. А каждое сражение неизбежно требовало тесного боевого взаимодействия между солдатами — мужчинами и женщинами.

В своих воспоминаниях женщины-ветераны подробно описали, как протесты мужчин против вмешательства «баб» в мужское дело часто оборачивались навязчивым стремлением защищать девушек-солдат в бою. Опираясь на альтернативное понимание гендерных ролей в условиях войны, женщины отмечали парадоксальность мужской опеки, трактуя ее как порождаемый мужским воображением акт самообмана.

Так, например, Медведева вспоминает о том, как Нестеров быстро забыл о своих протестах против ее прихода в свой взвод и начал строить фантастические планы ее спасения в бою. Перед боем командир назначил ее «вторым номером» пулеметного расчета, действовавшего непосредственно под его началом. В тот же день он пытался уберечь Медведеву от опасности, фактически препятствуя выполнению обязанностей «второго номера». Во время одной из яростных атак пехоты противника, когда пулеметчик вел огонь, а Медведева подавала ленту, Нестеров не разрешил ей покинуть укрытие, чтобы набрать воды для раскалившегося докрасна пулемета. Ко всеобщему удивлению, он приказал принести воды первому номеру, который вел огонь. Оба знали, что этот приказ противоречит уставу. Назубок знавшая свои обязанности Медведева проигнорировала приказ командира. Она вышла из дзота и принесла воды.

Объясняя идущие вразрез с уставом действия командира, Медведева писала, что Нестеров не воспринимал ее как солдата. Упорствуя в своем понимании войны как исключительно мужского дела, он чувствовал себя обязанным защитить «бабу» от поджидавшей ее за пределами укрепления опасности. С ее же точки зрения, эти попытки были бессмысленны: «...не было смысла так беречь меня. Осколок мог достать в любом углу дзота» [Смирнова-Медведева 1967: 17–18]. Это утверждение было безусловно верно по отношению к пулеметным расчетам, чьи укрепления представляли собой первоочередные цели для вражеских минометов и попадали под прямой обстрел сразу после того, как их обнаруживали. Через три дня их первый номер был убит, а сам Нестеров получил ранение в том самом дзоте, где он хотел уберечь от вражеского огня Медведеву.

Бессмысленный поступок Нестерова, который мог серьезно ослабить положение взвода, имеет ясный смысл с точки зрения традиционных гендерных условностей. Защита Медведевой была не столько реальным, сколько символическим актом. В угоду себе Нестеров создал воображаемое пространство — внутри дзота, где ему отводилась традиционная мужская роль защитника, а Медведевой — женская роль жертвы.

В таких попытках защиты женщин-солдат в боевой обстановке Медведева видела еще более глубокий смысл. Она пыталась довести до сознания своих многочисленных защитников парадоксальность их позиции, согласно которой она имела полное право погибнуть в бою, выполняя обязанности санитарки, но не имела права умереть как солдат. «Санитаров ведь тоже убивают» — напоминала она всякий раз, когда ей предлагали перейти в медсанбат. Таким образом, Медведева заставляла всех задуматься о гендерном означении смерти — о том, что привилегия умереть солдатом в бою была социально обусловленной мужской привилегий [Медведева 1972: 76].

Стремление мысленно перенести традиционные гендерные роли на боевые ситуации было типично для мужского поведения в эмоционально дестабилизирующей фронтовой ситуации, где солдаты-мужчины сражались бок о бок с молодыми женщинами. Когда мужчина в разгар боя не размышляя бросался на защиту женщины-солдата, он демонстрировал глубоко укоренившиеся принципы гендерной сегрегации, согласно которым женщины не должны были умирать с оружием в руках. Живучая, хотя явно уже подорванная, установка «солдат — это мужчина» вела не только к инстинктивному моделированию сценариев защиты женщин, но и к признаниям мужчин в том, что им психологически тяжело видеть девушек, сражающихся на поле боя [Медведева 1972: 68][21].

---

[21] Другие описания мужского «охранительного» поведения или защитных импульсов при виде опасности, угрожающей солдатам — мужчинам и женщинам, см. [Левченко 1964: 20–21; Чудакова 1965: 317, 327; Кулаков 1982: 67; Головачев 1963: 111].

В воспоминаниях как мужчин, так и женщин есть эпизоды, когда желание защитить девушку-бойца возникает у мужчины после того, как они оба уже несколько месяцев провели вместе на передовой, часто вопреки его ясно заявленной поддержке женщин-фронтовичек и несмотря на осведомленность об их боевых подвигах. Генерал-лейтенант Т. К. Коломиец, командовавший дивизией, в которой воевала Нина Онилова, вспоминал, что познакомился с этой девушкой-бойцом в ноябре 1941 года, после ее возвращения из госпиталя. Уже тогда он хорошо знал ее историю. Ему «не раз рассказывали со многими подробностями» о том, как Онилова воевала на передовой: вела «точный, расчетливый огонь по наступавшим фашистам» и ко времени их знакомства перебила «уже сотни фашистов». Если верить Коломийцу, история Ониловой стала неотъемлемой частью публичного образа его дивизии и всей Приморской армии. Ее история пропагандировалась армейской прессой, упоминалась в политинформациях и передавалась из уст в уста самими бойцами. «В Приморской армии, наверное, не было бойца, который не слышал о ней», — писал Коломиец [Коломиец 1967: 205][22].

Тем не менее в ноябре, когда генерал наконец лично познакомился с Ониловой в своем штабе вблизи Севастополя, он неожиданно для себя не смог отнестись к ней как к легендарной пулеметчице. Когда после ранения она явилась доложить, что прибыла в часть для прохождения службы, все ранее известное об Ониловой вдруг выветрилось из его головы. «Легендарная пулеметчица» превратилась в «девчушку», и генерал думал только об одном: как же ее уберечь? «А я, слушая ее, размышлял: что же мне с этой девчушкой делать, куда пристроить, чтобы было безопаснее? Хватит с нее и одного тяжелого ранения!..» [Коломиец 1967: 217]. Через несколько дней, слушая доклад командира полка, Коломиец признался себе, что был неправ, когда думал об Ониловой как о «девчушке».

---

[22] См. также воспоминания о политпросвещении в Приморской армии: [Смирнова-Медведева 1967: 89].

> Излагая подробности боя, командир Разинского полка назвал среди отличившихся и Нину Онилову, — вспоминал Коломиец. — Бутылкой с зажигательной смесью она подожгла немецкий танк, а из своего пулемета уничтожила до четырех десятков фашистов, уже почти добравшихся до наших окопов. Нина была контужена близким разрывом гранаты, но уйти в санчасть отказалась.

Теперь, слушая командира полка, Коломиец испытывал совсем другие чувства: «Вот тебе и девчушка! — думал я. — А я еще не хотел пускать ее на передовую...» [Коломиец 1967: 217].

Сами девушки-солдаты, со своей стороны, считали одной из главных для себя задач не просто неподчинение традиционным гендерным ролям, которые навязывали им мужчины. В их воспоминаниях традиционная «мужская» концепция войны неоднократно доказывала свою несостоятельность в бою, а четко разграниченные традиционные типы женского и мужского поведения вытеснялись размышлениями об общечеловеческой природе и ее возможностях и пределах.

По их словам, ощущение «оглушенности и раздавленности», особенно в первом бою, не было уделом только одного пола — его разделяли и мужчины, и женщины. Девушки-бойцы сплошь и рядом наблюдали, как мужчин, и новобранцев, и закаленных бойцов, пехотинцев и пулеметчиков, парализовал страх, как их тошнило от бомбежек, как они спасались бегством от наступавшего врага и как — рано или поздно — начинали плакать от отчаяния, бесчисленных потерь товарищей и нервного истощения. Так, через два дня после прибытия на фронт, защищая в одиночку свой дзот, Медведева увидела неподалеку солдата своих лет, дезориентированного и парализованного «животным страхом». «Озираясь, как затравленный зверек», парень не мог взять себя в руки, несмотря на попытки Медведевой подбодрить его и воззвать к чувству окопного товарищества. Пожалев новобранца, Медведева пообещала ему сказать товарищам, что он защищал дзот вместе с ней [Медведева 1972: 45, 60].

Во время этой встречи с юношей-паникером Медведева увидела в первый, но не в последний раз то, как мужчины не выдерживают происходящего на фронте. Сравнивая себя с этим парнем, она решила, что вела себя в первом бою гораздо лучше. Оглушенная и раздавленная, она все же не растерялась до конца и не бросила оружие. Реакция солдата, хотя она и показалось Медведевой чрезмерной, отражала то эмоциональное состояние, которое она, как и любой боец, могла примерить на себя. Обе автобиографические книги Медведевой строятся именно на этой мысли — что в бою, в ситуации крайнего напряжения, в мужчинах и женщинах проявляется общечеловеческая слабость и сила.

Другие женщины-ветераны прибавляли к идее о том, что в бою проявляется общечеловеческая природа, еще и другой, не менее важный тезис о различии индивидуальных реакций. Так, пулеметчица Валентина Чудакова писала о том, что у всех солдат, включая ее саму, в бою срабатывал инстинкт самосохранения. Различия между людьми заключались только в том, как они к этому относились. Она объясняет свое понимание так:

> Трудно представить, как поведет себя солдат в первом бою. Сумеет ли собрать в один железный комок всю волю, сможет ли сознанием долга победить страх... А может случиться и так, что великий инстинкт самосохранения парализует сознание солдата, насмерть прижмет его к земле, или еще хуже — в тупом животном страхе погонит с поля боя назад. Бывает и такое... [Чудакова 1965: 502–503].

Впоследствии, став командиром мужского пулеметного взвода, Чудакова постоянно заботилась о попадавших под ее начало новобранцах. Она знала, что большинству нужна ее поддержка в первом бою [Чудакова 1965: 504][23]. Поддержка, которую имели в виду такие командиры, как Чудакова, состояла в том, чтобы противостоять моментам слабости своих солдат: проявить понимание и, несмотря на свой собственный страх, сохранять само-

---

[23] Другие рассказы женщин о невозможности придерживаться условных гендерных ролей в бою см. [Сычева 1989: 103; Ушакова 1985: 103; Лобковская 1995: 24].

обладание посреди насилия и смерти. За те четыре года, которые Чудакова провела на фронте, традиционная «мужская» концепция войны неоднократно доказывала свою несостоятельность во время интенсивных боевых действий. Ее терявшиеся в бою солдаты в отчаянии цеплялись за нее — женщину, бойца и офицера, чтобы морально выжить во время крещения огнем. Сама Чудакова считала, что дрогнуть в первом бою — «беда невелика». Для нее было важнее не пропустить первых признаков паники под огнем противника и не дать солдату побежать куда глаза глядят — вперед, где его настигнет пуля, выпущенная из ее пулемета, или назад, под пули заградотряда[24].

Мужчины-ветераны, развивая мысли Чудаковой и Медведевой о взаимоотношениях мужчин и женщин в боевой обстановке, писали о том, что страхи и перенапряжение на передовой порождали между ними новые тесные связи и привязанности. Возникшие в общих для всех экстремальных условиях, такие привязанности оказывались крепче и длительней других и не зависели от условных гендерных иерархий.

Во второй части своих воспоминаний о разведчице и автоматчице Марии Байде Сергей Хитаров описал отношения, возникшие между его героиней и военным сапером, который соглашался выполнять боевые задания «только при Марии», «только с ней». Эти отношения были покровительственными и «охранительными», но не в обычном понимании. Насколько уяснил Хитаров, сапер хотел сражаться «только при Марии» и «только с ней» потому, что Байда в его глазах воплощала солдатскую стойкость и способность к выживанию — то, чего не хватало ему самому. В батальоне, рассказал Хитаров, сапера стали называть «крестником Марии». В глазах солдат Байда олицетворяла одновременно надежность, стойкость в бою и решимость уничтожить врага. Находясь «при Марии» — то есть под ее защитой — и следуя ее

---

[24] Медведева сходным образом оказала товарищескую поддержку впавшему в панику солдату в своем дзоте (будучи при этом не командиром взвода, а пулеметчицей), пообещав не выдавать его и представить дело так, будто они вдвоем мужественно защищали дзот.

примеру, солдат (как передавали его слова однополчане) был готов «перерезать всех немцев»[25].

Однако помимо такого непосредственного фронтового общения имело место, разумеется, и другое, когда мужчины — солдаты и офицеры — не сражались рядом плечо к плечу, но встречались с женщинами вне боевой обстановки или узнавали о них из фронтовой прессы и просто из разговоров. При таком опосредованном знакомстве, насколько можно судить по воспоминаниям обеих сторон, довоенная культура играла неоценимую роль как средство переосмысления солдатской идентичности с позиций, не сводящихся к традиционному противопоставлению мужчин-солдат и женщин-несолдат.

Непревзойденным по популярности культурным символом на фронте была Анка-пулеметчица из кинофильма «Чапаев». Анка служила источником вдохновения не только для женщин-бойцов. Трудность для мужчин, как вспоминают женщины, состояла в том, чтобы начать воспринимать этот широко известный образ женщины-бойца буквально — в реальной боевой обстановке. Разным бойцам требовалось разное время для того, чтобы разглядеть в знакомых девушках-солдатах ту концепцию «женщины», которою предлагал образ Анки. Но когда такое узнавание происходило, девушку начинали воспринимать как «Анку», и споры о том, место ли ей на фронте, становились реже или вовсе прекращались. Всех девушек, о которых мы писали выше, и даже тех из них, кто не был пулеметчицей, называли «нашими Анками»: к ним либо прямо обращались таким образом на фронте, либо вспоминали под этим именем позднее [Коломиец 1967: 205; Крылов 1969: 203; Медведева 1972: 62–63][26].

---

[25] *Хитаров С.* Указ. соч. Л. 95. См. также воспоминания Бондарина, который объясняет проявившийся в боях характер Байды в терминах общечеловеческой природы: *Бондарин С.* Указ. соч. Из других рассказов мужчин об идентификации с девушками-комбатантами в бою см. воспоминания Злыденного о зенитчице Надежде Журкиной [Злыденный 1975: 78–79].

[26] Воспоминания о зенитчице Анне Жидковой в [Минаева и др. 1964: 147]; [Павличенко 1958: 34; Чудакова 1965: 124, 452–453; Чудакова 1980: 63].

В начале войны мужчины нередко прибегали к советской риторике женской эмансипации и равенства, для того чтобы объяснить себе и однополчанам присутствие на фронте женщин-командиров. Чудакова зафиксировала пример почти дословного применения довоенных лозунгов к себе самой. Она рассказывает, как ее первый ротный Ухватов, выслушав ее доклад о прибытии в часть, удивленно присвистнул и воскликнул, словно не веря своим глазам: «Вот это хохма!» [Чудакова 1965: 262]. Не ограничившись этим, Ухватов «тут же себя утешил», объявив: «Баба командир. А что ж такого? Обнаковенное дело». Ухватов объяснил свою мысль, когда представлял Чудакову ее мужскому взводу, состоявшему из колхозников и «урок» самых разных возрастов. Когда эти крестьяне и преступники поняли, что их командиром станет женщина, у них «отвалились нижние челюсти», а улыбки «как ветром сдуло». «Ну что рты пооткрывали? — обратился к ним ротный, и, предвосхищая неизбежный взрыв негодования, как мог объяснил взводу причину назначения Чудаковой: — Равноправие, братцы, ничего не попишешь» [Чудакова 1965: 263–264].

Мужчины-солдаты, помимо попыток опереться на довоенную советскую культуру с ее нетрадиционными гендерными представлениями, прибегали также и к помощи культурно далеких и даже древних образов и нарративов. В качестве альтернативных представлений о женщине-воительнице образы воинственных греческих богинь, таких как Афина и Диана-охотница, а также легенды об амазонках оказывались полезны в спорах об идентичности советских женщин на войне. На передовой «Афины», «Дианы» и «амазонки» быстро вошли в оборот и служили вспомогательными культурными средствами в неформальных товарищеских разговорах о присутствии женщин на фронте[27]. Такая манера обращения использовалась и высшим командованием при награждении женщин-офицеров именным оружием: в этом случае на прикладе могла появиться пластинка с дарственной надписью

---

[27] См. [Чудакова 1965: 452–453; Чудакова 1980: 63]; воспоминания С. Грибанова о пилоте Лиле Литвяк: [Грибанов 1971: 328–329]; воспоминания Бондарина о пулеметчице Любе Сохно: [Бондарин 1957: 308].

«Афине» [Чудакова 1965: 456]. Мужчины-солдаты также пытались осмыслить участие женщин в боях, развивая псевдоисторические и наследственные теории о «кровном» родстве амазонок с советскими девушками [Богатырев 1983: 65–66].

Такие легенды, так же как новые формы обращения к женщинам-солдатам и аргументы в поддержку их права участвовать в боевых действиях, выявляли креативный потенциал ситуаций, в которых основанные на противопоставлениях гендерные нормы теряли свой безусловный и всеобщий характер. Они не разрешали окончательно фронтовых споров о присутствии женщин на передовой. Тем не менее сама возможность подобных обсуждений и споров показывает, насколько основанные на оппозициях гендерные нормы утратили свою бесспорность и универсальную приложимость на передовой в 1941 году.

Во второй половине войны гендерные споры и креативное использование довоенной и мировой культуры станут характерны уже не только для пехотных частей. Возвращение боевых машин в состав РККА после 1942 года повлияло на военные судьбы женщин и расширило их горизонты, дав возможность служить в артиллерии, военно-воздушных силах и бронетанковых войсках.

Глава 6

«Женщина-командир — это здорово!»

Красная армия в 1942–1945 годах

Введение: «Женщина-командир»

Зимой 1942 года наша старая знакомая Тамара Сычева выписалась из госпиталя после своего второго ранения. Явившись в штаб за новым назначением, она надеялась, что вскоре снова станет бойцом орудийного расчета. Однако ее ждал неожиданный поворот судьбы. Вместо немедленной отправки на фронт штабной офицер предложил ей поступить на курсы младших лейтенантов и стать командиром взвода. До сих пор Тамара, рядовой артиллерии, ни о чем подобном даже не помышляла. Попав в противотанковую артиллерию благодаря своим собственным усилиям, она никак не рассчитывала ни на продвижение по службе, ни на поступление в военное училище. В книге воспоминаний она писала, что приняла предложение сразу же:

> Меня спросили:
> — Пойдете на курсы младших лейтенантов?
> Меня часто преследовала мысль: «Не являюсь ли я в армии балластом?» Все казалось, что делаю очень мало, могла бы делать больше. Поэтому, когда мне предложили идти на курсы командиров, я обрадовалась: женщина-командир — это здорово! <...>

— Конечно, пойду, — сразу согласилась я. — Только в артиллерию, из пушек я уже стреляла.
— Хорошо, хорошо, — <ответил офицер>. — Это как раз то, что нам нужно [Сычева 1989: 82].

Впоследствии Тамара несколько раз получала новые звания и проходила курсы повышения квалификации — изучала постоянно обновлявшуюся во второй половине войны противотанковую технику. В июле 1942 года после четырех месяцев занятий она окончила Тбилисское горно-артиллерийское училище. Все эти четыре месяца она училась и жила рядом с курсантами-мужчинами. После выпуска Сычева была назначена командиром противотанкового взвода. Следующие два месяца ее солдаты учились под ее командованием метать гранаты и стрелять из 45-миллиметровых пушек, минометов, противотанковых ружей и автоматов. Боевое крещение взвод получил в конце того же лета под Моздоком, когда ему впервые довелось встретиться с немецкими танками. Менее чем через год, весной 1943-го, Сычеву снова отправили на учебу — на этот раз она изучала тяжелую 76-миллиметровую пушку, а также приемы борьбы с новыми немецкими машинами — тяжелым танком «тигр» и самоходным орудием «фердинанд». В последние полтора года войны она командовала моторизованным взводом тяжелой артиллерии: два груженных боеприпасами грузовика, способные к тому же брать на борт пятнадцать солдат и тащить на прицепе две тяжелые 76-миллиметровые пушки. Обыгрывая военный жаргон, Сычева называла свой взвод несколько по-хозяйски: «моя боевая единица»; это были люди и машины, за которые она «отвечала головой» [Сычева 1989: 90, 98, 101, 181, 200].

В 1942–1943 годах предложение, подобное тому, какое получила Сычева — стать «женщиной-командиром», под началом которой окажутся мужчины-солдаты и техника — не было капризом отдельного начальника. Сходным образом неожиданно изменились судьбы многих женщин, попавших в армию в 1941 году в качестве военных медиков, связистов, снайперов, пулеметчиц и сотрудниц штабов. В 1942 году тех из них, кто сумел выжить и отличиться в первый год войны, начальство поощряло к более глубокому освоению военных специальностей и выдвигало на командные должности. Для девушек-солдат этот год стал водоразделом. Путь, сходный с путем Сычевой, прошли пулеметчицы Зоя Медведева и Валентина Чудакова — они также окончили курсы младших лейтенантов и стали командирами сначала состоявших из бойцов-мужчин пулеметных взводов, а потом и рот. Анна Егорова, первоначально летчица эскадрильи связи, перешла в боевую авиацию. Она переучилась на пилота штурмовика Ил-2 и была зачислена в мужской авиаполк. Оставаясь единственной летчицей в полку, Егорова вскоре стала заместителем командира и в этом качестве совершала боевые вылеты во главе соединений, в которые входило от пяти до пятнадцати штурмовиков[1].

Так же как и Сычева, Медведева, Чудакова и Егорова не помышляли о военной карьере офицера. Инициатива каждый раз исходила от командования, которое в 1942 году решило расширить диапазон женского участия в механизированной войне. Предложение осваивать боевую технику подразумевало, что эти молодые женщины смогут руководить военными операциями и укомплектованными бойцами-мужчинами воинскими частями.

Такая тенденция к поощрению имевших боевой опыт женщин-бойцов представляла собой новый шаг в развитии советских вооруженных сил. Она качественно отличалась от поддержки, которую мужчины оказывали женщинам-добровольцам в 1941 году, записывая их в действующую армию. Продвижение женщин на командные должности на фронте было не стихийным движением, а реакцией военного руководства на местах на решение правительства начать массовый призыв и обучение девушек-добровольцев. Отбирая претендентов на курсы младших командиров, армейские кадровики особо ценили женщин, имевших боевой опыт и среднее образование. Таким образом, помимо государственных призывов в тылу военное командование инициировало продвижение женщин по службе непосредственно на фронте.

---

[1] См. [Смирнова-Медведева 1967: 142; Чудакова 1980: 244–246; Тимофеева-Егорова 1983: 118].

Продвижение армейским начальством женщин-солдат и прибытие в боевые части женщин-командиров из тыла не смогли положить конец фронтовым конфликтам, касавшимся гендерных различий и их места в идентичности современного солдата. Тем не менее усилия военных и государственных органов, направленные на активное продвижение и призыв женщин-бойцов, прибавили легитимности нетрадиционному видению современного солдата. В 1942 и 1943 годах как государственные, так и военные руководители, казалось, склонялись к мнению, что современная война не является прерогативой исключительно одного пола. Возникший в результате такой позиций приток в РККА женщин — специалистов, бойцов и командиров — рассматривается в данной главе в связи с важнейшим изменением, произошедшим на советско-немецком фронте: широкомасштабным техническим перевооружением советской армии после 1942 года.

«*Русский колосс на стальных ногах*»

Огромные потери техники в 1941 году обусловили столь же огромные масштабы и динамизм перевооружения Красной армии во второй половине войны. Так, в 1943 году советская военная промышленность выпустила 130 300 пушек, 458 500 пулеметов, 24 100 танков и 29 900 самолетов. В 1944 году производство пушек и пулеметов оставалось на том же уровне, тогда как выпуск танков и самолетов продолжал неуклонно расти[2].

Такие темпы позволили РККА достичь решающего численного перевеса над вермахтом в боевой технике. Германия не просто производила меньше пушек, самолетов и танков, но и вынуждена была делить свои ресурсы между двумя театрами военных действий — на востоке и на западе. Советскому превосходству способствовали и западные союзники, только в 1944 году поставившие СССР 5877 боевых самолетов, 3223 танков и самоходных орудий, 3122 артиллерийских орудия. Поставки из-за рубежа

---

[2] В 1944 году советская военная промышленность произвела 29 000 танков, 33 200 самолетов, 122 400 артиллерийских орудий и 439 100 пулеметов. См. [Куманев 1999: 335].

хотя и составляли небольшую часть общего числа советской техники — 17 % самолетов, 11 % танков и 2,4 % артиллерийских орудий, — но поддерживали новую тенденцию: ремеханизацию РККА и демеханизацию вермахта [Куманев 1999: 336][3].

Как ни красноречивы эти цифры, анализ широкомасштабного перевооружения Красной армии не следует ограничивать только ими[4]. Росло не только количество боевых машин и единиц автоматического оружия: машины и оружие постоянно модифицировались. Во время войны устаревшие модели с недостаточными поражающими свойствами снимались с производства, а разработчики трудились над созданием более эффективных боевых моделей. Исправление конструктивных недостатков своих машин и противодействие сильным сторонам вражеских технологий — таковы были два основных направления советской инженерной мысли военного времени.

Чрезвычайное значение имели модификации автоматического пехотного оружия, усовершенствование противотанковых и военно-воздушных средств, а также новые подходы к тактике применения оружия и проведения операций. В 1943 году основным боевым средством в окопах, помимо винтовки, стал автомат. В том же году была введена в широкую эксплуатацию новая модель тяжелого пулемета «максим». Производство винтовок и карабинов в 1944 году сократилось на 18 %, что указывало на тенденцию к перевооружению действующей армии и ее переходу на легкое и тяжелое автоматическое оружие [Куманев 1999: 335][5].

---

[3] В 1944 году Германия произвела всего треть от этого числа орудий (40 600) и на 4275 самолетов меньше (28 925). Из 2299 танков и самоходных орудий, выпущенных в ноябре и декабре 1944 года, только 921 было отправлено на Восточный фронт, в то время как все большее количество самолетов приходилось оставлять в Германии, чтобы защитить гражданское население от британских, американских и советских бомбардировок [Strachan 1983: 173; Mawdsley 2005: 186–203]. Анализ демеханизации вермахта на Восточном фронте см. в [Strachan 1983: 172–174; Bartov 1985; Bartov 1991, Chap. 1].

[4] Обсуждение советских технических новаций и «не-новаций» в военный период см. в [Mawdsley 2005: 194–203, 457; Sapir 1997; Harrison 2000].

[5] См. также описание советского солдата эпохи 1943–1945 годов как «ходячего арсенала» в работе: [Erickson 1997: 240].

Противотанковая артиллерия также претерпела значительные технические изменения. Военная индустрия отвечала на немецкие наступления, главной силой которых служили танки, целенаправленным наращиванием калибров производимых пушек. В 1943 и 1944 годах производство 45-миллиметровых пушек, с которыми начинала свою офицерскую карьеру Тамара Сычева, перестало быть приоритетным. При всех достоинствах — легкость, мобильность, точность стрельбы — эти пушки не обладали достаточной разрушительной силой и, как вспоминают ветераны, обслуживавшим их расчетам приходилось подпускать немецкие танки на опасно близкую дистанцию. В 1943 году ведущая роль в противотанковом сражении перешла к более тяжелым орудиям, лучше подходившим для борьбы с современной бронетехникой и способным противостоять германским техническим новациям в области конструирования тяжелых и средних танков. В 1943 году Сычевой пришлось пройти переподготовку, чтобы принять командование моторизованным взводом 76-миллиметровых противотанковых пушек, и это было типично для бойцов и офицеров подобных частей [Куманев 1999: 335; Erickson 1997: 239–240][6].

Ряд улучшений, усовершенствований и замен сумела провести в течение второго года войны и авиапромышленность. Старые модели уничтоженных и оставленных в первые месяцы войны истребителей и бомбардировщиков менялись на поступившие в массовое производство новые или переоборудованные самолеты. Так, например, штурмовик Ил-2, на котором предстояло выполнять боевые задания Анне Егоровой, начал производиться только в 1942 году. Егорова впервые увидела этот маневренный, обладавший разнообразным вооружением самолет только в конце 1942 года на тренировочном аэродроме. Рассмотрев его вместе с группой стажеров, Егорова пришла в восторг от боевых качеств, «угрожающего» и «хищного» вида машины. «Какая красотища, какая мощь…», — вспоминала Егорова свою первую «встречу» с самолетом:

---

[6] См. также воспоминания и интервью бойцов-артиллеристов: [Драбкин 2007в].

На аэродроме «Огни», куда наша группа прибыла из учебно-тренировочного полка, я впервые увидела красавец-штурмовик. Это был моноплан с низко расположенным крылом, с убирающимися в гондолы колесами. Сразу бросились в глаза удлиненная обтекаемая форма фюзеляжа, остекленная кабина, лобовое пуленепробиваемое стекло фонаря и далеко вперед выступавший острый капот мотора с конусообразным обтекателем винта. Все это придавало самолету хищный вид. Из-под передней кромки плоскостей его угрожающе смотрели две 23-миллиметровые пушки, два пулемета, восемь металлических реек — направляющие для реактивных снарядов. В центроплане четыре бомбоотсека. В них да еще на двух замках под фюзеляжем можно было подвесить шесть 100-килограммовых бомб.

Ил-2 отличался еще одним заметным преимуществом. Мотор, бензобаки, кабина летчика, другие уязвимые части штурмовика были одеты в броню. Так что ни ружейный, ни пулеметный огонь, ни осколки зенитных снарядов не были страшны ему. По существу, это был «летающий танк», который развивал скорость у земли свыше 400 километров в час!

— Вот это да-а... — протянул восхищенно кто-то из нашей группы. А я подумала: «Какая красотища, какая мощь...» [Тимофеева-Егорова 1983: 77].

Этому самолету, однако, еще предстояли преобразования. Восхитивший Егорову «летающий танк» в конце 1942 года был одноместным. Высокоскоростной, бронированный, хорошо вооруженный, он тем не менее имел существенный недостаток. Хвостовая часть оказалась уязвимой, и при атаке сзади Ил-2 представлял собой легкую добычу для вражеских истребителей. Устранением этих минусов конструкторы занялись на следующий год. Новый Ил-2, имевший дополнительное место для стрелка, стал поступать на фронт в 1943 году. К концу этого года весь полк, в котором служила Егорова, уже летал на новых штурмовиках[7].

---

[7] При этом самолет был бронирован неравномерно. Пилот и хвостовая часть машины были защищены лучше, в то время, как стрелок-радист вел пулеметный огонь из открытой кабины, имевшей минимальную защиту от ис-

Стремление советской промышленности выпускать более эффективные боевые машины было тесно связано с разработкой новых способов их тактического применения. Так, например, поиск наиболее эффективного использования Ил-2 завершился только летом 1942 года. До тех пор этот мощный штурмовик не мог полностью реализовать свой боевой потенциал. Пилоты не прибегали к пикированию во время налетов. Самолеты по большей части действовали как обычные бомбардировщики, сбрасывая бомбы на бреющем полете, и потому несли тяжелые потери. Не имевшие должной подготовки и боявшиеся немецких истребителей, пилоты не задействовали потенциальную возможность вести прицельное бомбометание, которую предоставлял Ил-2. Мало того, пикирование им запрещалось, поскольку командование опасалось, что это приведет к еще большим потерям. В первый год войны пилоты Ил-2 избегали именно того, что стало их «коньком» после 1942 года: вылетов крупными соединениями и повторяющихся пикирований на цель с поочередным использованием разного оружия. Егорова, ставшая боевым пилотом в 1943 году, как и ее товарищи — летчики штурмовой авиации, уже могла воевать, используя все возможности этой машины [Растренин 2005: 310, 315].

Много аналогичных изменений и улучшений тактики боя вводилось в советских вооруженных силах вслед за преобразованием и усовершенствованием боевой техники [Куманев 1999: 335–336]. Так, например, в противотанковой артиллерии особое внимание уделялось не только увеличению калибра орудий, но и моторизации артиллерийских расчетов и созданию мобильных самостоятельных противотанковых дивизий, способных к бы-

---

требителей. Как пишет Егорова, «Я, пожалуй, ни за что бы не согласилась быть воздушным стрелком на Ил-2. <...> Когда фашистский истребитель заходит в хвост штурмовика и в упор начинает расстреливать его — ну как такое выдержать? У стрелка ведь нет ни бугорка земли, за который он мог бы укрыться от пуль, ни траншеи. У него, конечно, в руках пулемет, но управление-то самолетом у летчика, и прицеливаться стрелку, когда летчик, маневрируя, бросает самолет из стороны в сторону, очень трудно» [Тимофеева-Егорова 1983: 123].

строй передислокации с фронта на фронт. Пример Сычевой и здесь оказывается показателен — ее моторизованный взвод 76-миллиметровых пушек мог выполнять двойную функцию: во-первых, служить передвижным щитом, защищающим войска от немецких танков, а во-вторых, играть роль тарана при фронтальной атаке во взаимодействии с танками и пехотой[8].

Создавая новые способы ведения боевых действий и постоянно ускоряясь, советская армия в своей новой ипостаси давала солдатам более широкие возможности участия в войне. Пулеметчик, пилот штурмовой авиации, боец моторизованной противотанковой батареи представляли собой хотя и различных, но сосуществующих и часто сотрудничавших участников современной войны.

К 1943 году усилия по ремеханизации вооруженных сил и введению новой военной тактики трансформировали театр военных действий на советско-германском фронте в двух существенных отношениях: во-первых, в плане характера и масштаба проводимых Красной армией операций, а во-вторых, в отношении количества и типа потерь в ходе этих операций. Советские войска начали продвигаться на запад со все возраставшей скоростью, предпринимая массированные наступления, и в то же время с меньшими по сравнению с 1941 годом потерями в живой силе.

Окружение немецких войск под Сталинградом в конце 1942 — начале 1943 года по своему масштабу, скорости продвижения войск и числу потерь послужило образцом для последующих операций Красной армии. Долго готовившееся и тщательно разработанное окружение противника длилось более двух месяцев; в нем было задействовано более миллиона солдат. Операция проводилась с конца ноября 1942 года до начала февраля 1943 года силами трех фронтов, которые в итоге продвинулись на 150–200 километров на запад. К концу кампании четыре вражеские армии — две немецких, одна румынская и одна итальянская — были либо уничтожены, либо взяты в плен [Кривошеев 1993: 181–182].

---

[8] См. [Erickson 1997: 239–240; Сычева 1989: 141].

Начав движение на запад, Красная армия в последний период войны либо готовилась к наступлениям, либо осуществляла их, поддерживая, а время от времени и значительно ускоряя темпы проведения массированных операций. Имеющаяся статистика дневной мобильности стрелковых и моторизованных дивизий иллюстрирует новые ориентиры советской военной машины. С начала 1943 года, когда завершилась битва за Сталинград, и до лета 1944 года, когда началось освобождение Белоруссии, стрелковые подразделения проходили в среднем по десять километров в день. Что касается бронетанковых и моторизованных войск, то их скорость была, как и следует ожидать, выше: в среднем по 27 километров в день [Кривошеев 1993: 181, 202–203].

Начавшееся после 1942 года продвижение вперед сопровождалось значительно меньшими жертвами по сравнению с фатальными потерями в результате отступлений и коллапса на начальном этапе войны. Сталинградская операция снова может послужить удобным материалом для сравнения. В ней участвовало более миллиона человек, и потери Красной армии составляли 2037 убитых и пропавших без вести в день. Сравним эти цифры с дневными потерями в одной из решающих битв 1941 года — обороне Смоленска. Хотя смоленская операция была в два раза менее масштабной, чем сталинградская, РККА на протяжении двух месяцев теряла в ней 7717 человек в день убитыми, ранеными и взятыми в плен. Если же принимать во внимание только убитых в бою, то и в этом случае суточные потери будут на 48 % выше[9].

Сталинградское наступление ни в коем случае нельзя назвать типичным для сражений на остальных фронтах после 1942 года. Оно показывает только статистическую корреляцию между техническим перевооружением советской армии и снижением потерь в живой силе[10]. Как переход к наступательным опера-

---

[9] Вычисления основаны на статистике двух битв, приводимых в работе [Кривошеев 1993: 168–169, 181–182].

[10] Изменение потерь, понесенных советскими войсками в ходе военных операций, отразилось и в новых корреляциях между числом убитых и раненых на всех фронтах между 1941 и 1944 годами. Пошедшее на убыль

циям, так и сокращение числа безвозвратных потерь представляли собой важнейшие условия, в которых развивались военные действия после 1942 года, — этот факт обычно недостаточно учитывается в исследованиях Великой Отечественной войны[11].

Эта новая фаза войны создавала в советской армии и новые ожидания относительно хода военных действий и сопровождающих их потерь. Реалии войны, типичные для ее раннего этапа, теперь казались ужасными, шокирующими и неприемлемыми. Это общее настроение сумел выразить в своих послевоенных воспоминаниях Александр Фадин, бывший в то время двадцатилетним командиром танка. В январе 1944 году он испытал потрясение, попав на небольшое поле вблизи украинского городка Винограда, на котором недавно происходил бой и которое «было усеяно трупами наших солдат». Фадин, недавно окончивший танковое училище и уже четыре месяца участвовавший в наступательных операциях, никогда не видел такого разгрома советских войск немецкой техникой. Глядя на поле боя из своего танка, он понимал, что подобные картины давно должны были остаться в прошлом: «Как же так?! Это же не сорок первый — сорок второй годы, когда не хватало снарядов и артиллерии, чтобы подавить огневые точки противника!» Помимо потрясения, эта страшная сцена из недавнего прошлого замедлила наступление его танковой бригады на пути к Винограду:

уже к концу 1942 года среднее число безвозвратных потерь продолжало снижаться. В 1943 году ежедневные потери убитыми и пропавшими без вести на всех фронтах составляли 7500 человек. В 1944 году это число колебалось между 4500 и 5000. В последние два года войны наиболее разительные перемены произошли в отношении убитых к раненым. В 1941 году убитых или пропавших без вести солдат было в три раза больше, чем раненых. В 1944 году раненые уже составляли более половины всех потерь. Вычисления основаны на статистике, приведенной в таблице № 74 («Соотношение числа людских потерь Красной армии») в [Кривошеев 1993: 157–158].

[11] Недавно прозвучавшее мнение о незначительности изменений в потерях советских войск во второй половине войны см. в [Merridale 2006: 213–215].

> Вместо стремительной атаки мы ползли по пашне, объезжая или оставляя трупы наших солдат между правой и левой гусеничными лентами, чтобы их не задавить. Пройдя первую линию стрелковых цепей, резко, без команды увеличили скорость атаки и быстро овладели городком Виноград[12].

Описанный случай — не единственный, когда Фадин чувствовал себя подавленным при виде «наших» потерь. Однако и его потрясение, и его негодование демонстрируют рождение новых правил ведения войны и нового мышления бойца, получившего специальную подготовку и пришедшего на фронт после 1942 года [Драбкин 2007б: 148–149]. Проезжая через поле, усеянное «нашими» трупами, Фадин как бы почувствовал себя выброшенным из привычной стихии — привычного порядка наступательной операции.

Пехотинцы не в меньшей степени, чем танкисты, замечали, насколько изменилась к 1943 году боевая обстановка. Валентина Чудакова приняла командование пулеметным взводом на Белорусском фронте в самом конце 1942 года. Описывая свой путь боевого офицера (в двух книгах), она подробно рассказала о повседневной жизни на передовой, и ее истории кардинальным образом отличаются от описаний обороны Одессы в 1941 году, оставленных Зоей Медведевой. Существенная разница даже более заметна оттого, что обстановка на Белорусском фронте, где воевала Чудакова, почти не менялась в течение 1943 года. Весь этот год РККА прилагала тщетные усилия по освобождению Белоруссии, однако не могла добиться существенного продвижения вперед. Только осенью и зимой армии Белорусского фронта участвовали в одиннадцати неудачных наступательных операциях, в результате которых погибли и были ранены 500 000 человек. Этот участок фронта явно отставал от соседних армейских группировок[13].

---

[12] Воспоминания Александра Фадина в [Драбкин 2007б: 148–149].

[13] Ресурсы для ведения широкомасштабной механизированной войны не составляли первостепенной проблемы. Проблема заключалась в командовании фронта, которое в течение года занималось исключительно обороной и не

Однако в 1943 году и на этом «непобедном» фронте обстановка качественно отличалась от ситуации военных поражений 1941 года. Описывая происходившее на фронте, Чудакова вспоминала, как ей приходилось бегать от одного пулеметного расчета к другому, меняя их расположение и направляя огонь. Она считала само собой разумеющимся, что ее пулеметчики могли рассчитывать на огневую поддержку тяжелой и легкой артиллерии, вступавшей в бой в зависимости от обстановки. Чудакова могла положиться и на пресекавшую танковые атаки противотанковую артиллерию. Кроме того, она знала, в чем состоят задачи пулеметчиков, и старалась как можно лучше их выполнять. Ее пулеметный взвод не бросался в атаки вместе с пехотинцами, а, в полном соответствии с военными уставами, следовал за пехотой на некотором расстоянии, избегая непосредственного столкновения с врагом. Для Чудаковой боевые действия были структурированной и потому понятной деятельностью, а полученные ею знания и навыки ведения механизированной войны и ее готовность быть частью команды отражали растущую сложность советских технических и операционных военных средств. В этой эволюционирующей системе солдаты, разумеется, все равно погибали, получали ранения и нервные срывы. Боевой порядок не мог обезопасить их от неожиданных контратак и общей непредсказуемости военной обстановки. Но разграничения в боевых обязанностях все же существовали и упорядочивали жизнь на передовой [Чудакова 1980: 66–72].

К началу 1943 года на страницы советских газет в полной мере вернулись довоенные образы изобилия технических средств и массированного применения техники. «Правда», «Комсомолка» и «Красная звезда» совместными усилиями журналистов, писателей и славших письма в редакции участников боев снова рисовали картины современной войны. Получавшийся коллективный рассказ о новой фазе войны не был, конечно, так подробен, как

смогло в 1943 году переломить ситуацию. Таким образом, опыт эффективной механизированной войны, которую вели южные фронты, не передавался автоматически другим фронтам. См. [Гареев 1999: 11, 16].

позднейшие послевоенные воспоминания ветеранов. Однако он давал яркие образы и вырабатывал устойчивые приемы описания движения Красной армии на запад в своей новой, механизированной ипостаси.

Илья Эренбург в заметках, ежедневно печатавшихся в «Красной звезде» с января по сентябрь 1943 года, создавал новый образ советских вооруженных сил. Он писал о том, как наконец прошли «двадцать месяцев невыносимой тоски» первого этапа войны и теперь «колосс Россия... шагает стальными ногами на запад»[14]. Подчеркивая, что тактические и технические боевые навыки являются необходимыми условиями для продвижения на запад, Эренбург сравнивал современную войну с наукой и поздравлял бойцов и страну с тем, что «мы сдали экзамен» по современной войне. Повсюду на фронте, рассказывал Эренбург, можно теперь услышать, как бойцы повторяют «одно крылатое слово: "Научились"». Коллеги Эренбурга по «Красной звезде» — военные корреспонденты и очеркисты Борис Галин, Константин Симонов и Василий Гроссман — также старались запечатлеть новый облик вооруженных сил. Особенно выразительное описание обстановки на фронте как войны «моторов и металла», «людей и машин», двигающихся через «время и пространство», дал Галин[15].

Газетные публикации после 1942 года представляли собой сложное культурное явление: на фоне прославления технического перевооружения армии вслух говорилось о неудачах РККА на первом этапе войны. Статьи передавали и ноющую боль, и страст-

---

[14] *Эренбург И.* Наша звезда // Красная звезда. 1943. 21 февраля; *Он же.* Изгнание врага // Красная звезда. 1943. 9 сентября.

[15] *Галин Б.* Душа танкиста // Красная звезда. 1943. 24 июля; см. также: *Гроссман В.* Жизнь истребительного полка // Красная звезда. 1943. 12 мая; *Симонов К.* Зрелость // Красная звезда. 1943. 1 мая; *Толстой А.* В добрый час // Красная звезда. 1943. 22 января. В «Красной звезде» часто и всесторонне освещалась тема последних тактических и операциональных новаций. Так, 4 марта 1943 года газета поместила на первой полосе обычный для себя репортаж, на этот раз посвященный использованию артиллерии и танковых дивизий в операциях прорыва. Предлагая иллюстрации текущих боевых действий, репортаж в то же время давал урок современного военного мышления, опиравшегося на новую ролевую модель современного бойца.

ное ожидание мести врагу. Образы и приемы, создававшиеся военной прессой после 1942 года, оказались долговечными. Многие ветераны в своих воспоминаниях воспроизводят их слово в слово[16]. Постоянное повторение того, что советские войска научились воевать и «сдали экзамен», было равносильно признанию в том, что умение правильно действовать в современной войне — недавнее завоевание отечественной армии. Прежде чем огни победных салютов осветили небо советских городов, писал Эренбург, нужно было преодолеть период военных неудач, когда «великая гражданская скорбь камнем лежала... на груди каждого из нас»[17].

Сходные непростые смысловые оттенки возникали при освещении процесса пополнения армии боевыми машинами. Рассказ об их возвращении насыщался образами долгожданной мести советской военной техники немецким солдатам. Пресса второго этапа войны настойчиво предлагала своей военной и гражданской аудитории картины искалеченных тел вражеских солдат — «раздавленных» советскими танками, «разорванных на куски» пикирующими бомбардировщиками и «раскрошенных» снарядами. Вражеские тела, потерявшие человеческий облик и сваленные в одну кучу со столь же деформированной вражеской техникой, были, как писал Эренбург, именно тем зрелищем, которого «полтора года жаждала... наша страна»[18].

В этом торжествующем и мстительном рассказе о советских боевых машинах, моторах и металле, с одной стороны, и об изуродованном техникой теле немецкого солдата, с другой, появился и новый протагонист. Совершавший свой отчаянный подвиг одинокий герой газетных очерков 1941 года в 1943 году уступил место «солдату-победителю», в роли которого выступал хорошо

---

[16] Проницательный и оригинальный анализ взаимозависимости ветеранских воспоминаний, официальной культуры военного времени и послевоенного увековечивания памяти о войне см. в [Kirschenbaum 2006].

[17] *Эренбург И.* Душа России // Красная звезда. 1943. 11 ноября.

[18] *Эренбург И.* Наша звезда; *Он же.* Когда они отступают // Красная звезда. 1943. 26 января.

подготовленный профессиональный военный, чья доблесть проявлялась в умелом, эффективном и систематичном уничтожении врага. Молодой пехотный командир, хорошо знающий основы тактики и избегающий лобовых атак; точно пикирующий на вражеские войска летчик-штурмовик; педантично рапортующий о числе уничтоженных вражеских танков и солдат командир артиллерийской батареи, — все они стали после ремеханизации коллективным новым протагонистом советской прессы. Журналисты, конструируя этот многогранный образ современного солдата, уже не описывали отдельные подвиги, а печатали ряд связанных между собой статей о том, как тот или иной герой постепенно совершенствовал свои боевые умения. Газетчики приняли на вооружение понятие боевой «грамотности», чтобы продвигать идеал солдата-победителя, в первую очередь — профессионала и только во вторую — героя[19].

Рассказы о самореализации человека на фронте выдвигали на первый план профессионализм и акцентировали внимание читателя на чувствах удовлетворения и восторга, которые испытывали бойцы от представившейся возможности умело громить врага. Так, военные эксперты «Красной звезды» и «Правды» заверяли, что радость в бою есть реальность, и способность испытать ее зависит от технических умений бойца.

Анна Егорова получила всесоюзную известность именно благодаря своей «боевой грамотности», когда 1 июля 1943 большая фотография улыбающейся летчицы в форме и с орденами на груди появилась на первой полосе «Красной звезды». Егорова — молодая женщина-офицер, которая «с первых дней войны отважно сражается с врагами родины», как было написано в тексте под фотографией, — олицетворяла одну из наиболее передовых

---

[19] *Симонов К.* Зрелость; *Семенов А.* Облик советского аса // Красная звезда. 1943. 10 апреля. К 1943 году сообщения о героических самопожертвованиях вроде подвига Александра Матросова, закрывшего грудью амбразуру вражеского дзота ради продвижения своего стрелкового батальона, стали появляться заметно реже и только как примеры исключительного героизма. См.: Подвиг рядового Александра Матросова // Красная звезда. 1943. 12 сентября.

Илл. 15. Летчик-штурмовик младший лейтенант Анна Александровна Егорова. Фотография. «Красная звезда». 1943. 1 июля. С разрешения «Красной звезды»

в техническом отношении форм современной войны, которая стала доступной благодаря ремеханизации армии[20] (илл. 15).

Особый характер представления Егоровой в прессе показывает репрезентационные возможности и ограничения в изображении места женщины-солдата в советских войсках после 1942 года. Егорову ясно и недвусмысленно представляли читателям как отлично подготовленную боевую летчицу, которой доверена одна из самых мощных советских военных машин, и это наглядно связывало образ советской женщины эпохи социализма с высокотехнологичной войной и идеей профессионального и беспощадного разгрома врага. Более того, никто не собирался объяснять и оправдывать это экстремальное сочета-

---

[20] Летчик-штурмовик младший лейтенант Анна Александровна Егорова. Фотография. «Красная звезда». 1943. 1 июля.

ние традиционно несовместимых смыслов. Редакция крупнейшей всесоюзной военной газеты решила воздержаться от любых попыток смягчить резкий отход от традиционных гендерных ролей.

Итак, газета не собиралась давать объяснения в связи с появлением на ее страницах образа Егоровой — одновременно молодой женщины, офицера и опытной боевой летчицы. Однако в то же время редакция оставляла незаданными и не получившими ответа многие вопросы, которые могли возникнуть у ее читателей: например, о том, как Егорова сумела добиться офицерского звания и занять место, предполагающее владение сложной боевой техникой. Умолчание относительно логистической стороны боевого пути женщины, сумевшей стать офицером и военным летчиком, весьма характерно для всесоюзной прессы, когда она писала о женщинах — командирах и специалистах. К этой противоречивой динамике — колебанию между построением нового образа девушки-солдата и созданием новых лакун-умолчаний вокруг этого образа — я теперь и обращусь.

«Женщина-солдат»
в буквальном смысле слова

Фотография Анны Егоровой в «Красной звезде» была только маленькой деталью получившего распространение во второй половине войны и предназначенного для широкой публики нарратива, посвященного женщинам-бойцам. Образ девушки-бойца динамически приспособлялся к новым императивам и обстоятельствам, которые возникали на фронте в результате ремеханизации.

Женщины-героини, которые на раннем этапе войны воевали плечом к плечу с мужчинами на передовой — пулеметчицы, политработники, разведчицы и связистки, а также партизанки, — не сходили со страниц газет. В 1943 году пресса уделяла им не меньше внимания, чем в 1942 году, когда журналисты принялись помогать правительственному призыву женщин-добровольцев, помещая материалы о тех из них, кто уже участвовал в боях.

К началу 1943 года образ девушки-бойца, служившей в звании рядового, был уже широко распространен в военной журналистике. В передовицах, речах и статьях, посвященных советским женщинам в целом, девушки-бойцы, число которых, по словам авторов, исчислялось тысячами, выступали как прогрессивное явление, отличавшее современность от прошлого. Так, например, 8 марта 1943 года передовая «Правды» была, как обычно, посвящена Международному женскому дню и обсуждению положения женщин страны социализма. В ней привычно восхвалялась женщина, которая «никогда еще во всей прошлой истории... не участвовала так самоотверженно в защите своей родины». Пол солдата теперь следовало уточнять: «Тысячи женщин и девушек... — напоминала передовая статья своим читателям, — встречают сегодняшний праздник в пламени боев, на полях сражений, плечом к плечу с бойцами-мужчинами»[21] (илл. 16).

Необходимость уточнять пол солдата (в особенности — мужчины) представляет собой яркий пример отказа советской прессы от автоматической ассоциации «боевых действий» с мужским призванием. Еще сильнее переосмыслявшая гендерное содержание военных ролей и обязанностей передовая статья заканчивалась обращением к самим советским женщинам с призывом не забывать о тысячах женщин и девушек, которые все еще живут в оккупированных селах и городах, где «немецко-фашистские изверги убивают наших сестер, давят гусеницами танков наших старых матерей... закапывают живыми в землю наших девочек». Обращаясь к одной части женской аудитории (девуш-

---

[21] Священный долг советской женщины <передовая статья> // Правда. 1943. 8 марта. Иную комбинацию различных типов женщин-героинь см. в статье: Международный Коммунистический женский день <репортаж о Встрече партийных, советских и общественных организаций г. Москвы> // Комсомольская правда. 1943. 9 марта. Более раннее сочетание женщин-комбатантов и нонкомбатантов см.: Подвиг советской девушки <передовая статья> // Комсомольская правда. 1942. 23 сентября. Девушки-снайперы и связистки также признавались и поощрялись ежегодно в официальных призывах к женщинам во время главных праздников. См. постановление ЦК ВКП(б) в «Правде» и «Комсомольской правде» от 5 марта 1943 года.

Илл. 16. «Мастер меткого огня. Пулеметчица-комсомолка Зина Козлова». Эта фотография представляет собой типичный для «Комсомолки» пример сообщения о девушке-солдате. Комсомольская правда. 1942. 12 августа. С разрешения «Комсомольской правды»

кам-бойцам) с призывом продолжать защищать других женщин (матерей, сестер и дочерей), автор передовой статьи явно распространял на женщин-солдат освободительную миссию, традиционно считавшуюся мужским делом[22] (илл. 17).

Действуя согласованно с другими советскими газетами, передовые «Правды» продолжали предлагать своим читателям дифференцированный образ советской женщины. В специальном номере, посвященном Международному женскому дню 1943 года, «Комсомольская правда» выдвигала на первый план шесть женщин-героинь, воплощавших крайности женских судеб: женщина-боец, сражающаяся на передовой, и женщина — жертва военного насилия:

---

[22] Священный долг советской женщины <передовая статья> // Правда. 1943. 8 марта.

Илл. 17. «Отстоим завоевания Октября!» Этот агитационный рисунок 1942 года иллюстрирует смешанный гендерный состав РККА, представляя девушку-снайпера составной частью советских вооруженных сил. Комсомольская правда. 1942. 6 ноября.
С разрешения «Комсомольской правды»

В дни Великой Отечественной войны славная семья Героев Советского Союза пополнилась отважными воспитанницами Ленинско-Сталинского комсомола. Вот их имена: отважные партизанки Космодемьянская Зоя Анатольевна, Чайкина Елизавета Ивановна, Петрова Антонина Васильевна, красноармейцы Поливанова Мария Семеновна, Ковшова Наталия Валерьевна и младший сержант Байда Мария Карповна[23].

Список героинь поделен поровну между участницами партизанского движения — такими как Зоя Космодемьянская, Елиза-

---

[23] Шесть героинь // Комсомольская правда. 1943. 7 марта. См. также передовую «Комсомольской правды» и статью, посвященную двадцати девушкам — Героям Советского Союза, помещенную год спустя, в которой описывались разные типы женщин на войне: Труженицы, воины, патриотки <передовая статья> // Комсомольская правда. 1944. 8 марта.

вета Чайкина и Антонина Петрова, — и бойцами, воевавшими на передовой. Девушки из обеих групп упомянуты как хорошо известные публичные фигуры, не нуждающиеся в специальном представлении.

О Зое Космодемьянской советский читатель впервые услышал 27 января 1942 года, когда журналисты «Правды» опубликовали расследование казни молодой партизанки. Постепенно история Зои стала удачной попыткой советской журналистики вписать тему женщин, мечтавших сражаться с оружием в руках, в рамки традиционной гендерной парадигмы женского страдания и жертвенности.

Восемнадцатилетняя героиня была взята в плен немцами в ноябре 1941 года в деревне Петрищево под Москвой. Она собиралась поджечь сарай, в котором хранились боеприпасы. Перед казнью, согласно показаниям свидетелей, ее в течение двух дней жестоко истязали: секли березовыми розгами, жгли спичками и ламповым маслом, царапали пилой, выгоняли босиком на снег. Когда в конце концов ее привели к виселице, поставленной посреди деревни, и надели на шею петлю, она объявила согнанным немцами местным жителям, что за нее отомстят советские солдаты и что «Сталин придет»[24].

Петр Лидов, один из двух военных корреспондентов, расследовавших этот случай по поручению «Правды», представил Зою как женщину-жертву, сражавшуюся с врагом метафорически: не с помощью оружия, а через мученическую смерть, за которую должен отомстить активный участник войны, солдат-мужчина. Зоина деятельность в партизанском отряде до немецкого плена в статье отброшена как несущественная:

> Таню похоронили без почестей за деревней под плакучей березой, и вьюга завеяла могильный холмик. А вскоре пришли те, для кого Таня в темные декабрьские ночи грудью пробивала дорогу на запад.
> Остановившись для привала, бойцы придут сюда, чтобы до земли поклониться ее праху и сказать ей душевное русское

---

[24] *Лидов П.* Таня // Правда. 1942. 27 января.

«спасибо». <...> ...и миллионы людей будут с любовью думать о далекой заснеженной могилке, и Сталин мысленно придет к надгробью своей верной дочери[25].

Зимой 1941–1942 года тема партизан-мучеников доминировала в советской прессе. Среди наиболее часто освещаемых тем было партизанское сопротивление и самопожертвование, получившее невозможную ранее детальную разработку благодаря контрнаступлению Красной армии под Москвой. Истории об освобождении оккупированных территорий, появлявшиеся на страницах советских газет в начале 1942 года, сочетали прославление обороны Москвы с целой лавиной сообщений военных корреспондентов, свидетельств очевидцев и очерков об ужасающих зверствах немецких оккупантов против партизан и гражданского населения. Согласно этим историям, жители освобожденных районов вокруг Москвы не только со слезами благодарности на глазах приветствовали Красную армию, но и рассказывали о пытках и казнях своих земляков. Заледеневшие трупы, все еще качавшиеся на виселице на городской площади или в центре деревни, часто оказывались первым зрелищем, представавшим глазам красноармейцев. Эти трупы сохраняли зловещие следы того, что несчастным пришлось претерпеть, прежде чем их предали смерти. Покрытые следами пуль, ожогов, черными кровавыми синяками, порезами от ножей и ранами от затушенных об их тело окурков, лишенные конечностей, ногтей и глаз — такие трупы свидетельствовали о том, что покойные приняли высокую мученическую смерть[26].

В январе и феврале образ Зои входил в число целой группы образов мучеников — мужчин и женщин, — о которых журналисты писали очерки и собирали свидетельские показания. Опубликованная среди многих других, именно история мученичества Зои была выбрана руководством комсомола и правительством для всесоюзного распространения. Космодемьянская стала первой

---

[25] Там же.

[26] См.: *Михайлов Н.* О восьми повешенных в Волоколамске // Правда. 1942. 31 января; Слава бессмертным // Комсомольская правда. 1942. 1 февраля; Герой нашего времени // Комсомольская правда. 1942. 17 февраля.

женщиной, которой было присвоено звание Героя Советского Союза. За годы войны образ Зои не только постоянно фигурировал в прессе, но и проник в повседневную жизнь на фронте и в тылу. Солдаты на передовой называли в честь Зои свои части, а бригады на тыловых предприятиях соревновались за право носить ее имя[27].

И тем не менее, как мы видели, Зоя Космодемьянская была не единственной героиней военных лет. Весной 1943 года редакция «Комсомольской правды» имела все основания считать, что Мария Поливанова, Наталья Ковшова и Мария Байда столь же знакомы ее читателям, как Зоя. Рассказы о Ковшовой, в частности, появлялись в прессе наряду с рассказами о таких прославленных женщинах-бойцах, как снайпер Людмила Павличенко и пулеметчица Нина Онилова. Как и Зоя, эти девушки были общеизвестными символическими фигурами, о которых время от времени напоминали газеты[28].

Наталья Ковшова и Мария Поливанова стали Героями Советского Союза в феврале 1943 года посмертно. Подруги и соученицы по Московскому авиационному институту, они ушли на фронт добровольцами в октябре 1941 года, окончив снайперские курсы еще до того, как была организована Центральная женская школа снайперской подготовки. В очерке, представлявшем читателям «Комсомолки» двух девушек-бойцов после года сражений, говорилось, что Ковшова и Поливанова имеют на своем счету более 300 убитых врагов и награждены орденами Красного Знамени. Описывая их последний бой, автор использовал сложную систему идентифицирующих категорий, которые не соответствовали

---

[27] За статьей Лидова вскоре последовали литературные и кинематографические произведения, преследующие цель апроприации и увековечения памяти о Зое: [Заречная 1942; Космодемьянская 1942; Алигер 1943]; «Зоя» (1944), реж. Лев Арнштам.

[28] Девушки-героини также обычно относились к совершенно отдельной категории. В речи, произнесенной 8 марта 1943 года, секретарь ВЦСПС К. И. Николаева говорила о женщинах-бойцах в буквальном, военном смысле слова. Все девушки, которых она назвала, имели несомненно военную идентичность — пехотные санинструкторы и снайперы, пулеметчицы, летчицы: Мария Байда, Ольга Ковалева, Нина Онилова, Наташа Ковшова, Мария Поливанова, Марина Раскова (Речь Николаевой К. Собрание партийных, советских и общественных организаций г. Москвы // Комсомольская правда. 1943. 9 марта).

тому, что было принято в традиционных повествованиях о мученицах Отечественной войны. Автор охарактеризовал Ковшову и Поливанову как «смелых дочерей» советского народа и включил их в ряды непосредственно вступающих в бой «храбрых солдат»:

> Немцы бешено рвались вперед. Группа бойцов, в которую входили отважные девушки, стойко отражала атаки, но ряды храбрецов постепенно редели. Вот уже в живых осталось только трое: Наташа Ковшова, Маруся Поливанова и снайпер Новиков. Все трое были ранены. Патроны кончились. У девушек оставались лишь четыре гранаты. Немцы подходили все ближе. Девушки бросили две гранаты в немцев. Когда фашисты подошли вплотную, храбрые дочери Москвы взорвали последние гранаты. Они погибли, но осколки гранат уничтожили еще несколько немцев[29].

В отличие от Ковшовой и Поливановой, младший сержант и автоматчица разведроты Мария Байда получила звание Героя Советского Союза при жизни, в 1943 году. Байда была известна советскому читателю и до 1943 года. 20 июня 1942 года она стала первой девушкой, получившей Золотую звезду Героя за боевой подвиг при обороне Севастополя. Это событие широко освещалось в центральной прессе. В «Красной звезде» вышла статья о Байде под названием «Героиня Севастополя». «Известия» напечатали подробное описание подвига, которое основывалось на интервью Байды военному корреспонденту.

Статьи в «Красной звезде» и «Известиях» изображали Марию участницей боя, длившегося целый день. Подробное динамичное описание того, как она держала оборону вместе с другим бойцом, как одной точной очередью «уложила» четырех немцев, как спасла своего товарища, вступив в ближний бой с противником, как была ранена, погружало читателя в самую гущу событий на оборонительных рубежах под Севастополем летом 1942 года[30].

---

[29] *Чигашков В.* Дочери Москвы // Комсомольская правда. 1943. 18 февраля.
[30] *Галышев С.* Разведчица Мария Байда // Известия. 1942. 27 июня; Героиня Севастополя — Мария Байда // Красная звезда. 1942. 27 июня.

В отличие от мученицы Зои Космодемьянской, женщины — непосредственные участницы боев являлись самым радикальным воплощением понятия «женщина-солдат»[31]. Чтобы избежать путаницы, которая могла возникнуть при иносказательном употреблении понятий «солдат», «боец», «битва», «фронт» — а такие метафоры широко использовались в описаниях подвигов тружениц тыла и мучениц-партизанок, — журналисты и авторы писем с передовой, писавшие о девушках-солдатах, подчеркивали, что используют военные термины «в буквальном смысле»[32]. Связывая женскую идентичность с солдатской, как журналисты-профессионалы, так и журналисты-любители, а также те мужчины и женщины, участники боев, чьи письма и очерки публиковались в центральной прессе, участвовали в создании дискурсов, в которых сами понятия «женщина» и «солдат» были лишены противопоставительных означений.

Попробуем более подробно проследить один такой процесс переосмысления, который предложила своим читателям «Комсомольская правда» при публикации писем с фронта Натальи Ковшовой. Как многие девушки-бойцы, Ковшова оставила множество длинных и подробных писем, которые она писала своей матери, тете и другим членам своей семьи. После гибели Ковшовой в августе 1942 года и посмертного присвоения ей звания Героя Советского Союза «Комсомольская правда» начала публикацию ее писем, которые переслала в газету ее мать. В мае 1943 года были одно за другим опубликованы одиннадцать писем — каждое занимало больше половины газетной полосы. Письма Ковшовой и других девушек, получившие известность благодаря газетным публикациям, предоставляли читателям возможность взглянуть на женщину-солдата сквозь призму ее

---

[31] О другой серии репортажей 1942–1943 годов, посвященных выдающейся женщине-снайперу Людмиле Павличенко, см. в главе четвертой.

[32] См., например, письмо с фронта, написанное майором П. Тронько и капитаном В. Згурским об их товарище летчице-истребителе Лиле Литвяк: *Тронько П., Згурский В.* Лиля // Комсомольская правда. 1943. 31 августа. См. также речь секретаря ВЦСПС Клавдии Николаевой: *Николаева К.* Указ. соч.

отношений с находящимися в тылу родственниками. Эти письма наглядно показывают динамику происходившего в те годы переосмысления таких гендерно окрашенных идентификаций и понятий, как «женщина», «дочь» и «женственность»[33].

В письме к семье тети от 9 июня 1942 года, присланном из тылового госпиталя, куда Ковшова попала двумя месяцами раньше после ранения, она без особых усилий приписывает себе само собой разумеющиеся качества, которые представляются несовместимыми с точки зрения традиционных гендерных отношений: решительный беспощадный воин, считающий дни до своего возвращения в строй, и нежная, любящая, скучающая по родному дому племянница, сестра, дочь, внучка. В том же письме она выступает еще и как солдат, оспаривающий решение своего батальонного командира не пускать ее на передовую до тех пор, пока ее раны полностью не залечатся. А с другой стороны, она предстает романтичной девушкой, собирающей лесные цветы, чтобы в госпитальном блиндаже было уютно и красиво:

> Я ведь сюда приехала не под кустиком сидеть, а фрицев бить! Ну, я уверена, что и этот вопрос будет урегулирован, и я снова смогу пойти в бой, чтобы бить проклятых бешеных псов, мстить им за родную советскую землю, за кровь советских людей, за слезы и муки женщин и детей, и гнать, гнать их до тех пор, пока им бежать будет некуда, и там придавить их, чтобы раз и навсегда покончить с фашистской нечистью. Миленькие мои, а вы как живете? Почему редко стали писать своей Натке? Или, может быть, забывать стали? Нехорошо!!! А я уж так об вас скучаю, что просто сил никаких нет, так бы и полетела к вам, обняла бы вас крепко, крепко и расцеловала нежно и горячо. <...> Теперь живем в землянке. Тоже неплохо. Печка, нары и даже стол и полочка есть. И, конечно, без букета ландышей не обошлось, а отсюда уют и запах. Красота!

---

[33] Письма Наташи Ковшовой // Комсомольская правда. 1943. 23 и 25 мая. См. также другие письма женщин-комбатантов, опубликованные в центральных газетах: Два письма // Правда. 1942. 29 октября; *Булатов В.* На крымской земле // Правда. 1942. 1 ноября.

> Красота-то красота, а в часть мне очень хочется скорей попасть. <...> Надо кончать, а то тут все в ужас пришли от такого длинного письма. Говорят, никто читать не будет, а я сказала: «Чем длиннее, тем лучше!» Не правда ли?[34]

Ни тоска по дому, ни любовь к цветам, ни стремление к уюту не мешали Ковшовой осознавать себя женщиной-бойцом[35]. Во время войны и в послевоенные годы принятый Ковшовой образ девушки-солдата активно пропагандировали ее родные — мать и тетя. Обе они, сестры Араловец, были старыми членами партии и поддержали Наташино желание уйти на фронт. Нина Араловец, мать Ковшовой, в феврале 1943 года рассказала журналистам «Комсомольской правды», что она узнает свою дочь даже в том, как она погибла — как солдат, который не дал врагу возможности восторжествовать даже на мгновение[36].

Остававшиеся в тылу адресаты Ковшовой, точно так же, как она сама в своей переписке, олицетворяли по сути новое отношение к тылу и к семье, которое возникало и развивалось с подачи женщин-солдат. По отношению к многочисленной родне, среди которой было восемь женщин и один мужчина, Ковшова играла роль дочери/племянницы/сестры нового типа: ее гражданские и военные права и обязанности распространялись и на пространство боевых действий. Сходному переосмыслению подвергались отношения дочери и матери и в советской прессе в целом.

Очерки и передовые статьи в «Правде», «Комсомолке» и «Известиях» вносили свой вклад в легитимацию альтернативных представлений о том, что такое «дочь», создавая публичный

---

[34] *Письма Наташи Ковшовой.*

[35] См. также другие статьи, в которых переосмысляется значение кокетства, красоты и женственности применительно к участию в боях и идентичности женщины-солдата: *Гюне Л., Аджимамудов А.* Чижик и ее подруги // Комсомольская правда. 1943. 1 июня; *Тронько П., Згурский В.* Указ. соч.

[36] *Чигашков В.* Указ. соч.

образ советской матери, у которой на фронт ушли и сыновья, и дочери. Уже к апрелю 1943 года распространенное понятие «мать фронтовика» включало в себя и матерей девушек-солдат. Именно в таком расширенном и гендерно переосмысленном значении этот термин использовался на Всесоюзном митинге женщин — матерей и жен фронтовиков, прошедшем в Колонном зале Дома союзов весной 1943 года. На митинге был выбран почетный президиум из числа видных государственных, партийных и военных деятелей: Сталин, В. М. Молотов, К. Е. Ворошилов, М. И. Калинин, Л. М. Каганович, Н. С. Хрущев, Л. П. Берия. Открывали митинг две матери женщин-солдат: Натальи Ковшовой и Марины Расковой. Следом за ними выступали матери и жены солдат-мужчин. Такое начало митинга зафиксировало положение, при котором понятие «фронтовик» было признано включающим и сыновей, и дочерей[37].

Альтернативные категории «женщина», «дочь», «мать», вобравшие в себя широкий спектр женских типов и жизненных путей, в 1943 году еще находились в процессе формирования и постоянно дополнялись за счет новых лиц. Рассказывая о перевооружении армии, журналисты предлагали читателям все новые образы женщин на пространствах механизированной войны. Женщина-солдат, таким образом, менялась вместе со всеми вооруженными силами, спешно учившимися вести современную войну современными средствами. Скоро на страницах газет стали мелькать имена и портреты не только девушек — снайперов, пулеметчиц, и десантниц, но также и тех, кто воевал в качестве бойцов противотанковых частей, военных летчиц или танкистов. Короткий фоторепортаж, посвященный расчетам противотанковых частей, появившийся в одном из апрельских номеров «Комсомольской правды» за 1943 год, познакомил читателя с сестрами-артиллеристами Аней и Марусей Готовцевыми. На фотографии девушки были запечатлены в зимней

---

[37] Всесоюзный митинг женщин — матерей и жен фронтовиков // Правда. 1943. 14 апреля; см. также: Священный долг советской женщины <передовая статья> // Правда. 1943. 8 марта.

Илл. 18. «Командир экипажа Ф. И. Пересыпкин и его жена воздушный стрелок-радист В. Ф. Тростянская» // Комсомольская правда. 1944. 8 марта. Советская пресса охотно показывала небольшие механизированные боевые единицы, состоявшие из разнополых членов одной семьи: сестер и братьев или, как на этой фотографии, мужа и жены. С разрешения «Комсомольской правды»

артиллерийской форме, позирующими рядом со своей противотанковой пушкой, которая глядела прямо на читателя. На второй фотографии были сняты двое мужчин-артиллеристов. По отношению как к женскому, так и к мужскому расчету указывалось число уничтоженных ими немецких солдат и военной техники. Расчет противотанковой пушки сестер Готовцевых, по сообщению газеты, «уничтожил 59 фрицев, подбил 2 вражеских танка, 2 пулемета, миномет с прислугой и 1 самоходное орудие»[38] (илл. 18).

---

[38] Им не страшны немецкие танки // Комсомольская правда. 1943. 21 апреля. См. также фотографию двух боевых летчиц, совершивших 400 и 352 боевых вылета: Две боевые подруги // Правда. 1943. 6 июня; а также фоторепортаж о женских ночных бомбардировщиках: Небо Кубани // Смена. 1943. № 5; фамилии воевавших вместе летчиков-истребителей, мужчин и женщин, включались в обычные военные репортажи «Правды»; см., например: От советского Информбюро // Правда. 1943. 27 июня.

Наряду с краткими фоторепортажами печатались и более пространные корреспонденции, очерки и литературные зарисовки. Как и прежде, газеты помещали письма с фронта младших командиров и политработников — мужчин, которые рассказывали о своих боевых товарищах — женщинах. «Уважаемый товарищ редактор, — писали майор П. Тронько и капитан В. Згурский в "Комсомольскую правду" в августе 1943 года, — мы очень просим вас поместить в "Комсомольской правде" письмо о том, как воевала против немцев и погибла в бою славная дочь Родины Лилия Владимировна Литвяк». В год гибели, говорилось в письме, лейтенанту Лиле Литвяк было всего двадцать два, но она уже больше года пилотировала свой «як». Согласно подсчетам, сделанным в ее полку, к тому моменту, когда она не вернулась с боевого задания в июле 1943 года, она лично сбила двенадцать вражеских самолетов и была дважды ранена. Однако Тронько и Згурский хотели рассказать читателям газеты не только о впечатляющих военных победах Литвяк: «А если бы на земле знали, что в голубом небе сражается девушка, что это она, пикируя до пятнадцати метров, поливает врага свинцовым дождем, а затем огромным напряжением сил, до темноты в глазах, выхватывает машину из пике, чтобы продолжать драться на высоте...»[39]

Люди в окопах, объясняли Тронько и Згурский, летчика не видят. Авторы письма, таким образом, считали своим личным долгом сделать невидимое видимым. Внося в летопись воздушных боев женское имя и женское лицо, они, на страницах всесоюзной газеты, вносили в представление о военно-воздушных силах как о мужском царстве радикальные коррективы. В конце письма Тронько и Згурский рассказывали читателям «Комсомолки», что их полк решил сохранить память о Литвяк, навеки зачислив ее в свои списки и учредив специальный ритуал: каждый день на вечерней поверке в части, в которой сражалась Лиля Литвяк, — писали они, — «будут вызывать ее, как живую, и правофланговый будет отвечать: Пала смертью героя в боях за Родину...»[40].

---

[39] *Тронько П., Згурский В.* Указ. соч.
[40] Там же.

В 1943 и 1944 годах новизну фигуре женщины-солдата, принимавшей участие в высокотехнологичной механизированной войне, придавал также и ее новый офицерский статус. Как мы видели ранее, в газетных репортажах и письмах очевидцев время от времени появлялись женщины — сержанты, младшие командиры, капитаны. Так, типичный рассказ о женщине-командире, опубликованный в «Правде», был прислан с фронта в апреле 1943 года и посвящен армейскому капитану и инструктору политотдела Анне Никулиной. Описывая новые командные порядки в бою, А. Фаров от лица солдат — пехотинцев и танкистов своей части рассказывал о том, как Никулина перед боем «призвала бойцов к бесстрашию», а во время атаки «была среди них, бесстрашных». Подробно описывая всесоюзной аудитории «Правды» военные сцены, Фаров рассказывал среди прочего о моменте, когда «автоматчики, соскакивая с танков, увидели ее, Анну Никулину. Она бежала впереди, сжимая в руках автомат». Затем, вспоминая о том, что происходило после боя, автор письма дает волю своему воображению, которое смешивает традиционно считавшиеся несовместимыми образы солдата — завоевателя и освободителя — с образом женщины-командира: «И когда кончился бой, по улицам, среди горящих хат, переступая через трупы убитых немцев, пошла с автоматом за плечом капитан Никулина»[41].

Однако попытки журналистов и авторов писем рассказать о новой, заново вооруженной армии и ее женщинах-бойцах были явно неполными. Истории о женщинах — военных специалистах и офицерах были окружены умолчаниями в соответствии с господствовавшей тогда официальной установкой: не рассказывать в прессе о ключевой роли советского государства, благодаря которой после 1941 года в армию влилась когорта женщин-солдат.

Молчание было всеобщим и нерушимым. Этой установке следовали все, кто мог публично выразить свое мнение: и профессиональные журналисты, и писатели, и авторы писем с фрон-

---

[41] *Фаров А.* Отважная душа // Правда. 1943. 30 апреля. См. также: *Кожевников В.* Катя Петлюк // Правда. 1944. 8 марта; *Магид А.* Девятка отважных // Правда. 1945. 26 февраля.

та. В результате возникала неполнота общественного дискурса: с одной стороны, он отражал новую гендерную ситуацию в действующей армии, а с другой — не показывал картину участия женщин в современной войне в полном объеме. Информация о числе призванных и проходящих военную подготовку девушек не разглашалась. Не проникали на страницы газет и сообщения о конфликтах между солдатами-мужчинами и солдатами-женщинами, а также и о мужских протестах против присутствия женщин на фронте.

Упомянутое выше письмо-очерк о летчице-истребителе Лилии Литвяк, напечатанное в «Комсомольской правде», наглядно демонстрирует дискурсивные правила и запреты на публичное освещение судеб женщин-бойцов, призванных на военную службу государством и получивших соответствующую подготовку. В военной карьере Литвяк как летчицы-истребителя (ставшей в итоге асом) государственные и военные учреждения сыграли ведущую роль. До войны Лилия работала летным инструктором и была в числе первых добровольцев, призванных ЦК ВЛКСМ в октябре 1941 года, когда вышел приказ о формировании трех женских авиаполков[42].

Однако та роль, которую сыграло в военной судьбе Литвяк государство, не получила никакого отражения в письме Тронько и Згурского. Авторы письма следуют готовым журналистским штампам (а может быть, выполняют указания им следовать), с помощью которых начиная с 1941 года присутствие девушек на фронте представляли результатом «простого решения» — «уйти на фронт». Авторы письма сводили удивительное преображение Литвяк из летного инструктора в летчицу-истребителя и затем в аса к нескольким готовым формулам и аллюзиям. «Когда началась война, — писали они, — Лиля сказала: "Теперь мое место на фронте". И она ушла добровольцем в авиачасть». Описывая участие Литвяк в воздушных боях, они не объясняли, каким образом летчица-инструктор смогла стать боевым пилотом. Не узнавали читатели и о том, что в начале своей военной карьеры Литвяк

---

[42] См. воспоминания Паспортниковой в [Noggle 1994: 369–373].

входила в состав большого женского военного коллектива, организованного, подготовленного к участию в боях и отправленного на фронт по распоряжению руководства страны[43].

Необходимость умолчания о роли правительства в появлении женщин на фронте и в приобретении ими статуса командиров наиболее отчетливо видна в рассказах самих женщин-солдат, печатавшихся центральными газетами во время войны. Те из девушек, кто вступал в вооруженные силы в ходе государственных призывов, вполне могли бы описать, как именно происходила мобилизация и подготовка, однако воздерживались от этого[44].

Такое хорошо организованное, остававшееся практически нерушимым замалчивание указывает на присутствие несомненных цензурных предписаний, которыми руководствовалась пресса военного времени. На фронте же причастность государства и армии к созданию нового типа женщины-солдата было невозможно не заметить. Именно благодаря государству обстоятельства прихода женщин в боевые части качественно изменились, их присутствие стало заметнее, а их статус и полномочия — выше.

«Только — командирами... и только — на передовую»

Начиная с 1942 года процесс зачисления в боевые части стал занимать больше времени. По мере того как уходил в прошлое аврал первого года войны, в армию возвращались бюрократические правила и формальности. Женщины-командиры и специализированные боевые соединения не были исключением из новых правил. Женщинам — как офицерам, так и бойцам снайперских взводов — полагалось сначала обращаться в штабы фронта и армии, откуда их направляли в нижестоящие органы: дивизионные, полковые и батальонные, вплоть до рот и взводов. Прежде чем

---

[43] *Тронько П., Згурский В.* Указ. соч. См. также все статьи, очерки и передовицы, которые цитировались ранее в этой главе.

[44] См. письмо майора Е. Никулиной и старшего лейтенанта Р. Гашевой об их командире полка Евдокии Бершанской: *Никулина Е., Гашева Р.* Наш командир // Правда. 1945. 8 марта.

прибыть к месту назначения, в каждой из инстанций женщины-солдаты привлекали к себе пристальное внимание. Уже во время этого предварительного, дофронтового знакомства военные понимали, что имеют дело с новым типом женщины-солдата. Ее присутствие на фронте получило одобрение свыше, а военные навыки и документы были в полном порядке и могли быть предъявлены по первому требованию. Но самое важное заключалось в том, что сама эта новая женщина прекрасно осознавала свой новый статус и право принимать участие в современной войне.

Станислава Волкова была в числе первых женщин-командиров, которые окончили Московское военно-инженерное училище и попали на фронт в июне 1944 года в качестве командиров саперного взвода. В своих воспоминаниях Волкова описывала себя как новую женщину, которая без колебаний и с сознанием собственных прав отстаивает свою нетрадиционную профессию женщины-командира перед старшими офицерами — мужчинами, заставляя их выполнять предписания, содержавшиеся в ее документах. Согласно одному из этих предписаний, Волкову и ее подругу следовало назначить командирами саперных взводов и послать их на передовую. Однако в штабе, куда женщины-офицеры явились доложить о прибытии, этого не исполнили. Действуя по старым гендерным канонам, штабисты восприняли Волкову и ее подругу как «девочек» и пообещали уберечь их от передовой: «Встретили нас так: "Молодцы, девочки! Хорошо, что приехали, девочки. Но никуда мы вас не пошлем. Будете у нас в штабе". Это нас так встретили в штабе инженерных войск»[45].

Волкова вспоминает, что они с подругой не побоялись вступить в спор со штабным офицером. Протестуя против отношения к ним как к «девочкам», они развернулись и вышли из штаба: «Тогда мы заворачиваемся и идем искать командующего фронтом Малиновского», чтобы получить назначение в соответствии со своей подготовкой. Когда они вернулись, в штабе началось импровизированное собрание. Первоначально «девочки» столкнулись всего с двумя штабными офицерами, однако теперь история

---

[45] Воспоминания Станиславы Волковой см. в [Алексиевич 1988: 154].

разрослась до общественного события. В штаб набились офицеры, стали гадать, как быть с девушками, отказывавшимися вести себя как традиционные девушки: «И долго они там все говорили и говорили... и каждый советует...» [Алексиевич 1988: 154]. Один из самых резких протестов против присутствия женщин на передовой, как вспоминает Волкова, был основан на знакомом нам гендерном определении войны как «мужского дела». Один молодой и «интеллигентный капитан» схватился за голову, услышав, что девушки хотят быть командирами саперных взводов: «Нет, нет! Что вы? <...> Вы что, шутите, там же одни мужчины, и вдруг командир будет женщина — это безумие». Другой штабной офицер пытался запугать Волкову и ее подругу тем, что их ждет быстрая и неминуемая гибель в бою. Надеясь вызвать у них страх и истерику, он интересовался, знают ли девушки о том, что командир саперного взвода на передовой живет в среднем два месяца [Алексиевич 1988: 154].

«Горячий» прием, который был оказан Волковой и ее подругам в штабах, ждал их и на передовой. Женщины-командиры отвечали на все протесты категорическим отказом идти на компромисс, требуя назначения в боевые части и утверждая тем самым свои новые права и статус советских женщин. Таким образом, на смену типичной девушке-добровольцу образца 1941 года, которая желала попасть в действующую армию в любом качестве, боевом или небоевом, пришла новая женщина — солдат/офицер/командир, осознававшая свои силы в спорах с теми, кто противодействовал ее назначению в боевые части.

Волкова и ее подруга и воплощали этот новый тип: они могли позволить себе повернуться спиной к штабному офицеру и не нуждались в его поддержке и сотрудничестве, для того чтобы участвовать в боях. Конфликты о праве женщины воевать могли длиться много дней. Однако если женщины твердо отстаивали свое санкционированное властями право, то рано или поздно попадали в свои роты и взводы. Волкова так обобщает стратегию, к которой прибегали они с подругой: допустим, штабной офицер или командир части пытается оттянуть назначение или переубедить их — «мы стоим на своем, что, мол, у нас есть направление, что мы должны быть только командирами саперных взводов. <...> ...и только — на передовую» [Алексиевич 1988: 154]. Спор в итоге разрешился в их пользу, несмотря на неприкрытое противодействие мужчин. Как Волкова, так и ее подруга получили мужские взводы и до конца войны под огнем противника ставили мины на нейтральной полосе, разминировали проходы для разведчиков, руководили солдатами и при необходимости принимали непосредственное участие в боях.

Воспоминания Волковой о новом статусе женщины-бойца открывают новую страницу в истории гендерных споров на фронте. Как и в первый год войны, привычные аргументы против присутствия женщин в боевой обстановке не были всеобщим мнением фронтовиков по отношению к женщинам — солдатам и офицерам, призванным государством.

История возвращения младшего лейтенанта Валентины Чудаковой на передовую линию Центрального фронта зимой 1943 года в качестве командира пулеметного взвода значительно расширяет существовавшие на фронте во второй половине войны представления о женщинах-офицерах. Как вспоминает Чудакова, вернуться в окопы в новом качестве оказалось гораздо сложнее, чем вступить в армию в качестве санитарки за полтора года до этого. Четыре командира дивизии один за другим отказывались подчиняться распоряжению отдела кадров армии предоставить ей место командира пулеметного взвода. Вместо того чтобы выполнить приказ, каждый из них отсылал Чудакову обратно в штаб армии с резолюцией: «Откомандировывается в ОК за невозможностью использования по прямой специальности». Как и Волкова, Чудакова отказывалась идти на компромиссы и не соглашалась променять свою командную должность на роль штабного служащего или обычного пулеметчика-зенитчика. Ее решимость — во что бы то ни стало добиться положения, соответствующего ее подготовке и документам о назначении, — представляет собой резкий контраст с ее же готовностью уйти на фронт на любых условиях летом 1941 года. Через два года роль обычного зенитчика, не говоря уже о штабной работе, ее не устраивала. Чудакова чувствовала себя вправе стать командиром, и это приводило ее обратно в штаб армии каждый раз, когда ей предлагали некомандную или небоевую должность. Вернувшись в штаб, она снова просила отправить ее командовать боевой частью [Чудакова 1965: 254–256].

Основная причина упорного стремления Чудаковой стать боевым офицером состояла в том, что она отказывалась считать боевые действия чем-то безусловно противоположным себе — советской девушке. Она сознательно апеллировала к государству, давшему ей квалификацию офицера-пулеметчика: «Не зря же государство тратило на меня деньги и время», — говорила она и самой себе, и командирам дивизий, которые не хотели ее брать. По словам Чудаковой, настаивая на своем праве командовать, она отстаивала одновременно и свои, и государственные интересы [Чудакова 1965: 258].

Помогло Чудаковой настоять на своем и то, что мужское сопротивление в ее случае было менее единодушным, чем, например, в случае Волковой. Во-первых, армейский кадровик полковник Вишняков неизменно выдавал ей новые назначения и поддерживал ее решение не принимать предложения, снижающие ее ранг или не соответствующие ее подготовке. После четырех неудачных попыток Чудакова и Вишняков избрали новую стратегию: не посылать Валентину наугад в разные дивизии, но выбрать командира, который, как им казалось, больше других готов принять саму идею женщины-командира. Поскольку гендерные нормы варьировали в зависимости от возраста, они в конце концов остановили свой выбор на самом молодом комдиве. И этот план сработал [Чудакова 1965: 257–258].

«Командир дивизии полковник Севастьянов был действительно очень молод», — вспоминала Чудакова. Он разговаривал с нею «как с самым обыкновенным командиром взвода», и это ей «сразу понравилось». Судя по их первому разговору, Севастьянов считал, что «самый обыкновенный командир взвода» необязательно должен быть мужчиной и что женщина-командир — вполне реализуемая на практике перспектива. Отправляя Чудакову командовать, он напутствовал ее, сказав, что «все зависит только» от нее самой: «Как себя поставишь, так и будет» [Чудакова 1965: 258–259].

Подход, который нашли в 1943 году Чудакова и армейский кадровик, — избегать прямой конфронтации с теми офицерами, которые категорически не желали принимать к себе женщин-командиров, и вместо этого подыскивать подходящий вариант, — не был доступен в любое время любым женщинам — дипломированным бойцам. Особенно это касалось женских формирований: невозможно было перебрасывать женские авиаполки и снайперские взводы от одного командира другому, пока наконец не найдется подходящий.

Так, например, когда в мае 1942 года полностью женский полк ночных бомбардировщиков прибыл в расположение 218-й авиадивизии, то выяснилось, что ее командир, полковник Д. Д. Попов, был не только расстроен, но и обижен этим обстоятельством. Первое посещение комдивом военного аэродрома, на котором базировался женский полк, надолго запомнилось летчицам: оно прошло в полном молчании: «Появился он перед строем хмурый, серьезный, — вспоминала Марина Чечнева, — ни слова не говоря, прошел от самолета к самолету и удалился с командованием полка в штаб» [Чечнева 1976: 54][46].

Начальник Попова, командующий армией генерал К. А. Вершинин, впоследствии подтвердил воспоминания летчиц. Получив в свое распоряжение женский полк, Попов позвонил Вершинину. В голосе комдива, по словам командарма, «проскальзывала досада». «Товарищ командующий, — начал свой телефонный доклад-жалобу Попов, — докладываю: принял сто двенадцать барышень. И что я буду делать с ними?» [Вершинин 1975: 137]. Штабные работники из дивизии Попова вспоминали, что тот воспринял новое пополнение как нечто вроде дисциплинарного взыскания за какие-то провинности своей части и, в конечном итоге, как оскорбление, нанесенное ему как мужчине-военному: «В чем мы провинились? Почему нам прислали такое пополнение?» [Ракобольская 2002: 24].

Однако даже столь острые переживания редко оборачивались долговременным неприятием ситуации. Военная дисциплина

---

[46] См. также: [Ракобольская 2002: 24; Кравцова 1968: 30].

и несомненные признаки официальной поддержки женских формирований — ибо как еще, если не по указанию сверху, мог быть создан полностью экипированный женский авиаполк? — все это играло на руку женщинам-солдатам. Генерал Вершинин, например, вспоминал, что он не позволил Попову муссировать свою обиду. Командарм перешел на нетрадиционный гендерный язык, опиравшийся на государственные приказы, и посоветовал Попову считать девушек не «барышнями», а военными летчицами. Указав, что никакого унижения нет, он предложил Попову рассматривать свое назначение в качестве непосредственного командира летчиц как историческую привилегию. Женщины никогда не воевали в воздухе, согласился Вершинин с Поповым, но добавил: «Зато тебе первому придется учить их боевой работе». На этой ноте, подразумевавшей, что Попов стоит на пороге новой исторической эры, Вершинин завершил телефонный разговор [Вершинин 1975: 138].

Как правило, командиры-мужчины быстро осознавали, что их шансы оспорить предписания, касающиеся женских формирований, близки к нулю[47]. В тех редких случаях, когда сопротивление мужчин прибытию женских частей на фронт затягивалось, правительство вступалось за подготовленных с его помощью женщин-солдат и разрешало ситуацию, задействуя своих представителей — комсомольских работников или военнослужащих. Снайпер Антонина Бородкина вспоминала, что сами женщины-солдаты, столкнувшись с непреклонным мужским сопротивле-

---

[47] Майору В. В. Маркову было тридцать три года, когда в январе 1943 года, после гибели Расковой в авиакатастрофе, он был назначен командиром в основном женского полка пикирующих бомбардировщиков. Когда он был вызван в штаб ВВС в Москве и получил предписание заменить Раскову, то, как вспоминал впоследствии сам Марков, это вызвало у него потрясение. Однако у него не было возможности задать какие-либо вопросы или высказать свое мнение: он не мог представить женщин в контексте боевых действий и неизбежных потерь. Маркову сказали, что «приказ уже издан и подписан». «Я вышел из кабинета, злой и бледный... По природе и складу характера я человек очень дисциплинированный, и я знал, что мне ничего не остается, как согласиться» (Интервью с Валентином Марковым, см. [Noggle 1994: 102]); см. также [Марков 1971: 29–30].

нием, смело обращались в комсомольские и военные организации, которые ранее их призывали и готовили к службе.

Бородкина, выпускница Центральной женской школы снайперской подготовки, в марте 1944 года прибыла в расположение 217-й пехотной дивизии 1-го Белорусского фронта в составе женского снайперского взвода. Прием, оказанный ее взводу руководством дивизии, быстро перерос в конфронтацию. Встретив взвод настороженно, вспоминает Бородкина, командование начало распределять женщин-снайперов по небоевым должностям, записывая их в телефонистки, секретарши и т. д. Когда девушки заявили категорический протест, командиры прибегли к более серьезным мерам, чтобы заставить их подчиниться и принять назначения. Четырех наиболее прямолинейных из числа протестовавших отправили на гауптвахту [Бородкина 1996: 52][48].

Бородкина рисует в своих воспоминаниях командование дивизии, не способное ни понять, ни оценить тот тип военного коллектива, который образовали девушки-снайперы. Как и многие другие женские части, снайперский взвод, в котором служила Бородкина и который командование 217-й дивизии попыталось демилитаризовать, не был случайным собранием отдельных людей. Наоборот, он представлял собой сплоченную группу, которая училась вместе в течение полугода и превращалась в боевой женский коллектив при содействии и одобрении преподавателей снайперской школы. Следствием этого было то, что взвод сопротивлялся как один человек. Когда конфронтация с командованием дивизии усилилась, снайперы решили обратиться в две организации, которые их призывали и обучали: политотдел ЦК ВЛКСМ и Центральную женскую школу. Четыре девушки, отправленные на гауптвахту, написали письма, которые подписали и остальные бойцы взвода. В ответ командование приказало отправить всех девушек-снайперов на дивизионную кухню [Бородкина 1996: 53].

---

[48] См. также [Меркулова 1985: 69]. О прямо противоположном (тому, о чем пишет Бородкина) восприятии командованием армии появления пятидесяти женщин-снайперов — с любопытством и доброжелательностью — см. [Лобковская 1995: 12–13].

Успех категорического протеста, заявленного бойцами взвода, по словам Бородкиной, зависел еще и от помощи тех солдат, которые, в отличие от своих командиров, вовсе не считали, что женщинам безусловно не место в зоне военных действий. Женские письма дошли до ЦК комсомола и снайперской школы благодаря солдатам разведроты, которые тайно предложили помощь девушкам-снайперам. Благодаря такой совместной акции протеста в дивизию явились для расследования инцидента посланцы ЦК. В тот же день, после их разговора с руководством, женский взвод был разделен на две группы и распределен по фронтовым частям для участия в боевых действиях [Бородкина 1996: 53]. То, как был разрешен конфликт, уверило взвод Бородкиной в действенности двух важнейших положений: во-первых, приверженность мужчин традиционному взгляду на передовую как на мужскую территорию не монолитна; а во-вторых, обучавшие их комсомольские и военные организации являются надежными союзниками в переделке гендерных карт современной войны.

Начиная с 1942 года участие обученных женщин-бойцов и командиров в боевых действиях не было, с точки зрения советского государства, спорным вопросом. Изменив способ ведения войны путем широкомасштабного перевооружения, советское правительство и армейское командование поставили перед фронтовыми частями дополнительную задачу: переосмыслить гендерную структуру современной войны и идентичность современных военных специалистов — солдат и офицеров. Эти государственные и военные инициативы далеко превосходили масштабы и условия присутствия женщин в военных частях, возникшие в результате спонтанного ухода на фронт в 1941 году. Дальше мужчинам и женщинам предстояло самим выстраивать свои отношения так, чтобы иметь возможность воевать и выживать в этих новых условиях. Гендерные характеристики сложившихся отношений и повседневного распорядка жизни на фронте будут исследованы в следующей главе.

Глава 7
«Рожденная войной»
Новая гендерная культура на передовой

Введение: «Я люблю своих солдат»

В марте 1943 года младший лейтенант Валентина Чудакова уже более двух месяцев командовала пулеметным взводом. Взвод, помимо нее, состоял из двадцати трех мужчин и четырех пулеметов. Центральный фронт, на котором она воевала, был сравнительно спокойным местом этой зимой и ранней весной. Большую часть времени Чудакова и ее солдаты проводили в окопах или принимали участие в мелких стычках. В начале марта ситуация изменилась. Фронт начал свое первое широкомасштабное наступление. После нескольких дней боев Чудакова и ее взвод расположились для отдыха в развалинах только что освобожденной ими деревни Новолисино. Описывая этот привал в книге воспоминаний, Чудакова размышляла о переменах, произошедших в ее отношениях с бойцами за последние месяцы. В конце 1942 года пулеметчики, по большей части молодые бойцы, встретили Чудакову ошарашенными взглядами и прямо отказывались повиноваться. Однако следующей весной боевой коллектив слился в единое целое. Бойцы стали для Чудаковой «ее ребятами». Сидя неподалеку от своих солдат, женщина-командир рассматривала их с любовью, исподволь восхищаясь их физической красотой:

> Они сидят на пулеметных коробках с лентами. Курят, переговариваются, смеются. А я гляжу на них и не могу наглядеться. Двадцать три человека. Пока только одного Абрам-

кина потеряли. В широких маскировочных халатах поверх полушубков, в касках, надвинутых на самые брови, обвешанные оружием и снаряжением, они кажутся нескладными, неуклюжими. Но для меня мои ребята — красавцы! Разве не красив бывший урка Пырков? Рослый, широкоплечий, прямоносый. А глазищи! Серые-серые. А ресничищи!.. <...> А вот и еще один — Миронов. Широкое лицо его густо-нагусто усеяли мелкие, как маковые зерна, веснушки. Но глаза у Миронова умные и хорошая застенчивая улыбка. <...> И сержанты мои как на подбор: Непочатов, Лукин, Нафиков. Щеголи: в отличие от солдат, халаты подпоясаны ремнями, а белые барашковые воротники шуб тщательно расправлены поверх маскировочных балахонов. <...>
— Люблю! — сказала я вслух.
— Кого? — послышалось за моей спиной. Это Тимошенко спросил. Я и не заметила, как он подошел.
— Своих солдат, — ответила я [Чудакова 1965: 351–352].

Неспешный обзор «красавцев», сделанный Чудаковой, рисует нам военную часть, которая, несмотря на необычный гендерный состав и кажущуюся парадоксальной структуру власти, предстает вполне боеспособным коллективом. Прошло менее трех месяцев с тех пор, как Чудакова приняла командование, и солдаты превратились в ее «маленькую», послушную армию. Они больше не возмущаются и не сопротивляются. Эти двадцать три парня мартовским вечером просто курят, разговаривают и смеются, то есть делают то, что обычно делают солдаты, чтобы прийти в себя после только что закончившегося боя и приглушить страх перед следующим боем, который вот-вот начнется.

В воспоминаниях Чудаковой ее «маленькая армия» представляет собой что-то большее, чем послушную и дисциплинированную военную единицу. Это эмоционально спаянный благодаря возникшим в боях связям и взаимозависимостям коллектив. Чем дольше Чудакова смотрит на своих ребят, тем сильнее чувствует эту связь — «солдатскую дружбу». Боевые действия рассматриваются ею как одновременно и разрушительная, и созидательная сила, способная создавать новые отношения и коллективы, идущие вразрез с традиционным представлением о боевых товарищества как безусловно и исключительно мужских [Чудакова 1980: 7].

Нечто подобное писали о своих товарищеских отношениях и другие ветераны — мужчины и женщины, сражавшиеся вместе на передовой во второй половине войны. Важной особенностью этого периода явилось увеличение сроков совместной службы благодаря тому, что потери советской армии значительно сократились по сравнению с первым годом войны[1]. В результате после 1942 года поток писем с фронта стал более устойчивым. Для мемуаров ветеранов, посвященных этому времени, также характерен особый тип рассказа, в котором на первый план выходит сюжет о том, как рождалась фронтовая дружба, в том числе и ее необычные, с гендерной точки зрения, формы. Благодаря росту количества и качества источников мы можем заглянуть во множество мест совместной фронтовой службы мужчин и женщин и проанализировать, как на протяжении месяцев, а иногда и лет складывались их отношения, закалялись боевые товарищества, менялись армейские традиции, и появлялись новые военные субкультуры.

Чтобы проследить эти процессы, мы обратимся не только к дневникам и письмам военного времени, но и к фронтовым публикациям и стенгазетам, военным документам и послевоенным воспоминаниям, которые перенесут нас в окопы и на аэродромы, в механизированные артиллерийские и танковые соединения советской армии, двигающейся на запад. Как изменились представления о «женском» и «мужском» во фронтовых дискурсах и практиках этого периода? Наши документы не дают однозначного ответа на этот вопрос. Зато они предлагают широкий спектр традиционных и новых военных субкультур, позволявших их создателям и носителям совершенно по-разному переосмыслить такие знакомые и общеизвестные понятия и виды бытия, как «женщина», «мужчина», «командир», «солдат», «товарищ», «дочь», «отец». Как и во всей книге, в центре исследования

---

[1] Анализ динамики числа потерь в первой и второй половинах войны см. в главе шестой.

этой главы — становление коллективного мировоззрения, отклоняющегося от построенных на противопоставлениях гендерных сценариев.

Мужчина-солдат — наблюдатель, летописец и участник «исторического действа»

Прибыв на фронт и добившись назначений в соответствии с их подготовкой и званием, женщины — офицеры и военные специалисты становились объектами особого внимания со стороны командиров и солдат. Одними из первых это особое внимание испытали на себе летчицы полка ночных бомбардировщиков, которые оказались на фронте уже в начале лета 1942 года.

Сильно расстроенному полковнику Попову, которому так и не удалось избавиться от женского полка, ничего больше не оставалось, как приступить к своим обязанностям, то есть в меру своего понимания и воображения начать учиться командовать и воевать с женским полком и, в процессе, волей-неволей создавать новые формы военно-боевой рутины[2]. Командиры дивизий нечасто посещали полковые аэродромы. Попов же решил, что должен лично присутствовать на летном поле в ту ночь, когда женщины-летчицы совершали свои первые боевые вылеты. Фигура Попова, молча наблюдавшего, как уходят в ночь женские экипажи, и так же молча ожидавшего их возвращения, хорошо запомнилась женскому полку.

По воспоминаниям Марины Чечневой, в ту ночь уходили в бой только три экипажа:

> Взревели моторы. Самолеты ушли в ночь. <...> Молча стоял на старте и командир дивизии полковник Попов. Аэродром словно застыл в тревожном ожидании. <...> Время тянулось до ужаса медленно, но никто не уходил.

---

[2] См. воспоминания генерала Вершинина о первоначальной реакции Попова на прибытие женщин-пилотов [Вершинин 1975: 138], а также главу шестую настоящей книги.

> Наконец послышался характерный рокот мотора. <...> Заложив руки за спину, всматриваясь в темноту, как и другие, ждал командир дивизии Попов. Наконец послышались шаги. Из плотной чернильной густоты ночи появилась летчица [Чечнева 1976: 56–57].

Летчица, появляющаяся из темноты после успешно выполненного боевого задания и направляющаяся с рапортом к командиру, была одним из множества деталей и образов, с помощью которых Чечнева и ее девушки-однополчанки очерчивали новые гендерные сценарии и идентичности, как женские, так и мужские, советской передовой. В тот памятный день, 8 июня 1942 года, Чечнева и другие летчицы понимали, что присутствие командира дивизии на их летном поле является событием: напряженно наблюдая за работой экипажей, выслушивая рапорты женщин-командиров о выполнении заданий, Попов волей-неволей принимал личное участие в ранее небывалой военной ситуации и, возможно, делал первый шаг к созданию новых гендерных отношений на войне. В случае Попова его готовность признать, что, может быть, казавшаяся очевидной женская природа на самом деле требует по меньшей мере узнавания, была озвучена самим командиром дивизии на партсобрании женского полка, которое прошло за день до первого вылета. На этом собрании Попов признался, что плохо знает служивших в полку женщин, и пообещал «постараться <их> узнать». В воспоминаниях летчиц эти слова стали кульминацией собрания [Чечнева 1976: 56: 55].

Внимательно наблюдать девушек в деле вскоре стало распространенным занятием мужчин-летчиков, занимавших с женскими полками одни и те же аэродромы. Так, Екатерина Мусатова-Федотова, командир звена пикирующих бомбардировщиков, рассказывала, что на летных полях, где базировался ее в основном женский полк, вечно толпились мужчины: «Там была группа летчиков, которые все время смотрели, как мы садимся и взлетаем, так что однажды я решила стать звездой дня». После возвращения с боевого задания на аэродром она решила «показать себя, свои умения и способности», прямо над головами мужчин-пилотов[3].

Особенно пристальным наблюдение становилось в мужских полках и дивизиях, где служило только несколько женщин — пилотов или стрелков. Это сфокусированное мужское внимание часто обсуждалось самими девушками-летчицами и их командирами-мужчинами. Так, Ольга Лисикова, единственная летчица в своей дивизии, летавшая на «Ли-2», вспоминает разговор со своим комдивом, который вызвал ее в штаб, чтобы напомнить, что она «единственная летчица в дивизии и потому несет большую ответственность, поскольку <на нее> устремлены все взгляды»[4]. Дав понять, что он знаком с довоенным гендерным идеалом новой советской женщине и связанными с этим надеждами на будущее, командир Лисиковой не просто напоминал единственной летчице в дивизии о ее ответственности перед будущими поколениями. Он также де-факто предложил ей поддержку в этом, с его точки зрения, серьезном, но стоящем испытании. По крайней мере, так поняла своего командира сама Лисикова. В то время, когда происходил этот разговор, она командовала экипажем из шести человек: кроме нее все мужчины — второй пилот, стрелок, штурман, механик и радист [Noggle 1994: 241].

О том, что на них устремлены «все взгляды», знали, отправляясь на боевые задания, и женщины-снайперы. В те дни, когда женщины-снайперы выходили на «охоту», командиров рот и наблюдателей-артиллеристов обычно предупреждали заранее о том, что сегодня надо быть особенно внимательными. Остававшиеся в окопах бойцы следили в бинокли и перископические прицелы, как девушки и их «наставники» медленно и бесшумно, ползком, пробирались к замаскированной позиции. К восходу

---

[3] Воспоминания лейтенанта Екатерины Мусатовой-Федотовой, командира звена пикирующих бомбардировщиков, см. в [Noggle 1994: 149]. См. также [Ракобольская 2002: 108; Чалая 1971: 90].

[4] Воспоминания Ольги Лисиковой см. в [Noggle 1994: 241].

солнца снайперы распределялись по линии соприкосновения дивизии с вражескими позициями и оказывались под наблюдением множества мужских глаз. В утро боевого крещения новых снайперов даже командиры полков и дивизий часто занимали места на своих наблюдательных пунктах, с которых просматривалась нейтральная полоса. И, разумеется, как и в любое другое утро, занимались своим обычным делом корректировщики: подтверждали попадания и подсчитывали убитых снайперами врагов.

Неудивительно, что первый день в бою занимает центральное место в воспоминаниях женщин-снайперов. Однако он был не менее памятным событием и в жизни присутствовавших рядом мужчин — офицеров и солдат. Так, например, точная дата, когда рота женщин-снайперов 10-й Гвардейской стрелковой армии «показала свое мастерство», — 29 апреля 1944 года — попала в несколько мужских мемуаров. И командир армии М. Н. Казаков, лишь однажды видевший женскую снайперскую роту, и лейтенант В. Моисеенко, назначенный командовать этими женщинами-снайперами, вспоминали этот необычный по фронтовым меркам день [Казаков 1985: 135].

Утром, как вспоминает Моисеенко, ему и его полку пришлось «особенно тщательно» следить за действиями противника. Наблюдение велось с полкового наблюдательного поста, а кроме того, помогали наблюдатели-артиллеристы. С поста в расположении первого взвода Моисеенко видел только одну пару своих женщин-снайперов — Катю Рожкову и Лиду Изварину, — занимавших позиции на левом фланге взвода. Когда девушки и их сопровождающие-мужчины спрятались в засаде, все стали с нетерпением ждать первого попадания [Моисеенко 1985: 137–138].

Особое внимание, которое привлекали к себе и летчицы, и женщины-снайперы, несомненно, вызывало дополнительное напряжение в и без того тяжелых боевых условиях. Однако, судя по воспоминаниям, женщины-ветераны не рассматривали мужское внимание как только лишь дополнительное давление на себя. Среди прочего, взгляды мужчин были неизбежным элементом военной операции. Строгие правила отчетности за проведенный бой, которые военное начальство пыталось внедрить на второй год войны, требовали, чтобы у вступающих в бой женщин всегда была внимательная аудитория. Поэтому большое число мужчин — солдат и офицеров — было обязано следить, фиксировать, и заносить в войсковые журналы боевые показатели как мужчин, так и женщин, для истории и статистики воинских частей.

Полный отчет о снайперском попадании, например, включал время и место, а также подтверждение наблюдателя или младшего командира. Представим себе, какое количество военнослужащих было вовлечено в наблюдение и другие необходимые процедуры, чтобы подтвердить 309 точных выстрелов Людмилы Павличенко, одного из самых искусных снайперов Второй мировой войны. Неудивительно, что при написании воспоминаний женщины-снайперы часто обращались к своим снайперским книжкам как к строго документированной летописи своих боевых действий. Так, например, снайпер Наталья Насыпова, как и многие другие, через много лет после войны могла назвать точное место и время, когда она в первый раз убила немца: «Карельский фронт. 29 апреля 1944 г. 8 ч. 15 мин. утра» [Насыпова 1985: 125]. Не менее строгими и даже более трудоемкими были армейские правила для подтверждения точности бомбовых ударов, число сбитых самолетов, разрушенных объектов и потерь противника в живой силе [Тимофеева-Егорова 1983: 154].

Помимо того, что присутствие мужчин-наблюдателей способствовало появлению новых записей в боевых блокнотах, оно воспринималось девушками как стимул для того, чтобы «показать себя» в бою. По прибытии на фронт, писала снайпер Тамара Шпак о себе и своем взводе, «не терпелось выйти на первую "охоту", доказать, что мы не зря окончили снайперскую школу» [Никулина 1985: 116]. Так сосредоточенный на самом себе мужской фронтовой нарциссизм оказался разрушен вторжением нового объекта внимания — женщины-солдата в действии[5].

В идеале женщины-снайперы желали показать своим окопным «наставникам» и зрителям безупречный выстрел, когда враг падает замертво с первого раза, прежде чем успевает осознать, что на него охотятся. Но такое, разумеется, не могло происходить всякий раз, когда женщины выходили на «охоту». Удачи были столь же часты, как неудачи, и случалось, что, проведя весь первый день в напряженном неподвижном ожидании, девушки-снайперы упускали свой шанс и промахивались. Однако в своих военных и послевоенных воспоминаниях они замечали, что, как ни странно, отсутствие немедленного и безусловного успеха не умаляло интенсивного внимания их однополчан. Мужчины, которые приводили женщин в бой, не ставили на них крест и не разочаровывались раз и навсегда в неудачницах. Напротив, в женских неудачах многие видели естественный процесс научения воевать, через который прошли сами. Более того, за то время, которое мужчины проводили в ожидании первого попадания, завязывались первые узелки товарищества между женщинами-снайперами, их «наставниками» и наблюдателями в окопах. В ожидании первого меткого выстрела мужчины часто стремились помочь, давали советы и подбадривали. А если девушке действительно удавалось продемонстрировать свое искусство стрелка, они спешили поздравить с боевым крещением.

Так, для снайпера Тамары Шпак напряженная атмосфера, которая сопровождала ее первое боевое задание, разрядилась еще до завершения «охоты». Она и ее напарница Маша Чернышева сумели воспроизвести почти идеальный сценарий снайперского попадания. Как вспоминала Шпак, им пришлось провести больше половины дня в укрытии, прежде чем они заметили, как «что-то мелькнуло в одной вражеской бойнице». «Заметили обе, прицелились почти одновременно, но обе и опоздали. Однако держим на прицеле обе бойницы, расположенные недалеко друг

---

[5] О мужском нарциссизме как характерной части традиционной военной культуры см. [Bourke 1996: 128–129].

от друга. Что-то опять шевельнулось. Я стреляю первой. Маша говорит: "Убит"» [Никулина 1985: 117].

Снайперам обычно приходилось ждать подтверждения своих попаданий до возвращения в окопы. Однако в случае с первым выстрелом Шпак и Чернышевой мужчинам не терпелось поздравить девушек с боевым успехом, и процедура формального подтверждения значительно ускорилась. Как вспоминает Шпак, уже через несколько минут после выстрела к ним подполз дежурный с наблюдательного пункта, чтобы поздравить: «Открыла боевой счет!» — шепнул он Шпак [Никулина 1985: 117][6]. Этот солдат, которому хотелось поскорей поздравить девушек-снайперов с первой победой, не просто признавал их компетентность в качестве снайперов. Он еще и представлял тип советского мужчины, для которого известие о том, что женщины могут быть эффективными бойцами, — известие, которое прямо посягало на традиционно мужскую прерогативу убивать — не перечеркивало, в его понимании, ни концепцию «мужское», ни концепцию «солдатское».

Для Валентины Меркуловой и ее напарницы по имени Люся первый день «охоты» — 14 февраля 1944 года — оказался не столь удачным, как для Шпак. Однако в тот день девушки работали под началом мужчины-командира, который, очевидно, не считал, что умение и право убивать в бою принадлежат исключительно мужчинам, и помог им выполнить первое боевое задание. Запись в дневнике Меркуловой, сделанная в этот день, начинается с описания отчаяния и позора, которое она испытала после промаха, совершенного на глазах у своего ротного командира Панова. Этот офицер, лежавший рядом с ней в укрытии, видел, как она несколько раз мазала по цели, и каждый раз помогал преодолеть неудачу:

> 14 февраля. Первый день «охоты» за гитлеровцами... Наблюдаем вместе с командиром роты. Он с перископом, а я через оптический прицел. «Время — обеда, немец делает пересмен-

---

[6] Описания успеха при выполнении первого задания и рассказы о восторженных чувствах мужчин см. также [Лобковская 1995: 14; Соловей 1985: 93–94].

ку часовых», — говорит Панов. Верно, идет слева немец, здоровый такой детина. Я жду, пока он не дойдет до того места, где ему траншея до коленей. Бах — мимо, еще раз — и опять промазала... Чуть не плачу от неудачи, да еще стыдно перед командиром роты. Панов успокаивает: «Сейчас должен другой немец пойти, с поста». Так и есть. Минут через десять идет... «Не зевай», — шепчет командир. Не промахнусь, думаю я... Дошел фашист до намеченного мной места. «Бах!» Есть, упал, лежит. Следила: долго не встает — значит, убила. Командир роты хвалит [Меркулова 1985: 70].

Запись оканчивается выражением сочувствия Люсе, которая в свой первый день «охоты» «осталась без "трофеев"» [Меркулова 1985: 70].

Подробный дневник Меркуловой позволяет проследить, как менялось ее восприятие командира роты Панова. Перечитаем запись еще раз. В начале Меркулова приписывает Панову традиционно мужские характеристики. Она предполагает, что этот человек — из тех недоброжелательно настроенных командиров-мужчин, которых и она, и другие женщины уже встречали на фронте: безапелляционно отвергающих, придирчиво наблюдающих, вечно испытывающих на прочность. Именно поэтому она, несколько раз промахнувшись, чувствует себя в его присутствии пристыженной и смущенной. К концу «охоты» Меркулова открывает для себя другого Панова: терпеливого, готового помочь, ободряющего. Все это становится ясно из его слов и поступков. Он щедро делится с ней своим знанием фронтовой ситуации, сохраняет спокойствие и тем самым помогает ей показать, как она умеет бить врага. И если его готовность поделиться знанием ситуации можно списать на прямое выполнение возложенных на него обязанностей, то его желание поддержать ее после неудачи и поздравления после успешного выстрела — несомненно, личная инициатива, первый шаг к боевому товариществу. Высказав необязательную по уставу похвалу, Панов приветствовал девушку в качестве профессионального участника сражений.

Воспоминания женщин-ветеранов убеждают, что приведенные выше примеры — энтузиазм, с которым мужчины приветствовали боевые успехи женщин, так же как и поддержка и помощь в первые дни на фронте — не были исключительными случаями. В дневниках и воспоминаниях женщин-бойцов скрупулезно фиксировались многочисленные примеры поведения мужчин, говорившего о готовности к нетрадиционной трактовке гендерных вопросов. Там, например, можно найти даже такие небольшие, но очень значимые детали мужского миропонимания, как раздавшийся «из траншей» одобрительный возглас после первого удачного выстрела: «Молодцы, девчата!» [Соловей 1985: 94].

В воспоминаниях мужчин тоже нередко встречаются солдаты и офицеры, которые, столкнувшись на передовой с женщинами-солдатами, не чувствовали и не действовали в соответствии с традиционными гендерными условностями. Мужчины-ветераны даже описывают некое эмоциональное родство, которое, как они полагают, существовало между тем, что испытывали участвовавшие в боях девушки, и тем, что чувствовали они сами. Вспоминая свой первый совместный боевой вылет со стрелком-радистом Надеждой Журкиной, штурман Иван Злыденный написал короткий очерк о своем экипаже, впервые оказавшемся в боевой ситуации вместе с женщиной, и о том, с каким пониманием все отнеслись к эмоциональному состоянию девушки в ее первом бою.

Выполняя свое первое боевое задание, Надежда действовала спокойно и профессионально, и Злыденный оценил ее самообладание. В то же время, писал Злыденный, весь экипаж хорошо понимал ее состояние и сочувствовал ей: «Но мы-то знаем, каково ей впервые». Когда их самолет атаковали два вражеских истребителя, Злыденный про себя подбадривал стрелка-радиста: «Держись, Надежда, от тебя сейчас многое зависит». Понимание, описанное Злыденным, внутреннего состояния женщины-стрелка в ее первом бою мужским экипажем предполагало мужское и женское единство восприятия боя и отрицало традиционные гендерные стереотипы мужского и женского поведения в стрессовых ситуациях: то, что Журкина была профессионалом и «умелым тактиком воздушного боя», было для Злыденного данностью, как и то, что первый бой в жизни любого военного сопряжен с дополнительной эмоциональной нагрузкой [Злыденный 1975: 78–79].

Общность восприятия боя отмечалась и тогда, когда война становилась слепой стихией — как в случае артиллерийского обстрела, бомбежки с воздуха или минометного огня. В боевом опыте снайпера на передовой, например, большой редкостью была та безнаказанная «охота» на врага, которую описали Моисеенко, Шпак и Меркулова. Удачный выстрел неизбежно выдавал местоположение снайпера наблюдателям противника, а обнаруженный стрелок переставал быть охотником и становился мишенью. В любую секунду мстительный ливень вражеских пулеметных пуль, мин и артиллерийских снарядов мог обрушиться на его голову.

Такая неожиданная трансформация ничейной полосы в демонстрацию мощи вражеского оружия произошла спустя несколько секунд после первого меткого выстрела снайпера Нины Соловей: «над головами прорезали воздух пули вражеского пулемета. Еще минута, и ухнул снаряд, подняв комья земли и снега. Не замедлила ответить и наша артиллерия. Завеса из снега и дыма прикрыла... пока... ползли к своим траншеям», — вспоминала Соловей. Попав под перекрестный огонь, Соловей и ее напарница срочно начали ретироваться. Они ползли так быстро, как только могли, назад к своим окопам, а оттуда уже протягивали руки солдаты, готовые втащить их в безопасное место [Соловей 1985: 94].

Нина Соловей закончила свои воспоминания о том, как ей удалось уйти от огня противника, разговором с пулеметчиком, который наблюдал случившееся и помог ей с напарницей укрыться в траншее. Этот пожилой пулеметчик, как вспоминает Соловей, выразил товарищеское сочувствие пережившим настоящий ужас девушкам. «Натерпелись, дочки, страху?» спросил он и тут же включил «дочек» в свою картину фронтового товарищества: «Ничего, привыкнете. Когда я впервые в атаку шел, тоже страшно было» [Соловей 1985: 94][7]. Показывая свое понимание чувств

---

[7] См. также описание первого боевого задания Алии Молдагуловой и историю ее спасения: [Смородкин 1969: 12].

женщин-солдат, солдаты-мужчины не просто выражали сочувствие, но и отождествляли самих себя с ужасом, которым неизбежно сопровождалась встреча каждого отдельного человека, мужчины или женщины, с военным насилием и страхом смерти. Такие случаи мужского поведения, несомненно, способствовали вхождению женщин-бойцов в военную семью.

Рассказы о первых днях совместных боев, как мы видели, свидетельствуют о том, что советская передовая содержала в себе огромный потенциал для формирования новых гендерных взаимоотношений и культурных систем, работающих за рамками традиционных гендерных стереотипов. Как оказалось, поначалу неприветливый прием женщин-солдат достаточно быстро терял свою актуальность во взаимозависимых боевых рутинах. Уходившие в свой первый бой в обстановке придирчивого внимания, женщины-солдаты нередко возвращались под аккомпанемент ободрения и даже поздравлений. Чтобы объяснить себе происходящее, бойцы-мужчины обращались к довоенным дискурсам о новой советской женщине, в которых понятия «женщина» и «солдат» преподносились как темы, открытые для обсуждения, и тем самым претворяли довоенные культурные альтернативы в жизнь, развивая их. Кроме того, женщины обнаруживали в своем окружении мужчин, которые готовы были согласиться (и даже с радостью) с ломкой привычных представлений об исключительно мужском праве и обязанности сражаться и погибать в бою. Испытываемая бойцами-мужчинами радость освобождения от этого исключительно мужского бремени создавала одно из важнейших эмоциональных оснований для возникновения долговременных связей между сражавшимися бок о бок мужчинами и женщинами.

Новые гендерные субкультуры для современной войны

Боевое крещение было, конечно, только началом длинного военного пути как для женщин-бойцов, так и для мужчин, которым приходилось не только делить передовую с женщинами, но и воевать и умирать под их командованием. Женщинам-солдатам предстояло осуществить то, что на языке довоенных гендерных дискурсов они часто называли своей «исторической миссией». Подобные глобальные амбиции — создать для будущих поколений прецедент женщины как полноценного гражданина-солдата в современной войне — легли тяжелым бременем на плечи юных девушек-солдат, где бы они ни находились — на летном поле, в замаскированном окопе или за щитком противотанковой пушки.

«Никогда прежде в истории» и «впервые в истории» — с помощью этих ключевых выражений женщины-солдаты напоминали себе в своих повседневных разговорах, рукописных фронтовых журналах, газетах, дневниках и письмах о своем уникальном положении и обязанностях. Никогда прежде в истории женщины не воевали рядом с мужчинами в качестве профессиональных боевых пилотов, снайперов, командиров и артиллеристов. Никогда прежде в истории женщинам не доверяли сложное оружие и новейшую технику [Чечнева 1976: 53; Ракобольская 2002: 25][8].

Быть первыми женщинами — участницами современной войны было не менее ответственно, чем быть первыми мужчинами, которым довелось воевать с женщинами — солдатами и командирами. А хроническая непредсказуемость военных ситуаций на советско-германском фронте, как и на любой другой войне, подразумевала практически бесконечное число разных форм участия в боевых действиях, вне зависимости от специализации или желания бойца. Для женщин и мужчин — солдат и командиров, служивших вместе, это означало, что они постоянно попадали в ситуации, в которых они из снайперов, артиллеристов или летчиков превращались в пехотных солдат и узнавали себя в новых качествах.

Так, капитан Василий Ретунский вспоминал, как он стал свидетелем одного такого случая осенью 1944 года, когда служившие под его командой женщины-снайперы буквально за несколько

---

[8] См. также: *Руднева Е.* Боевой путь // Литературный журнал 1-ой эскадрильи. 1943. Май. С. 3 (с разрешения И. В. Ракобольской).

минут превратились в умелых пехотинцев. В то утро, рассказывал Ретунский, девушки из взвода Тамары Царевой занимались «охотой» на позициях, где солдат почти не осталось. Ретунский наблюдал за ситуацией из окопов близлежащей роты. Внезапно взвод снайпера Царевой был атакован — как потом выяснилось, неожиданное нападение было разведкой боем. «Не знаю, как бы закончился бой, если бы не девчата», — писал Ретунский в своих мемуарах. Продолжая наблюдать и не вмешиваясь, он увидел, как его девушки «быстро сосредоточились в траншеях и окопах, стали уничтожать врага из снайперских винтовок, а кто взялся и за автоматы, а Кошкарёва Аня била врага из ручного пулемета». Остановив атаку совместными усилиями с солдатами-мужчинами, женщины взяли ситуацию в свои руки. Выдвинулся среди них и лидер: снайпер Юлия Лырчикова руководила боем и вдохновляла солдат, призывая бить врагов, как знаменитый герой Гражданской войны Чапаев, известный всем по фильму 1934 года[9].

Как свидетельствуют военные документы и воспоминания ветеранов, сходные случаи, когда девушки-бойцы демонстрировали отличное владение разными видами пехотного оружия и сами выдвигали себя на командные позиции в разгар непредвиденной боевой ситуации, неоднократно повторялись на фронте в течение всей войны[10]. Подобные эпизоды служили важными импульсами для активного коллективного переосмысления гендерных реалий и героев советской передовой. Из воспоминаний Ретунского, например, следует, что случай, свидетелем которого он стал, сделал его девушек известными на весь полк, причем в качестве «новых женщин» социализма, которые естественным образом соединяли в себе не только умение воевать, но и боевую доблесть. Аню Кошкарёву стали называть «Анкой-пулеметчицей». Юлия Лырчикова, в трудной ситуации приняв-

---

[9] *Ретунский В.* Всего два эпизода // Там же. С. 150–151.

[10] См. представления к правительственным наградам на старшего лейтенанта Анну Никандрову (РГАСПИ. Ф. М-7. Оп. 2. Ед. хр. 902. Л. 1–2), на снайпера Алию Молдагулову (Там же. Ед. хр. 856. Л. 7–8), на младшего лейтенанта Марию Батракову (Там же. Ед. хр. 134. Л. 5–6).

шая на себя командование, стала известна как «Чапай»[11]. Такие прозвища лишали фигуры солдата и командира единой гендерной привязки. В данном случае они четко дают понять, что всего месяц спустя после перевода женщин-снайперов в полк Ретунского боевые действия в представлении бойцов уже приобрели новые гендерные детали.

Особенно показательный момент в этом чрезвычайном происшествии, описанном Ретунским — это то, как Ретунский представил собственную роль. Перед нами офицер, который не испытывает каких бы то ни было традиционных эмоций при виде молодых женщин, принимающих удар врага на себя. В его глазах девушки-снайперы — не беспомощные жертвы атаки. И как следствие, он не спешит им на помощь; он не берет командование на себя; он не вызывает подкрепление, — он вообще ничего не делает. Не вмешиваясь в ход событий, командир внимательно наблюдает за стычкой и видит, как его снайперы превращаются в самодостаточных, универсальных бойцов, одинаково готовых сеять смерть и встретить свою гибель.

Объясняя свои действия, то есть спокойное бездействие, Ретунский представил своих подчиненных одновременно как женщин, снайперов, солдат и как неординарные, разноплановые личности. Этих женщин Ретунский хорошо знал и доверял им в бою. В его мемуарах каждая девушка — снайпер или офицер — была не похожа ни на кого, а ее человеческое «я» не сводимо ни к одному из существовавших на фронте и соперничавших друг с другом традиционных женских стереотипов. Согласно Ретунскому, он командовал неординарными женщинами-личностями, понять которых можно было, только отбросив все стереотипы и шаблоны[12].

Ретунский по большей части сражался вместе со своими неординарными солдатами-личностями и включал себя в этот военный коллектив. Так, включая себя во взводное «мы», он писал:

---

[11] *Ретунский В.* Указ. соч. С. 151.
[12] Там же. С. 152.

«Надо — <мы> шли в наступление в цепи бойцов, приказано — занимали окопы стрелков и отбивали атаки противника». И, как часто бывало в жизни фронтового снайпера, после ночи боя его девушки, не успев отдохнуть, наутро вновь отправлялись на боевое задание. «И все это считалось делом обыденным», — заверял Ретунский[13].

Многие детали из рассказа Ретунского о невозможности свести историю о девушках-солдатах к традиционным гендерным представлениям можно найти и в других воспоминаниях мужчин-офицеров. То обстоятельство, что Ретунский начинает свои мемуары с того момента, когда его представления о своих подчиненных уже полностью сформировались, не позволяет ему более подробно рассказать о том, как он пришел к своему видению человеческой натуры. Придерживался ли он столь нетрадиционных воззрений на человеческую природу до того, как встретился с девушками-снайперами? В воспоминаниях, другими словами, отсутствует начальный момент: описание его знакомства с женской ротой, как и его реакция на сам факт существования такой роты. Чтобы заполнить эти лакуны, обратимся к другим мужским воспоминаниям.

Типичный рассказ мужчины о том, как ему довелось возглавить необычную воинскую часть или сражаться под командованием женщины-офицера, обычно начинается с момента, когда автор объявляет свалившуюся на него ситуацию необычной, курьезной, а чаще всего — ненормальной. Я обращусь к трем таким рассказам.

Герой первой истории — тридцатилетний кадровый офицер, майор Александр Верхозин. В апреле 1942 года Верхозин был назначен начальником штаба 101-го полка авиации дальнего действия, которым командовала подполковник Валентина Гризодубова. Как и все его современники, о Гризодубовой Верхозин знал из газет: о ее авиационных рекордах, государственных наградах и, конечно же, о беспосадочном перелете на Дальний Восток в составе женского экипажа в 1938 году. О чем Верхозин мог и не знать — это о том, что до войны Гризодубова также ра-

---

[13] Там же. С. 151.

Илл. 19. «Матушка» — командир полка, гвардии полковник В. С. Гризодубова.
Из кн. [Верхозин 1964]

ботала начальником Управления международных воздушных линий СССР. В 1942 году, когда ей было 32 года, она, судя по всему, открывала новую страницу своей биографии.

Верхозин признавал, что был обескуражен назначением. Дело было даже не в том, что знаменитая и опытная летчица, но все же летчица, а не летчик, собиралась участвовать в боевых действиях, а в том, что ее прямые обязанности включали в себя подготовку, командование и вождение в бой 300 мужчин, воевавших на 30 тяжелых бомбардировщиках дальнего действия — в полном противоречии с общепринятыми гендерными ролями. «Полком командует женщина, — вспоминал Верхозин свое потрясение, — остальные — мужчины» [Верхозин 1963: 102] (илл. 19).

В апреле 1942 года гризодубовский полк дальнего действия был только что сформирован. Сталин лично одобрил кандидатуру Гризодубовой, которую сразу же произвели в подполковники, чтобы звание соответствовало занимаемой должности. На протяжении всей войны Гризодубова оставалась самым высокопоставленным офицером-женщиной в РККА. Единственной женщиной, занимавшей должность того же порядка, была Анна Егорова, исполняющая обязанности заместителя командира полка штурмовой авиации, укомплектованного мужчинами. Поскольку Егорова не имела связей и покровителей, ей пришлось ждать назначения в соответствии с занимаемой ею должностью около года (что тем не менее представляло собой головокружительный карьерный рост).

Необычный по гендерному составу и структуре командования полк Гризодубовой сыграл важную роль в широкомасштабной реорганизации советских военно-воздушных сил. Он оказался одной из первых ударных частей того, что через два года станет известно как 18-я Воздушная армия дальнего действия, имевшая в своем составе тысячу самолетов. Весной 1942 года 101-й полк Гризодубовой и еще два соединения (возглавляемых мужчинами) образовали первую дивизию будущей армии. Кадры для полка Гризодубовой были набраны из гражданской авиации, где многие летчики уже работали под ее началом. Таким образом, выбор Гризодубовой в качестве командира полка был хотя и беспрецедентным, но вполне логичным. Поставить ее командовать теми же самыми пилотами, которыми она до войны руководила в гражданской авиации, означало преобразовать возглавляемый женщиной мирный коллектив в возглавляемую женщиной боевую часть.

Весной 1942 года Верхозин не знал ни подробностей назначения Гризодубовой, ни планов руководства страны призвать сотни тысяч женщин на военную службу. Ему история со 101-м полком казалась не имеющей исторических прецедентов и непостижимой в общекультурном плане. Хотя Верхозин и слышал об организованных Расковой женских авиаполках, это не помогало ему мысленно представить ситуацию, в которой он должен был вскоре оказаться сам. Женский полк, возглавляемый женщиной, — это он еще мог понять: «Если бы Гризодубова формировала женский авиационный полк, как это делала Марина Раскова, было бы все ясно». Но мужской полк с женщиной-командиром — это был вызов, и ни с чем подобным Верхозин раньше не сталкивался [Верхозин 1963: 102].

Именно в этот момент в своих воспоминаниях — когда Верхозин, казалось бы, глубоко потрясен своей ситуацией, — он отказывается ступить на привычный нарративный путь, который был ему вполне доступен. В очерке 1963 года и в позднейших воспоминаниях он представляет себя человеком, который нелегко поддается страхам и сомнениям и не идет на поводу у традиционных представлений о том, что свойственно или несвойственно женской природе. Вместо этого он показывает себя любопытным человеком, которого в 1942 году чрезвычайно заинтриговал непохожий на другие 101-й полк и тот вызов, который существование этой военной части бросало гендерным иерархиям: «Разгорелось тогда у меня любопытство: что же это за женщина, которой доверяется командовать боевым полком?» [Верхозин 1963: 102].

Сам вопрос, «что же это за женщина», который задавал себе Верхозин, предполагал существование разнородных типов женщин, по крайней мере в советском обществе. Обескураженный беспрецедентной структурой военной власти в новом полку, начальник штаба тем не менее не исключал с ходу возможность того, что женщины, способные вести в бой мужские полки, могут существовать. В результате в своих воспоминаниях он отвел себе роль исследователя, изучающего своего нового командира и готового открыть необычное.

Верхозин прибыл в полк в апреле 1942 года, когда экипажи только начали осваивать свои самолеты и проходили переподготовку, и прослужил под началом Гризодубовой до осени 1944 года. Таким образом, у него было два с половиной года, чтобы удовлетворить свое любопытство и ответить на свои вопросы. За это время Гризодубова совершила 182 боевых вылета — больше, чем любой другой командир авиаполка. Ее полк участвовал во всех главных сражениях этого периода войны; он проложил и поддерживал маршруты доставки грузов партизанам, действовавшим на территории России, Украины и Белоруссии. Так что материала для изучения женщины-командира было предостаточно.

В начале своих воспоминаний Верхозин представляет читателю противоречивую личность. То, что его начальница не вписывается в традиционные представления о мужском или женском начале, Верхозин понял быстро. Так, он рассказывает, что, командуя полком, Гризодубова могла быть «чрезмерно строгой» и в то же время «заботливой очень», «неумолимой», в высшей степени дисциплинированной и в то же время «рисковой» [Верхозин 1963: 104].

Одним из главных вопросов, которые задавали себе все бойцы полка, пока Гризодубова тренировала экипажи, был вопрос о ее личном участии в боевых действиях: будет ли она сама летать и выполнять боевые задания? Как мы видим, не один Верхозин, но и все в полку пытались уразуметь конкретное значение понятия «женщина-командир»: каковы точки соприкосновения этой достаточно новой категории и понятия «современная война»? Как правило, полковые командиры были заняты организационными и тактическими вопросами и нечасто сами совершали боевые вылеты. Как же будет вести себя женщина-командир?

Гризодубова заставила своих однополчан ждать недолго. На одном из партсобраний она объяснила полку, что такое «женщина-командир» в ее понимании: она не намерена была уклоняться от участия в боях и считала «личный пример» лучшим методом подготовки летчиков к военным заданиям. После этого собрания гадать было уже не о чем. Верхозин слышал, как командир эскадрильи майор Иванов разъяснял слова Гризодубовой своим подчиненным: «Кажется, Гризодубова не собирается смотреть на боевые полеты и воздушный бой из кабинета!» [Верхозин 1963: 104].

Первая задача, стоящая перед Гризодубовой как командиром, была основополагающей — приобрести вместе с полком такой опыт, благодаря которому она, женщина-командир, не воспринималась бы как некая аномалия. Конечно же, успешно выполненное первое боевое задание было бы прекрасным подспорьем в этом деле. Но Гризодубовой и полку повезло, и им удалось начать выстраивать новые гендерные отношения еще до первого боя. Дело в том, что, несмотря на довоенный летный опыт и военную подготовку, далеко не все летчики полка рвались в бой. Как объяснил Верхозин, нормальное общее беспокойство перед первым боевым вылетом усугублялось серьезными сомнениями относительно того, насколько пригодны для боевых полетов и воздушных маневров их гражданские — хотя и переделанные для боевой обстановки — самолеты [Верхозин 1963: 105].

Гризодубова начала с того, что разработала приемы военного боя и отрабатывала их во время учебных вылетов, доказывая своим подчиненным, что и они, и их машины способны воевать. Первый боевой вылет она, как и обещала, возглавила лично: отобрала пять лучших экипажей и повела их на цель под сильным зенитным огнем. На обратном пути они отбили из пулеметов атаку вражеских истребителей. Гризодубова летела первой, показывая, какие приемы пилотирования можно применять в разных боевых ситуациях, и демонстрируя способность самолета к маневрированию в боевых условиях. В результате ей удалось сделать во время первого вылета очень многое. Для своих подчиненных она стала примером военной выдержки и мастерства. Они следовали за ней, повторяли ее маневры, уворачиваясь от залпов зениток, и сбрасывали бомбы там же, где сбрасывала их она. С этого времени Гризодубова всегда была для своего полка олицетворением как технического мастерства, так и личных качеств, без которых невозможны ни выполнение боевых заданий, ни выживание [Верхозин 1963: 105].

Не менее важная деталь, о которой рассказывает Верхозин: Гризодубова всеми силами старалась оберегать своих летчиков и от опасностей, подстерегавших их вне боевой обстановки, которые в советских вооруженных силах воплощал СМЕРШ (контрразведка «Смерть шпионам»). Помимо борьбы со шпионажем, эта служба, как известно, расследовала обвинения бойцов в трусости, аварийные посадки на вражеской территории и случаи попадания в плен. Гризодубова принципиально отказывалась выдавать СМЕРШу своих струсивших или сбитых на вражеской территории летчиков. Она предпочитала лично «учить смелости» тех мужчин, которые не выдерживали напряжения боя, заставляла их летать с собой в головной машине и тем самым создавала еще одно измерение новых командно-военных отношений и персоналий в советских вооруженных силах [Верхозин 1964: 49, 80; Драгомир 2001: 86].

Верхозин, казалось, пытался вместить в портрет Гризодубовой традиционно несовместимые черты характера и предлагал на суд читателя многомерную и противоречивую личность. Гризодубова могла быть одновременно заботливой и жесткой, способной вдохновлять и вести в бой, а если потребуется, и заставить преодолевать страх и рисковать жизнью, хотя при этом она по мере возможности защищала своих летчиков от военных и невоенных опасностей.

Однако, уверял Верхозин,

> ...никаких противоречий в мнениях летчиков о Гризодубовой не было. Да, она умела, когда это требовалось, быть неумолимо строгой. Да, в боевой работе, как командир, когда необходимо, шла на обоснованный риск. При всем этом всегда проявляла сердечность и заботу о подчиненных, являлась подлинным организатором всей сложной жизни авиационного полка [Верхозин 1963: 104][14].

Раскрывая разные стороны характера Гризодубовой, которые, несомненно, могли показаться противоречивыми, Верхозин приглашал читателя посмотреть на нее иначе: как на пример новой женщины, у которой сила воли, лидерские и боевые качества, чувство ответственности и заботы о других образовывали гармоничную основу альтернативной личности.

Еще одним важным моментом в воспоминаниях Верхозина о «гризодубовском» полке был рассказ о возникновении новых армейских субкультур. Так, сам Верхозин, как и другие летчики, рассматривал полк под командованием Гризодубовой как ее

---

[14] Другие воспоминания мужчин, запечатлевшие их мгновенное самоотождествление с женщинами-солдатами или прослеживающие, как они постепенно учились воспринимать женщин — солдат и командиров как живую реальность за пределами условных понятий о женскости, см. в письмах военного времени и представлениях к наградам: письма капитана Гринченко родителям снайпера Александры Шляховой от 25 декабря и 23 февраля 1944 года в [Никифорова 1985: 85–86]; письма мужчин-командиров санинструктора Марии Батраковой и ее отца (РГАСПИ. Ф. М-7. Оп. 2. Д. 134. Л. 5–6, 22–23); представления к награде снайпера Татьяны Костыриной от 11 ноября 1943 года в [Никифорова 1985: 22–23]. См. также послевоенные воспоминания: [Злыденный 1975]; *Аскаров С.* Шел девчонке в ту пору... // Комсомольская правда. 1970. 14 января; [Кулаков 1982; Бондарин 1957: 305–309; Журавлев 1988: 129; Лелюшенко 1985: 104].

собственность — то есть как частичку армии, которая находилась под ее началом и защитой. Многие пилоты называли эту 32-летнюю женщину «матушкой». Если вспомнить об очень давней военной традиции называть боевого командира «отцом» (или «батей»), то можно заключить, что летчики гризодубовского полка подвергли переосмыслению как военное пространство, в котором теперь заправляла женщина, так и неофициальную фронтовую культуру [Драгомир 2001: 80].

Называя Гризодубову «матушкой-командиршей», летчики давали знать, что в их авиадивизии и воздушной армии появилось новое явление — «материнская» инкарнация военной власти. Таким образом, они лишали ту неофициальную фронтовую культуру, которая строилась вокруг фигуры отца-командира («бати»), претензий на единоличное господство. Сходным образом, по словам женщин — командиров пулеметных и артиллерийских взводов, в тех местах на фронте, где совместно сражались мужчины и женщины и где возникала нетрадиционная субординация, создавался широкий спектр фронтовых культур, в которых «отцовские» военные традиции теряли свою монополию. По словам двух девушек-командиров, о которых мы все время вспоминаем в этой книге, — Валентины Чудаковой и Тамары Сычевой, — их солдаты со временем стали охотно использовать «материнскую» метафору в общении с ними и в неформальных объяснениях с другими солдатами [Чудакова 1965: 351; Сычева 1989: 151].

Материнские фигуры, в которые солдаты в своем воображении преобразовывали женщин-командиров, имели, разумеется, новые коннотации, отсутствовавшие у традиционных образов матерей — дарительниц жизни, которые по самой своей природе олицетворяли нечто противоположное насилию и смерти. Возглавляемые женщинами военные коллективы, где мужчины называли женщин-командиров «матушками», подразумевали альтернативное понимание «материнского начала». Заботливая защитница, матушка-командирша, ведущая вперед своих солдат, была наделена правом на применение насилия, никоим образом не являясь при этом гарантией жизни.

Распространение новых форм понимания военной власти происходило в вооруженных силах по мере того, как в 1942–1945 годах продолжали возникать военные части, в которых бок о бок служили мужчины и женщины. Явившиеся в результате этого процесса разнообразные новые культурные формы нельзя свести к единой модели; их изучение — задача отдельного научного исследования. Летчицы из женских авиаполков и снайперы из женских рот, например, тоже называли своих командиров «матушками», но вряд ли можно утверждать, что значения слов и социальные отношения, формировавшиеся в этих коллективах, функционировали точно так же, как в гризодубовском полку или во взводах, которыми командовали Чудакова или Сычева.

В двух мемуарных текстах, опубликованных соответственно в 1971 и в 1994 годах, другой кадровый офицер, командир частично женского полка пикирующих бомбардировщиков подполковник В. В. Марков, описывает еще одну необычную военную обстановку, из которой с течением времени выросла эффективная и спаянная воинская часть. Маркову было тридцать три года, когда в феврале 1943-го он получил приказ возглавить в основном женский 125-й полк пикирующих бомбардировщиков, после того как прежний командир полка майор Марина Раскова погибла в авиакатастрофе. Марков командовал полком более двух лет, вплоть до мая 1945 года. К концу войны служившие под его началом женщины стали называть его «батей». По воспоминаниям Маркова, ему пришлось серьезно потрудиться, чтобы заслужить такое прозвище. Прежде всего ему пришлось побороться со своими собственными глубоко укоренившимися представлениями о «женской природе». Так, Марков начал свои воспоминания с признания, что для него было практически невозможно «представить», каким образом можно летать с женщинами-летчицами на боевые задания[15] (илл. 20).

В отличие от Верхозина, Марков не рассматривал вопрос о женской природе как любопытный и стоящий внимания и изучения. К моменту своего назначения в феврале 1943 года он был

---

[15] Воспоминания подполковника Маркова см. в [Noggle 1994: 102].

Илл. 20. «Батя» — командир полка подполковник В. В. Марков. Из кн. [Казаринова 1971]. С разрешения издательства «Молодая гвардия»

уверен, что «хорошо знает женскую природу», и его понимание этого вопроса было совсем не оригинально. Марков исходил из традиционного набора гендерных оппозиций и запретов. Поэтому приказ возглавить созданный Расковой женский полк стал для него потрясением [Noggle 1994: 102].

Марков знал наверняка, что женщины капризны и недисциплинированны по природе, и потому «не мог себе представить, как командовать женщинами во время боевых вылетов» и требовать от них строжайшей дисциплины. Кроме того, он «не мог представить себе женщин», способных справиться с самолетом Пе-2, так как хорошо знал, «как труден он в управлении даже для <первоклассных> пилотов-мужчин». Помимо беспокойства о дисциплине и технике пилотирования, он боялся, точнее «не мог даже представить, что кто-нибудь из них не вернется с боевого задания». И наконец, ему оставалось только гадать, насколько храбры эти девушки [Noggle 1994: 102; Марков 1962: 30, 32].

Неудивительно, что Маркову пришлось нелегко. Марков вспоминал, как в первую ночь после прибытия в полк он не мог заснуть от беспокойства за себя, полк, женщин. А потом обнаружилась еще одна проблема: женский полк совсем не торопился принять своего нового командира. Девушкам-летчицам не нравилось отношение Маркова. Они не могли проникнуть в его внутреннее состояние, которое внешне проявлялось в холодном и грубом командном стиле. Неслучайно поначалу Марков получил у девушек прозвище «Штык» — об этом вспоминала Валентина Савицкая (Кравченко), ставшая вскоре штурманом его экипажа[16].

Описав столь ярко свои переживания, вызванные ограниченностью собственных представлений, Марков посвятил бóльшую часть своих мемуаров рассказу, как он учился представлять то, что раньше не мог представить. Проще всего оказалось вообразить, что такое дисциплинированная летчица. Марков вспоминал, что уже весной 1943 года под Сталинградом исчезли и больше не возвращались его сомнения по поводу женской дисциплины и технических навыков летчиц:

> Мы сбрасывали бомбы с высоты полутора километров или ниже... Когда мы бомбили, все стреляли в нас: пулеметы с земли, зенитная артиллерия и наземная артиллерия; это было очень опасно. Шли тяжелые воздушные бои. Одним словом, немцы наседали на нас крепко [Noggle 1994: 103].

Во время тех трудных боевых вылетов у него и сложился новый образ женщины-летчицы — товарища, с которым ему не доводилось сталкиваться до войны. Девушки в его полку оказались «дисциплинированными, внимательными, четко выполняющими приказы; они уважали правдивое и справедливое к себе отношение... и были очень храбры». Вскоре он уже гордился ими и чувствовал себя причастным к их летному мастерству и боевым успехам, особенно когда его девушек начали ставить в пример своим бойцам другие командиры полков. Именно в бою Марков нашел общий язык со своим женским

---

[16] Воспоминания капитана Валентины Савицкой (Кравченко) см. в [Noggle 1994: 103].

полком, и именно в бою полк превратился в эффективную и сплоченную боевую единицу. Марков больше «не жалел, что принял командование женским полком». Он стал доверять женщинам — командирам эскадрилий вести самолеты в бой без его присмотра. Подводя итог всему своему боевому опыту, Марков заключил: «В каком-то смысле в конце войны мне стало проще командовать женским полком. Возник сплоченный коллектив, что проявляется до сих пор в дни наших встреч ветеранов» [Noggle 1994: 103–105; Марков 1962: 32].

Менялось не только умонастроение Маркова, но и отношение к нему девушек: «Сделав вместе с ними множество боевых вылетов, — продолжает Марков, — я заметил, что отношение ко мне стало более мягким и уважительным, и к лету 1943 года мы стали настоящими боевыми товарищами». Его слова подтверждает и штурман Валентина Савицкая, которая призналась, что примерно в это время летчицы стали называть его не «Штык», а «Батя». Возникшим тогда товарищеским отношениям суждено было просуществовать десятилетия. Савицкая объясняет: «Мне было тогда двадцать пять лет, ему — тридцать три, а мы и теперь все еще называем его Батя» [Noggle 1994: 103][17].

Несмотря на радикальное, казалось бы, переосмысление гендерных отношений и персоналий современной войны, Маркову тем не менее так и не удалось избавиться от всех его страхов, связанных с участием женщин в военных действиях. То, что некоторые из его страхов так и не исчезли, говорит о том, что процессы переосмысления гендерных стереотипов и попытки отказаться от традиционной гендерной логики проходят тяжело и требуют больших эмоциональных затрат. У Маркова, например, портрет боевой летчицы так и остался незаконченным. Приняв женщину-летчицу в боевое, высококвалифицированное товарищество военной авиации, Марков так не смог принять такой логичный и неизбежный факт войны: то, что военные летчицы на войне тоже погибают. Даже спустя десятилетия, когда он писал

---

[17] Воспоминания Маркова см. в [Noggle 1994: 103]; воспоминания Савицкой (Кравченко) в [Noggle 1994: 106].

свои воспоминания, участие женского полка в боевых действиях было — и оставалось — особой жертвой, качественно отличной от участия в боях пилотов-мужчин.

В результате в воспоминаниях Маркова гордость за военных летчиц омрачается особой скорбью. Марков даже критикует командование дивизии, которое «не делало различий между мужскими полками и женскими». По признанию Маркова, «девушки гордились» тем, что в дивизии не было дискриминации. «Но, откровенно говоря, — признавался он, — иногда я даже хотел, чтобы командование не забывало, что наш полк — женский, и не бросало бы его в самое пекло». Другими словами, для Маркова его летчицы со всеми их техническими навыками и образцовым выполнением воинского долга были не вполне солдатами или солдатами, которые не должны были погибать [Марков 1962: 31–32].

Быть «Батей» женского полка оказалось непростым делом. Маркову, как мы видели, так и не удалось разрешить свой внутренний конфликт и остановиться на одной из альтернативных концепций женской природы, существовавших в СССР в 1930-е и 1940-е годы. Этот внутренний конфликт, однако, не помешал его полку стать функциональным и сплоченным коллективом — новым гендерным формированием[18].

Внутренний конфликт, о котором пишет Марков, присутствует не во всех мужских мемуарах. Самым простым способом избавиться от внутреннего разлада и сохранить функциональные отношения с женщинами-солдатами было полностью отказаться от какого-либо переосмысления гендерных отношений и попытаться приспособить традиционную, построенную на оппозициях гендерную логику к исключительным боевым условиям.

Именно такой путь выбрал один из уже упоминавшихся в этой книге офицеров лейтенант Моисеенко — первый командир

---

[18] Рассказы мужчин о состоянии, сходном с постоянным колебанием Маркова между традиционными и альтернативными концептуализациями женскости, см. в воспоминаниях Максименко в [Максименко 2001: 234–236].

женской снайперской роты, которая впоследствии перешла под команду Ретунского. Вводя девушек-снайперов в боевую обстановку, он нашел вариант отношений с ними, при которых он отказался воспринимать их как женщин. В его понимании, война и исключительные обстоятельства заставили девушек перестать быть девушками, — каждая из них, согласно Моисеенко, по разным причинам решила «стать отцу вроде бы за сына» [Моисеенко 1985: 136]. В его мемуарах не было места для дискурсов о женщинах-солдатах, а его образ современного военного специалиста — солдата-снайпера — остался стопроцентно мужским.

Такая трактовка женщин-солдат как временных «сыновей» своих «отцов» помогла Моисеенко курировать первое боевое задание женской роты. Утром 29 апреля 1944 года Моисеенко занял прекрасно приспособленную для наблюдения позицию в окопах, откуда были видны снайперы Катя Рожкова и Лида Изварина, вышедшие в первый раз на «охоту». Глядя в бинокль, он наблюдал следующую сцену: «Как развиднелось, появился первый противник. После выстрела Лиды гитлеровец упал рядом с траншеей. К нему подбежал другой. Раздался второй выстрел...» К концу дня Моисеенко получил от полковых счетчиков и наблюдателей доклад о том, что еще семь снайперских пар, охотившихся в тот день, также нанесли врагу первый урон: «К концу дня выяснилось, что чуть ли не все девушки из этой группы открыли боевой счет: у Лиды Извариной — 1 убитый и 1 раненый, у Кати Рожковой — 2 раненых, у Нины Гуськовой — 1 убитый и 1 раненый, у ее напарницы Гали Селяниновой — 2 раненых...» Далее Моисеенко скрупулезно подсчитывает: девятнадцать вражеских солдат было убито или ранено четырнадцатью девушками в их первый боевой день [Моисеенко 1985: 138].

Ни первый успех Рожковой и Извариной, ни сводка о трофеях еще тринадцати девушек-снайперов не заставили Моисеенко подумать об их присутствии на войне как-то по-новому, не в привычных для него понятиях. Его воспоминания представляют собой интересный пример того, как даже, казалось бы, очевидное, фактическое переворачивание гендерных норм не всегда приводит к серьезному переосмыслению солдатской идентичности как мужской прерогативы.

Бывший главнокомандующий ВВС РККА, Главный маршал авиации А. А. Новиков вспоминал сходный случай упрямой верности гендерным условностям, невзирая на объективные свидетельства умелого и эффективного участия женщин в боевых действиях. В апреле 1943 года генерал-майор К. А. Вершинин докладывал ему о доблести, проявленной женским полком ночных бомбардировщиков в бою накануне ночью. Новиков вспоминал, как Вершинин безоговорочно одобрял действия летчиц, и, одновременно, казалось, противоречил сам себе: «Молодцы девчата! — говорил Вершинин. — Славно воюют, ни в чем не уступают мужчинам, хоть война и не женское дело». В своих воспоминаниях Новиков не возражал Вершинину и, следовательно, соглашался с заключением генерала, хотя и знал, что в армии, которой командовал Вершинин, женский полк считался лучшим по результативности[19].

Если некоторые мужчины предпочитали видеть в женщинах-солдатах «сыновей» или настаивали на незыблемости гендерных означений военного ремесла, то сами женщины-бойцы предлагали прямо противоположные интерпретации коллективного образа современного солдата. В их версии понятие «современный солдат» включало в себя и сыновей, и дочерей. Так, например, штурман Евгения Руднева в переписке со своими родителями призывала отца гордиться ею именно как дочерью-солдатом: «...опять отвечу тебе строчками нашего <полкового> стихотворения: "Пусть скажет отец, что гордится он дочкой, не только ж сынами гордиться должны!"» — писала Руднева 24 марта 1943 года [Руднева 1995: 155].

---

[19] Состоявшийся в апреле 1943 года разговор между Главнокомандующим ВВС маршалом авиации А. А. Новиковым и командующим 4-й воздушной армией генерал-майором К. А. Вершининым о женском полке ночных бомбардировщиков см. в [Хоробрых 1989: 146]. Другие воспоминания мужчин-комбатантов, которые предпочитали приспосабливать свою традиционную гендерную логику к нестандартным боевым ситуациям, см. [Гладков 1972: 110–111; Суджан 1975].

Культ женственности на фронте

Пожалуй, самая любопытная и, я бы сказала, радикальная попытка женщин-солдат по-новому определить понятия «женщина» и «война» на передовой затронула не те свойства, которые по традиции отрицались в женщинах, а те качества, которые по традиции им приписывались. Тому, как девушки-солдаты создавали новые гендерные означения для традиционных «женских» атрибутов, посвящена последняя часть этой главы. Чтобы понять весь радикализм этого явления, я предлагаю проанализировать культурные стратегии, с помощью которых женщины-солдаты, например, культивировали «женственность» только для того, чтобы изменить сами значения и ассоциации этого понятия.

Начнем с хорошо известного феномена: с усилий, которые в течение всей войны девушки-солдаты прилагали к тому, чтобы визуально обозначить пространства, в которых они жили и сражались, как женские, и таким образом зафиксировать новую гендерную организацию фронта. Для этого они использовали простые, но в контексте жизни на передовой весьма выразительные средства, ассоциировавшиеся в советской массовой культуре с женственностью: цветы. Девушки украшали свои блиндажи, доты, места базирования артиллерии и даже само оружие цветами, что нарушало монотонную (традиционно мужскую) картину фронтовой жизни.

Так, в начале лета 1942 года, когда наконец стали появляться первые запоздалые цветы, снайпер Наташа Ковшова в письме родным с Северо-Западного фронта описывала свой блиндаж: «Теперь живем в землянке. Тоже неплохо. Печка, нары и даже стол и полочка есть. И, конечно, без букета ландышей не обошлось, а отсюда уют и запах. Красота!»[20]

В письме, написанном более года спустя с другого фронта, снайпер Лида Жарикова подчеркивала сложный смысл, который

---

[20] Письмо Наташи Ковшовой от 9 июня 1942 года // Комсомольская правда. 1943. 25 мая.

имели подобные столь необходимые женщинам-солдатам мелочи. Совершенно не предназначавшиеся для создания анклава традиционной женскости, цветы анонсировали присутствие девушек-бойцов на передовой и демонстрировали их намерения быть увиденными и изменить гендерную составляющую фронта, а значит, и само понятие гендерных различий. Когда живых цветов было не достать, девушки делали искусственные букеты из газет, тряпок или марли. Группа снайперов, в которую входила Жарикова, использовала именно марлю:

> Наша землянка в 800 метрах от траншеи... с одним маленьким оконцем и с фронтовой железной печкой. По обе стороны землянки нары, посредине небольшой столик, под окном пирамидка для винтовок. Землянка имеет культурный вид. <...> ...на столе скатерть из газет и стоит сделанный из марли букет цветов. Видно сразу, что живут девушки-снайперы[21].

Эти незатейливые знаки женского присутствия действительно бросались в глаза. Так, генерал-полковник А. Ф. Хренов в своих воспоминаниях о пулеметчице Зое Медведевой рассказывал, как он сразу заметил и понял этот новый язык советской передовой. Его встреча с Зоей произошла весной 1942 года во время осмотра генералом оборонительных позиций под Севастополем. К тому моменту Медведева уже была командиром пулеметного расчета дота № 1 и имела под своим началом несколько бойцов-мужчин. Вспоминая ту весеннюю прогулку к легендарному доту Медведевой (ее дот был самым долговременным пулеметным укреплением 287-го полка), Хренов писал:

> В лазоревом небе ни одного облачка, весеннее солнце пригревало, кругом между окопами и траншеями росли ярко-красные маки. Дот был искусно замаскирован. У самого входа сидела девушка, около нее букеты маков. Увидев нас, она быстро встала, одернула гимнастерку, приняла положение «смирно» и четко доложила: «Командир пулеметного расчета дота номер один сержант Медведева».

---

[21] Письмо Лиды Жариковой (без даты) в [Никифорова 1985: 107].

Внутри дота Хренов увидел еще большее несоответствие с общепринятым порядком: «В этом бетонированном сооружении было все в порядке, все готово к отражению вражеских атак. Пулеметные ленты, тупорылый "максим", гранаты, перевязочные пакеты и... маки, — заканчивает Хренов после многозначительной паузы, — много цветов в котелках» [Хренов 1975: 213–214].

Покидая расположение части, Хренов обобщил свои впечатления, рассказав о них сопровождавшим его офицерам. Встреченная в доте девушка, которую он уже начал называть «Анкой-пулеметчицей», по его мнению, как боец «ничуть не уступала» никому из известных ему мужчин. Но при этом генерал ясно понимал, что Медведева не собиралась просто воевать с врагом, ничего не меняя на фронте, то есть не нарушая традиционно мужские привычки и ассоциации, связанные с передовой. Напротив, она украшала свой содержащийся в полном боевом порядке дот маками, для того чтобы обозначить это необычное фронтовое пространство, чтобы дать понять окружающим, что она — женщина — является органической частью военных действий и что фронтовая гендерная культура претерпевает серьезные изменения [Хренов 1975: 213–214; Смирнова-Медведева 1967: 51]. Подобные усилия женщин-солдат обозначить свое присутствие в боевой обстановке путем обновления традиционных сценариев фронтовой жизни не вызывало ни у кого особых возражений. Причем цветы годились любые: ромашки и одуванчики, тюльпаны и розы, маки и ландыши.

Среди военных летчиц о цветах тоже не забывали. Военный корреспондент и писатель Борис Ласкин, побывавший в полку ночных бомбардировщиков весной 1944 года, сделал в записной книжке несколько заметок об этой привязанности к цветам: «Здесь очень любят цветы, — писал Ласкин. — Больше всех их любит Женя Жигуленко — высокая, синеглазая, красивая девушка с двумя орденами, ложась спать, кладет на подушку цветы. Берет цветы и в самолет. Улетает бомбить врага с пучком подснежников». Конечно же, самым эффективным и популярным способом обозначения своих машин как «женских» был цветок, нарисованный прямо на крыле своего самолета[22]. Особенный способ маркирования боевых самолетов как женских возник в 1943 году после гибели Расковой. Женщины-летчицы из ее авиаполков писали ее фамилию на своих машинах, обещая отомстить за ее смерть и одновременно идентифицируя себя в качестве последовательниц Расковой.

Стремление идентифицировать себя как женщин на войне не уменьшалась все военные годы. Опасение женщин-пилотов стать невидимками в воздушном бою вдохновляло все новые идеи о том, как придать воздушным сражениям иной гендерный характер. Уже к концу войны, например, женщины-истребители, часто летавшие на боевые задания поодиночке, стали рисовать на боку своих «Яков» белую полосу [Кургузов 1971: 197–198]. Некоторые стилизовали свои «опознавательные знаки» под себя. Так, Лиля Литвяк, имевшая статус летчика-аса, рисовала на капоте своего истребителя «яркую, заметную издалека <белую> лилию» [Грибанов 1971: 329][23].

Летчицы тяжело переживали, когда, по каким-либо причинам, их участие в воздушных боях оставалось незамеченным. Об одном таком эпизоде вспоминала истребитель Клавдия Панкратова. Однажды во время разведывательных полетов она встретилась в воздухе с истребителем, у которого не было ведомого, и пилот попросил ее о помощи. Полагая, что обращается к пилоту-мужчине, он сказал по рации: «Браток, полетели вместе?» Панкрато-

---

[22] *Ласкин Б.* Поселок Пересыпь, 44 г. [Ракобольская 2002: 89].

[23] Женские полки пикирующих и ночных бомбардировщиков старались сообщить о своем присутствии наземным войскам, которые вели наблюдение и отчитывались в результатах бомбежек, а также жителям освобождаемых городов и сел. В 1944 году, в ходе операции «Багратион», женский полк ночных бомбардировщиков отличился при освобождении белорусского городка Борисова (за что полку было присвоено почетное наименования «Борисовский»). Девушки известили население о том, кто их освободил, выбросив из самолета вымпел, сшитый из армейских полотенец. Надпись на нем гласила: «Жителям города Борисова с военным приветом от летчиц Борисовского полка». Одновременно на землю было сброшено письмо, адресованное «гражданам Борисова». См. воспоминания Марии Долиной в [Noggle 1994: 123], а также [Ерусалимчик 1971: 59–61].

ва не стала его поправлять, решив сделать это после окончания боя. «Итак, — продолжает рассказ Панкратова, — мы полетели в паре, вступили в бой. Я прикрывала его при атаке на "мессершмит"». Когда бой закончился, Панкратова поспешила дальше — заканчивать свою разведывательную работу — и забыла сказать летчику, что его боевым напарником была женщина-истребитель. Годы спустя Панкратова все еще с сожалением вспоминала об этой упущенной возможности еще раз напомнить, что воздушный бой больше не являлся сугубо мужским делом. «Он так и не узнал, что я женщина», — сетовала она в интервью, данном в 1990-е годы[24].

В тех случаях, когда на боку самолета была нарисована белая полоса, она отлично выполняла свою функцию идентификатора. К концу 1944 года это был уже хорошо известный знак присутствия женщин в воздушных сражениях. Так, летчику-истребителю Ивану Кургузову, чья эскадрилья случайно наткнулась на тяжелый воздушный бой над немецким городом Инстербургом, понадобились доли секунды, чтобы понять, что они идут на помощь женскому истребительному полку. Кто сражается в этой смертельной карусели из сотни самолетов над их головами, стало ясно, вспоминал Кургузов, как только «Як» с белой полосой пронесся над его самолетом [Кургузов 1971: 197–198].

Гендерная маркировка самолетов и траншей составляла только одно измерение нарождающейся новой фронтовой культуры. Начиная с первого дня службы летчицы проявляли изобретательность и смелость, ища способы отличить себя от коллег-мужчин, — привносили в свою военную форму и солдатский внешний вид тонкие, а иногда и явные детали женской особости. И с самого начала летчицы и их командиры вступали в споры по поводу формы и степени гендеризации идентичности женщины — боевого пилота.

---

[24] Воспоминания Клавдии Панкратовой см. в [Noggle 1994: 183]; см. также воспоминания Ирины Ракобольской, которая даже в 2002 году сожалела о том, что в то время наземные войска «не знали, что вместе с "братишками" летали и "сестренки"» [Ракобольская 2002: 75].

На начальном этапе Марина Раскова, например, разрешала своим подчиненным визуальные выражения принадлежности к женскому полу, только когда речь шла о подгонке по фигуре слишком большой для них мужской формы. Волосы должны были быть коротко подстрижены, а за любые украшения летней формы следовали выговор и наказание. Протест против таких правил не заставил долго ждать. Еще во время учебных тренировок в Саратове недовольная слишком узкими рамками допустимой «женственности» Лиля Литвяк переделала свою форму, придав ей более женский вид. Эта история осталась в памяти летчиц всех трех женских полков. Той зимой, когда полки еще только готовились к боевым действиям, инициатива Литвяк показалась многим не только явным нарушением военной дисциплины, но и, что не менее важно, недопустимым поступком для военной летчицы.

Инцидент с формой был первым случаем, когда 21-летняя Литвяк привлекла к себе внимание всего женского авиаполка. Нина Паспортникова — в будущем ее механик — вспоминала:

> Однажды во время построения Лиле приказали выйти из строя. Она была в зимней форме, и мы все увидели, что она отрезала верх своих меховых унтов, чтобы сделать модный воротник для лётного комбинезона. Наш командир Марина Раскова спросила, когда она это сделала, и Лиля ответила: "Ночью..."[25].

Понять поступок Литвяк было нетрудно. Лиля, «эта... девушка с белокурыми волосами, — пишет Паспортникова, передавая негодование, которое овладело ей в тот момент, — думала о каком-то меховом воротничке», поскольку заботилась о том, «как она выглядит»! Зимой 1942 года для Паспортниковой и других курсантов заботы Литвяк о своей внешности представляли собой прямое отрицание идентичности женщины-солдата. Биться с врагом, направлять на него свой истребитель — и при этом заботиться о том, как ты выглядишь? Это казалось вопиющим

---

[25] Воспоминания Инны Паспортниковой в [Noggle 1994: 195].

противоречием. Паспортникова выразила практически единодушное осуждение попытки Литвяк создать прецедент боевой летчицы, пекущейся о своей внешности, с помощью риторического вопроса: «Какой же летчицей она станет, если не нашла ничего важнее, чем думать о воротнике и о том, как она выглядит?» [Noggle 1994: 195].

В тот момент Паспортникова рассматривала поступок Лили Литвяк с точки зрения привычных гендерных стереотипов. «Женская» забота о собственной внешности, с одной стороны, и заветная мечта стать боевой летчицей, с другой, казались абсурдным и скандальным смешением понятий. По приказу Расковой Литвяк получила выговор. Ее поместили на гауптвахту, где она провела всю ночь, отпарывая воротник и пришивая мех обратно к унтам.

В истории женских авиаполков этот инцидент стал вехой, с которой началась коллективная рефлексия о границах допустимого поведения современной летчицы и, шире, женщины-солдата. Происшествие с Литвяк не утвердило раз и навсегда представления о женщине-солдате и месте «женственности» на фронте. Напротив, как свидетельствует Паспортникова, с течением времени этот случай помог ей лично осознать, как она ошибалась в своей первоначальной оценке Литвяк, отождествляя «женское» поведение с неспособностью выполнять свой воинский долг.

«Я стала за ней наблюдать», — вспоминала Паспортникова, и оказалось, что уже на этом первоначальном этапе подготовки «Литвяк была одной из лучших». Вскоре Паспортникова уже мечтала попасть в ее экипаж в качестве механика. Когда эта мечта осуществилась, она не только перестала видеть противоречия в представлениях Литвяк о том, как может себя вести боевая летчица, но и сама внесла определенный вклад в создание новой идентичности женщины — пилота истребителя, которой подчеркнуто женственная внешность не мешала уничтожать вражеские самолеты один за другим. В своих мемуарах Паспортникова вспоминала, что регулярно наведывалась в медсанбат за перекисью водорода, которой Литвяк осветляла волосы. Паспортниковой уже не казалось, что ожерелье, которое Лиля сама сшила из лоскутков парашютного шелка и выкрасила в разные

Илл. 21. Летчица-истребитель Лиля Литвяк. Из кн. [Казаринова 1971]. С разрешения издательства «Молодая гвардия»

цвета, представляет собой какое-то препятствие для самореализации летчицы-истребителя.

Паспортникова коренным образом переосмыслила значение женственности. Она восхищалась не только храбростью, которую проявляла Литвяк в боях, но и ее решимостью и дальше быть собой, заставляя других (и мужчин, и женщин) сталкиваться на ее примере с несовместимым, на первый взгляд, смешением свойств, — свойств, сливавшихся на самом деле в живую личность, освобождающую понятие женственности от негативных коннотаций [Noggle 1994: 195–196] (илл. 21).

1 августа 1943 года Литвяк не вернулась с боевого задания, однако восхищение Паспортниковой и ее привязанность к своему командиру более чем на сорок лет пережили последнюю битву Лили, в которой сошлись сорок девять истребителей. В этом бою Литвяк удалось сбить два вражеских самолета, что довело общий счет ее личных побед до двенадцати. Горящий самолет Лили врезался в землю на вражеской территории. Ни самолет, ни тело летчицы не

были найдены. Поскольку не имелось точных доказательств ее смерти, Литвяк посчитали пропавшей без вести. Процесс представления ее к званию Героя Советского Союза, начатый командиром полка сразу после ее гибели, был приостановлен. В официальной реляции говорилось, что место гибели неизвестно и что летчица, возможно, попала в плен. Как вспоминает Паспортникова, безвестная смерть была именно тем, чего больше всего боялась Лиля, которая потеряла отца во время репрессий 1937 года. Она боялась исчезнуть и оставить своих родных и друзей в неизвестности. После войны Паспортникова вместе со своим мужем и внуками разыскивала тело летчицы, и ей удалось это сделать в 1990 году. В том же году, после идентификации и перезахоронения останков, указом М. С. Горбачева Литвяк было присвоено звание Героя Советского Союза. А Паспортникова могла наконец считать свой долг по отношению к командиру и товарищу по оружию выполненным [Noggle 1994: 199–200; Грибанов 1971: 340].

История переосмысления и развития социального понятия «женщина-солдат», которую рассказала Паспортникова в своих воспоминаниях, характерна для многих участниц войны. С течением времени радикальные переосмысления и все новые, традиционно невозможные сочетания «женского», «солдатского», «офицерского» — стали доминировать как в среде летчиц, так и в других женских коллективах.

Уже в 1943 году девушки-пилоты значительно расширили свои представления о допустимых проявлениях женственности и коннотаций, которые это понятие несло в себе. По свидетельству Ирины Ракобольской, «постепенно изменялось наше отношение к окружающему и к самим себе: стали делать маникюр и прически», активно сочетая «женственное» и «военное» [Ракобольская 2002: 124]. Помимо этого, девушки начали добавлять к военной форме мелкие атрибуты женственного облика: броши, носовые платочки, шарфы, муфты[26].

---

[26] Например, летом и осенью 1943 года снайпер Клава Иванова получила известность в своем 45-м стрелковом полку как «девушка с шарфом», вспоминает ее «подруга по оружию» Ольга Якушева. Иванова, не расставашаяся

В каталоге женской фронтовой моды первое место, несомненно, занимали длинные волосы, никак не соответствовавшие уставной армейской стрижке. Такая прическа не оставляла сомнений в половой принадлежности носящего ее солдата и превращала женственность в законный атрибут идентичности этого солдата. Знакомая нам командир пулеметного взвода Валентина Чудакова носила волосы достаточно длинные для того, чтобы их можно было уложить в прическу в торжественный день, когда вручали награды. В обычные дни ее волосы, завязанные в пучок и спрятанные под пилоткой, тем не менее не оставляли сомнений в том, что этот офицер — женщина [Чудакова 1965: 445].

Длинные волосы стали атрибутом во всех родах войск, где воевали женщины. Но особенно необычно длинные волосы смотрелись в пехоте. Даже для девушек — офицеров и снайперов, у которых были собственные блиндажи и которые имели возможность уединяться и уделять гигиене больше времени, чем обычные солдаты и санитарки, носить длинные волосы было неудобно, и это отнимало много времени. Однако фронтовые фотографии, которые во второй половине войны делались по самым разным поводам: получение новой формы, наград, погон или вступление в партию — сохранили для нас непоколебимое желание женщин — солдат и офицеров отпускать волосы и менять внешний вид советского фронта, несмотря ни на какие неудобства. В них отразилась эволюционирующая эстетика саморепрезентаций женщин-солдат. Карточки посылали родственникам, друзьям и возлюбленным, находившимся как на фронте, так и в тылу. На них запечатлены тысячи девушек-бойцов, кото-

---

со своим красным шарфом даже на боевых заданиях, успешно поддерживала свой статус «самой смелой и отважной из всех девушек-снайперов» в полку. Красный шарф, таким образом, выполнял функции сложного означающего, связывавшего идентичность девушки-снайпера Ивановой с ее «женственной» заботой о своей внешности и ее исключительным снайперским мастерством. Сражаясь со снайперской винтовкой и с красным шарфом — который выделял ее «как самую смелую и отважную», одновременно превращая в мишень, — Иванова тем не менее целых полгода оставалась в живых и продолжала культивировать свой особый способ быть женщиной-комбатантом [Якушева 1985: 88–89].

Илл. 22. Слева: Евгения Руднева в 1941 году, Военно-авиационная школа пилотов в г. Энгельсе. Справа: Евгения Руднева в 1943 году на фронте. Из книги [Руднева 1995]. С разрешения Издательства МГУ

рые, при всех своих бесконечных различиях, имели несколько общих черт. Их длинные волосы или старательно уложенные специально для этого снимка прически создавали провокативный контраст с их военной формой и наградами, лишая понятия о «женском» и «военном» противопоставительных коннотаций и, таким образом, меняя сами эти понятия[27] (илл. 22).

Эти новые коннотации «женственной» и в то же время «боевой» идентичности были довольно четко сформулированы еще в военные годы. Женщинам из полка ночных бомбардировщиков, например, особенно понравилась трактовка журналиста

[27] См., например, множество снимков, посланных летчицей и штурманом Евгенией Рудневой своим родителям и университетской подруге между маем 1942 и мартом 1944 года: [Руднева 1995: 161, 166, 169, 174, 204].

Бориса Ласкина, посетившего их полк весной 1944 года. В своей записной книжке он оставил заметки о летчице Руфине Гашевой, в образе которой ее подруги по полку узнавали самих себя и потому часто цитировали записи Ласкина в своих послевоенных мемуарах.

Пытаясь найти точный образ для женской военной идентичности, которую воплощала Гашева, Ласкин называет ее «Джульеттой-летчицей»:

> Попробуйте себе представить Джульетту в комбинезоне, — записал Ласкин — Пусть она наденет унты, шлем, перчатки. Пусть подпояшется ремнем с кобурой. Произойдет чудо — возникнет военный летчик, но при этом не исчезнет Джульетта. Это не парадоксальное сравнение. Это именно так. Тихая, очень поэтичная, ясноглазая — вот какова эта девушка с именем Руфина[28].

Популярности этого описания в воспоминаниях летчиц способствовало то, что Ласкин не противопоставлял «тихую, поэтичную Джульетту» — «военному летчику». Не делая первое понятие антитезой второго, журналист наделил женские характеристики («тихая, поэтичная») значениями, которые больше не стояли в оппозиции к военному призванию.

Одобрив портрет Гашевой, нарисованный Ласкиным, Ирина Ракобольская вспоминала о своей фронтовой подруге как о поэтичной, спокойной и бесстрашной в бою девушке. Из всех летчиц полка, по замечанию Ракобольской, Гашевой больше всех и везло, и не везло: ее самолет дважды терпел крушение из-за технических неисправностей, его дважды сбивали, но Гашева каждый раз оставалась в живых. Еще одна важная подробность состояла в том, что муж Гашевой не был на фронте во время войны. Пользуясь записками Ласкина, Ракобольская закончила свой портрет Гашевой так: «она — летчик, офицер, награждена четырьмя орденами, а муж работает в тылу» [Ракобольская 2002: 21, 93].

---

[28] Цит. по: [Ракобольская 2002: 91–92].

Илл. 23. Традиция изображать женщину-бойца как женственного, опытного, профессионального солдата сохранялась и в послевоенные годы. Так, подбирая в 1985 году обложку к своему сборнику воспоминаний, группа выпускниц Центральной женской школы снайперской подготовки выбрала рисунок, удивительно напоминающий типичный снимок женщины-солдата времен войны. На нем представлена укрывшаяся в кустах девушка-снайпер с винтовкой наизготовку. Ее волнистые волосы лишь частично скрыты под пилоткой, а устремленный вдаль взгляд выискивает противника; за ее фигурой высится подбитый немецкий танк, а рядом лежит вражеский солдат — только что убитый, как нетрудно догадаться, ее метким выстрелом. «Рожденная войной». Рисунок на обложке книги [Никифорова 1985]. С разрешения издательства «Молодая гвардия»

Безусловно альтернативные по отношению к традиционным предписаниям, образы вроде «Джульетта-летчица», возникшие на советской передовой, таили в себе опасность стать новым императивом. Закладывая новые нормы самоидентификации, они, с одной стороны, расширяли социально приемлемые означения и выражения «женственности», а с другой — предписывали их и, таким образом, маргинализировали женщин-бойцов, чье поведение не вписывалось в рамки новой парадигмы. «Не стригись. Храни женственность» — такова была одна из «заповедей» в полку ночных бомбардировщиков. Девушки-пилоты относились к этим предписаниям с юмором. Но несмотря на кажущуюся несерьезность, заповеди были весьма симптоматичны и существенны для определения основных черт и границ новых военных культур в женских коллективах и вокруг них. При посещении женского полка ночных бомбардировщиков Борис Ласкин увидел эти «Заповеди женского полка» на стене казармы одной из эскадрилий. Требуя не забывать о «женственности», предписания запрещали курить, ругаться и «отбивать жениха у ближней». Однако запрета на употребление ежедневной порции водки («раки»), помогавшей летчицам снять стресс и заснуть после ночных боевых вылетов, не было. Более того, одна из заповедей представляла собой юмористический упрек непьющим и гласила: «Не выливай раку, отдай товарищу!»[29]

Как и любая другая дискурсивная практика, эти и другие заповеди — повешенные для поднятия настроения на стене казармы или всерьез обсуждаемые в приватных разговорах — по умолчанию отказывали в признании девушкам-солдатам, которые не стремились следовать новым предписаниям или вовсе исключали «женственность» из числа своих приоритетов. Показательно, что тех женщин, кто носил короткие стрижки и придумывал себе мужские имена, боевые подруги старались не упоминать в своих послевоенных воспоминаниях и мемуарах. Настойчивое культивирование «женственно-боевой» фронтовой культуры

---

[29] Заметка Бориса Ласкина, см. [Ракобольская 2002: 92].

Илл. 24. «Они сбили одиннадцать самолетов». Предвосхищая послевоенные воспоминания, эта фотография летчиц Екатерины Будановой (слева) и Лили Литвяк (справа) прославляет слияние женственности с высокотехнологичной войной. Она подразумевает также и то, что в идентичностях этих двух девушек — военных летчиков много общего. Комсомольская правда. 1943. 31 марта. С разрешения «Комсомольской правды»

должно было служить сильным сдерживающим фактором против сохранения в памяти образов тех девушек, которые не использовали «женственность» в качестве строительного материала для конструирования своей личности женщины-бойца.

Нежелание вспоминать о женщинах-бойцах, которых не затронула фронтовая мода на женственность, проступает во многих воспоминаниях ветеранов о летчице-истребителе Кате Будановой. На пять лет старше Лили Литвяк, Буданова служила с ней в одном — в основном мужском — полку; была летчиком-асом; летала в качестве ведомой с командиром полка и погибла в бою за два месяца до Литвяк. В воспоминаниях ветеранов и в сохранившихся архивных документах Буданова предстает бесстрашной, технически безупречной летчицей, прирожденным истребителем — и ближайшей подругой Литвяк. Постоянно связывая ее имя с именем Литвяк и избегая прямых суждений о ее личности, мемуаристы по умолчанию указывают на внутреннее родство двух девушек-пилотов [Грибанов 1971: 336][30] (илл. 24).

Однако такой портрет не соответствует действительности. Благодаря одной сохранившейся публикации времен войны — очерка о Будановой, написанного малоизвестным автором А. Бабушкиной, — мы можем переосмыслить личность Будановой как полную противоположность тому способу самовыражения, который использовала Лиля Литвяк. Название очерка Бабушкиной, опубликованного в антологии 1944 года, сразу говорит о том, что она собирается описать женщину-пилота, разительно отличающуюся от Литвяк. В названии стоит мужское имя: «Володька», которым Буданова пользовалась на фронте и которым подписывала письма к своей сестре Валентине: «Твой Володька». Буданова даже внешне старалась походить на «парнишку, и летчики в полку звали ее этим мужским именем [Бабушкина 1944: 75, 84].

Бабушкина добавляет к портрету Будановой еще одну важную грань. Во время отпуска, когда та навещала свою сестру в Москве, появлялась еще одна инкарнация Будановой: «Володька»-Буданова исчезла и ее место занимала Екатерина Буданова, сменившая свою летную форму на «серое английское пальто и светло-серую шляпу с опущенными на лоб полями»; в руках у этой экстравагантной и загадочной женщины — огромный букет сирени. Теперь Буданова выглядела «изящно и строго», подытоживала смысл превращения Бабушкина [Бабушкина 1944: 79]. Получившийся в результате многогранный портрет Володьки / Екатерины Будановой резко контрастирует с другими ее образами, запечатленными в воспоминаниях ветеранов. Слишком сложная для обобщения и соотнесения с какой-то определенной категорией

---

[30] См. также: Екатерина Васильевна Буданова [Минаева и др. 1964: 278–280]; [Иванова 1962]; Документы на Екатерину Васильевну Буданову // РГАСПИ. Ф. 1. Оп. 32. Ед. хр. 331. Л. 67–73.

идентичности, динамичная личность Будановой указывает на более широкие границы возможного самовыражения женщины на фронте и подчеркивает пределы популярной модели женственной девушки-бойца-профессионала.

Секс и романтика на фронте

Женщины-солдаты и офицеры никогда не описывали секс и даже не упоминали об этом, рассказывая о себе в своих письмах, дневниках и послевоенных мемуарах. Конечно же, они признавали неизбежность присутствия в Красной армии сексуальных связей, беременностей, домогательств и насилия. Однако в их рассказах секс, беременность, домогательство и насилие принадлежали к местам, где служили призванные в армию женщины, не считавшиеся, по их мнению, бойцами (механики, телефонистки, радистки, шоферы, канцелярские работницы, медики)[31]. Можно с уверенностью сказать, что героини этой книги боялись забеременеть. Причина была не только в том, что они боялись осуждения коллектива. Беременных солдат демобилизовали и отправляли в тыл. После всех усилий оказаться в боевых частях, такое развитие событий никого не устраивало.

Что касается их собственной интимной жизни на передовой, то женщинам-бойцам удалось создать и поддерживать, вплоть до сегодняшнего дня, единообразную форму рассказа. В соответствии с этой формой, женщины — бойцы и офицеры — не только воздерживались от половых отношений с мужчинами-

---

[31] Женские свидетельства на эту тему см. [Чудакова 1965: 294, 460–461; Сычева 1989: 109–110]; воспоминания майора Марты Мериуц в [Noggle 1994: 136]; см. жалобу снайпера Наты Нетяжук в ЦК ВЛКСМ на недопустимые действия офицеров-мужчин в отношении женщин — военных специалистов, не участвующих в боевых действиях: РГАСПИ. Ф. 1. Оп. 47. Д. 154. Л. 7; см. жалобу на изнасилование, адресованную К. Е. Ворошилову: Письма маршалу К. Е. Ворошилову. 8–28 декабря 1944 // ГАРФ. Ф. 5446. Оп. 54. Д. 21. Л. 134–135. Мужские свидетельства см. в [Покрышкин 1970: 343; Рубинштейн 2001: 41–42, 81, 89–91].

солдатами; они еще и использовали свою постоянно подчеркиваемую сексуальную недоступность в качестве дополнительной отличительной особенности, отделявшей их от других женщин в вооруженных силах: тех, кто служил, но не воевал. На языке женщин-бойцов быть сексуально привлекательной, но недоступной — избегать встреч, отношений и романов, предполагающих половые сношения на фронте, — было столь же важной «заповедью», как быть «женственной»[32].

Я не буду пытаться опровергнуть этот упрямый, почти монолитный нарратив о фронтовой морали в рассказах женщин-ветеранов. Я хочу закончить эту главу обсуждением вопроса о фронтовой сексуальности в терминах, избранных самими женщинами-солдатами — как фантазии. Сексуальная недоступность не равносильна асексуальности. Настаивая на том, что они не вступали в половые отношения, участницы войны в то же время описывали себя как постоянно думавших и говоривших о гетеросексуальной романтической любви. Правила высокоморальной жизни и поведения определялись как на словах, так и на деле весьма подробно. Жажда любви, влюбленность, переписка с возлюбленным, встречи во внеслужебное время — и с нарушением военных правил, — поцелуи, объятия, а после подробные воспоминания о романтических встречах в письмах — все это не выходило за приемлемые рамки поведения, как его понимали женщины-солдаты.

Пилот Марина Чечнева, например, писала, что сами фронтовые условия усиливали желание романтической любви. Война, писала она в своих воспоминаниях, «обострила это чувство и заставила каждого <в ее полку> полнее осознать простую, но прекрасную истину — что он человек и ничто человеческое ему не чуждо» [Чечнева 1976: 85]. Ракобольская соглашалась, что ее однополчан-

---

[32] См. воспоминания женщин-снайперов Зинаиды Поповой и Надежды Матвеевой: РГАСПИ. Ф. М-7. Оп. 2. Ед. хр. 856. Л. 26; воспоминания Федора Моисеева о снайпере Алии Молдагуловой: *Аскаров С.* Шел девчонке в то время ту пору... // Комсомольская правда. 1970. 14 января; [Тимофеева-Егорова 1983: 125; Ракобольская 2002: 124].

ки, девушки — ночные бомбардировщики, «влюблялись» постоянно, и сразу же добавляла: «...к внутренней чистоте нашего полка мы всегда относились очень строго» [Ракобольская 2002: 124].

Заповедь, запрещавшая «отбивать жениха у ближней», относилась, таким образом, и к миру фантазий о любви, и к возникавшим на передовой реальным ухаживаниям и встречам. Девушки мечтали в дневниках и письмах о «личном счастье», которое, в их понимании, начиналось со «встречи» с «настоящим» другом и «первого поцелуя». Мечты о «друге» и романтические сценарии с его участием вырисовывались на языке, в котором смешивались школьный курс русской классической литературы и песни о любви сталинского времени. Кроме того, девушки-солдаты сами сочиняли романтическую прозу и стихи[33].

В канун 1943 года 23-летняя Евгения Руднева — в то время уже штурман женского авиаполка — получила несколько поздравлений с Новым годом от своих близких боевых подруг, желавших ей найти в будущем году личное счастье. Одна открытка, написанная летчицей, в будущем Героем Советского Союза Полиной Гельман, содержала стихотворение, которое Руднева переписала в свой дневник. В этом стихотворении Гельман желала, чтобы в 1943 году Руднева не только смогла «вернутся победителем домой», но и «вкусила <бы свой>... первый поцелуй». Что поцелуй будет с мужчиной, подразумевалось само собой. Руднева в то время была в числе тех немногих летчиц своего полка, которые еще не встретили особенного друга-мужчину, того, по кому можно тосковать, о ком можно беспокоиться, с кем можно встречаться и кому можно писать письма [Руднева 1995: 141].

Женщины-солдаты считали само собой разумеющимся, что рано или поздно влюбиться доведется каждой. Более того, не быть влюбленной, не испытывать сильных чувств считалось ненор-

---

[33] См. примеры фронтовой прозы и поэзии — размышления о любви и вымышленную любовную переписку между бойцами — женщиной и мужчиной, которую сочиняли летчицы, публикуя в своих литературных журналах: сочинения Галины Докутович «Письмо» и Евгении Рудневой «В чем ошибка Вари?» (Литературный журнал 1-й эскадрильи. 1943. Май. С. 10–13, 22).

мальным, а девушка, не ожидающая любви, считалась не такой как все. Тревога, что она не вписывается в обычный романтический сценарий фронтовой жизни, пронизывает одно из первых писем, написанных Лилей Литвяк с фронта. В мае 1942 года ее женский истребительный полк уже четыре месяца защищал небо над Саратовом, а в письме матери она сообщала: «Я решила, что влюбилась в одного мальчика <либо летчика, либо механика>. Его зовут Толя. <...> Правда, Толю этого видеть часто не предполагаю, но все же не чувствую себя монахиней». По словам Литвяк, среди подруг-летчиц, которые еще недавно осуждали ее за украшение летного комбинезона, она осталась последней, кто не выбрал себе объекта интереса. В письме она риторически спрашивала: «Ну что же, я хуже всех? Ведь все девки влюбляются, а я что?» [Грибанов 1971: 335][34].

Женщины-офицеры были в основном исключением в этом всеобщем ожидании романтической фронтовой дружбы. Они сдерживали эмоций в общении с подчиненными, сохраняя чисто товарищеские отношения так же осознанно, как другие женщины-солдаты ждали встречи с «особым другом». Не только влюбленность, но даже невысказанная заинтересованность (о том, чтобы обсуждать это вслух, и речи быть не могло) были полностью табуированы в общении лейтенанта Тамары Сычевой с солдатами ее противотанкового взвода. Сычевой приходилось не только сдерживать свои чувства, но и следить за своими подчиненными, в случае необходимости пресекая их романтический интерес к себе.

Как и многие женщины-офицеры, Сычева внимательно отслеживала первые проявления влюбленности у своих подчиненных. Она подробно рассказала о том, как она пресекала мужские увлечения, и при этом обрисовала и формы ухаживания, с помощью которых солдаты-мужчины, часто неосознанно, пытались выразить свои чувства. Как рассказывает Сычева, романтическая привязанность могла сделать мужчин необычайно храбрыми

---

[34] См. также об отказе женщин воспринимать мужчин-солдат как асексуальные существа: [Чечнева 1976: 149].

и дисциплинированными, как это произошло со старшим сержантом Балатовым. Недавно окончивший школу Балатов стал правой рукой Сычевой — он был командиром орудия и занимал второе по иерархии место в ее взводе. Сычева вспоминает о нем как о толковом артиллеристе. Он хорошо знал свое дело, мог собрать и разобрать любое орудие.

> Но со временем стала замечать, что старший сержант Балатов оказывает своему командиру взвода слишком большое внимание. На отдыхе он старался, чтобы бойцы окружали меня заботой, в боевой обстановке сердился, если мои приказания не выполнялись бегом. Я не могла не видеть, что, когда мне оборудовали наблюдательный пункт или землянку, старший сержант старался взять на себя руководство делом и всегда проверял, все ли хорошо сделано. С каждым днем я все больше убеждалась, что это не только уважение, но и увлечение. Трудно было признаться самой себе, что он мне тоже нравился [Сычева 1989: 150].

Однако никакой тайной или явной связи между лейтенантом Сычевой и старшим сержантом Балатовым не возникло, так же как и у Валентины Чудаковой, которая втайне восхищалась физической красотой своих солдат-мужчин. Сычева признавалась в своем увлечении Балатовым только самой себе, поскольку хотела командовать своими солдатами-мужчинами по-прежнему. Так и произошло. Когда Балатов попытался объяснить Сычевой, какой глубинный смысл имела его постоянная помощь и забота, она не позволила ему этого сделать. В мемуарах она писала, что прервала его на первом слове и сама дала истолкование его поведению: «Вы относитесь ко мне как примерный сержант к своему командиру», тем самым напомнив храброму сержанту о субординации [Сычева 1989: 151].

Фронтовые увлечения — даже если они подавлялись, как в случае Сычевой и Балатова, или если о них только мечтали, или если они перерастали во что-то большее — всегда ставили вопрос о самом означении гетеросексуального желания. Можно ли говорить о меняющейся смысловой конфигурации гетеросексуальной фантазии на фронте? Влюбившись в женщину — командира своего взвода вопреки всем наиболее почитаемым и традиционным образцам женской привлекательности, изменил ли Балатов тем самым сами концепции привлекательности, желания и любви? Сходные вопросы можно обратить и к девушкам-солдатам, которые мечтали о личном счастье в союзе с мужчиной-солдатом.

В своих послевоенных воспоминаниях женщины-ветераны нарисовали множество портретов мужчин — солдат и офицеров, которых возмущал культ женственности в действующей армии и для которых женственная и привлекательная женщина-солдат являлась оксимороном. Твердо придерживаясь традиционных гендерных ролей и привычных форм желания, такие мужчины многое теряли в глазах женщин и переставали рассматриваться ими как возможные «друзья». С другой стороны, имелось немало солдат-мужчин, способных превратить романтические мечты женщин в реальный флирт, ухаживание и свидания. Редкие встречи, целые лавины любовных писем и даже анонимные любовные признания по почте составляли живую реальность любовной жизни на фронте. В сообществах пилотов выразить романтические чувства помогала военная техника. И летчицы, и летчики отклонялись от своих маршрутов после выполнения боевых заданий, для того чтобы пролететь на низкой высоте над аэродромом сердечного друга, «махнуть серебряным ему крылом», так сказать. Случалось, что они флиртовали в небе, выполняя фигуры высшего пилотажа. Некоторым такое нарушение дисциплины сходило с рук, другие получали взыскания[35].

Сохранилось немного написанных во время войны любовных писем, которые могли бы добавить подлинные голоса эпохи к хору послевоенных воспоминаний. Поскольку любовные письма представляют собой документы личного характера, они никогда активно не публиковались и редко попадали в архивы.

---

[35] См. заметки Ласкина в [Ракобольская 2002: 92]; [Чечнева 1976: 153; Джунковская 1971: 124; Тимофеева-Егорова 1983: 144–145].

Однако один набор таких писем сохранил дискурс любви и желания в отношениях между девушкой-пилотом и юношей — инженером-танкистом, которые переписывались между ноябрем 1943 и июнем 1944 года. С девушкой мы уже знакомы: это Евгения Руднева, которая встретила 21-летнего танкиста Славу в 1943 году в поезде, на котором возвращалась из отпуска в Крым, где располагался ее полк. Любовь Жени и Славы оказалась по преимуществу любовью по переписке. Встретившись в ноябре 1943 года, они виделись впоследствии только один раз — в январе 1944 года, когда Слава навестил полк Рудневой, чтобы отпраздновать ее день рождения. С того времени и до июня 1944 года, когда Руднева была подбита над целью и медленно сгорела вместе со своим У-2, пока он, планируя, спускался на землю, Слава и Женя писали друг другу каждые пять-шесть дней. Лейтмотивом писем Славы были уверения, что Женя — «необыкновенная девушка»: с одной стороны, «нежная, развитая, волевая и обаятельная», а с другой — «знающая дорогую цену жизни», потому что она уже ощутила «дыхание смерти» и «главное... уничтожала фашистов». Именно к этой необыкновенной, нежной и волевой девушке-бойцу он почувствовал сначала дружескую симпатию, потом любовь, а затем страстное желание физической близости. Вспоминая их вторую и последнюю встречу, Слава писал об их поцелуе и мечтал о долгих отношениях, о браке[36].

Существуют и другие свидетельства военного времени, которые непосредственно освещают романтику советских фронтовых пространств, — браки, заключавшиеся во время войны прямо на фронте и в первые месяцы после победы над нацистской Германией в 1945 году. Начиная с 1944 года состоящим на службе мужчинам и женщинам дозволялось обращаться к своим полковым командирам с просьбой о разрешении вступить в брак. После победы летчицы выходили замуж за летчиков, вместе с которыми воевали. Пилот пикирующего бомбардировщика Мария Долина вспоминала, что «около половины состава наше-

---

[36] Отрывки из писем Славы в [Руднева 1995: 223, 239].

го <женского> полка счастливо вышло замуж» за летчиков из соседних полков пикирующих бомбардировщиков. Сходные события происходили в жизни ночных бомбардировщиков — даже командир полка Евдокия Бершанская вышла замуж за командира соседнего полка и, как прокомментировала это событие Ракобольская, «тем самым навеки объединила наши полки». Большинство упомянутых в этой главе девушек, солдат и офицеров, вышли замуж за тех, с кем познакомились еще на фронте, или за других фронтовиков[37].

Заканчивая на этом рассказ о женственности и романтической любви на советской передовой, я хотела бы подчеркнуть те важные последствия различий в культивировании женственности и трактовке желания, которые возникали в разных национальных контекстах Второй мировой войны. Американская военная пропаганда, например, старалась смягчить факт присутствия женщин на вспомогательной военной службе и в армии, заверяя, что призванные на службу женщины не теряют традиционных женских качеств, и тем самым создавала качественно отличный по сравнению с надеждами советских девушек дискурс. В советском случае избавление «женственности» от традиционных ассоциаций с непригодностью — как личностной, так и технической — к военному делу, с одной стороны, и подчеркивание привлекательности «женственного» солдата-девушки — с другой, предполагали совершенно иные — не основанные на противопоставлениях — гендерные отношения[38].

Что же произошло с гендерными условностями и табу на советско-германском фронте? Уклоняясь от таких популярных объяснительных метафор, как «трансформация» и «сдвиг»,

---

[37] См. воспоминания Марии Долиной в [Noggle 1994: 122; Ракобольская 1995б: 251].

[38] Лучший анализ публичного дискурса по женским вопросам, проблемам войны и вооруженных сил в США и Великобритании см. в [Rose 2003; Meyer 1996].

я предлагаю рассматривать советскую передовую как неоднородную гендерную конструкцию, более не ограниченную ни традиционными гендерными порядками, ни военной культурой, утверждавшей мужскую природу солдата-гражданина. Девушки — солдаты и офицеры — не только создавали необычные гендерные режимы для вооруженных сил Советского Союза. Они также открыли социальные пространства командования и подчинения для творческого самовыражения солдат-мужчин за пределами общепринятых гендерных понятий, равно как и для создания новых гендерных отношений между солдатами — мужчинами и женщинами. Так появились «женские» военные пространства и «материнские» прототипы советского командира. В этом историческом контексте даже возглавляемые мужчинами-офицерами женские военные части следует рассматривать как явления, выходящие за пределы традиционных методов ведения войны, и как открытие возможностей для дальнейшего развития новых гендерных понятий и отношений, уже за рамками культурных дискурсов 1930-х годов.

Таким образом, тот тип «принятия» в военную семью, которого добивались советские женщины — солдаты и офицеры, не предполагал ассимиляции в традиционную, идентифицируемую с мужским доминированием, военную культуру. Не предполагало оно и становления солдатами «вроде» мужчин. В этой новой военной культуре разделение (и переосмысление в гендерном плане) самой идентичности современного солдата легитимизировало мужские и женские инкарнации современной войны — «женщины-солдата» и «мужчины-солдата».

Не стоит забывать, что новые гендерные субкультуры и отношения появлялись прежде всего внутри особых и механизированных частей и таким образом имели прямое отношение к тем, кто принадлежал к специализированной элите советских вооруженных сил. Получившие достаточно хорошую боевую подготовку, эти участники и участницы войны сильно отличались от бойцов Красной армии, попадавших на фронт необученными. После войны эти два потока советской армии и ветеранских воспоминаний выражали совершенно разные позиции по отношению не только к вопросу о месте женщин на войне, но и к общей проблеме отношения человека к современным боевым действиям. Для первой группы современная война была смертоносным явлением, у которого тем не менее были правила и которое можно было отчасти контролировать. Вторая группа создала совсем другой нарратив, в котором война представлялась непостижимым хаосом[39].

---

[39] Насколько по-разному фронтовики вспоминают войну, наглядно демонстрируют воспоминания пилотов-штурмовиков, истребителей, танкистов и артиллеристов в четырех томах под редакцией Драбкина, в которых воспоминания ветеранов сгруппированы по родам применявшейся военной техники: [Драбкин 2005; Драбкин 2007а; Драбкин 2007в; Драбкин 2007б].

Заключение

> Все мы, служившие в Женской службе пилотов Военно-воздушных сил США, гадали, как мы проявим себя, если придется участвовать в боях. Мы говорили об этом у себя в казармах в течение всех шести месяцев летной подготовки, проводившейся на том же самом самолете и в тех же условиях, что и у курсантов-мужчин.
>
> *Энн Ноггл, американская летчица, Женская служба пилотов Военно-воздушных сил США* [Noggle 1994: X]

В начале 1944 года полковник Пожидаев, командир 907-го стрелкового полка, подписал представление о посмертном награждении рядовой пехоты и санинструктора Валерии Гнаровской высшей советской военной наградой — Золотой звездой Героя Советского Союза. По мере того как представление передавалось вверх по военно-бюрократической лестнице — из штаба полка в штабы дивизии, армии и фронта, — на нем появлялись резолюции и подписи разных генералов. К июню 1944 года представление прошло весь путь через военные, партийные и советские инстанции, и Гнаровской было присвоено звание героя.

Сохранившееся в Российском государственном архиве социально-политической истории личное дело Гнаровской содержит это представление и сопроводительные материалы. В них дается портрет типичной девушки-добровольца. В 1941 году Гнаровской было семнадцать лет, перед началом войны она только-только закончила школу. В восемнадцать ушла добровольцем на фронт и в июле 1942 года заслужила первую медаль — «За отвагу». Представление 1944 года к высшей военной награде описывает личные качества Гнаровской и ее подвиг:

> Санинструктор-рядовая Гнаровская В. О. во время пребывания в полку показала себя как бесстрашный и беспредельно преданный Родине воин Красной армии, за что пользовалась заслуженным авторитетом всех бойцов и офицеров, являясь примером бесстрашия и отваги.
> Будучи всегда в боевых порядках, т. Гнаровская спасла жизнь многим солдатам и офицерам. Только в бою за г. Долину у реки Северный Донец она вынесла с поля боя 47 раненых бойцов и офицеров с их вооружением. В критические минуты боя личным примером и героизмом увлекала за собой бойцов подразделений на боевые подвиги. Лично участвуя в боях, Гнаровская уничтожила 28 немецких солдат и офицеров.
> Под совхозом Иваненково 2 вражеских танка типа «тигр», прорвавшись через линию нашей обороны, устремились в расположение штаба полка. В этот критический момент танки приблизились на 60–70 метров к расположению штаба. Гнаровская, схватив связку гранат и поднявшись во весь рост, бросилась навстречу впереди идущему вражескому танку и, жертвуя своей жизнью, бросилась под танк.
> В результате взрыва танк был остановлен, а другой танк, пытаясь уйти, был подбит нашими бойцами.
> В результате героического подвига Гнаровской, вражеская контратака была отбита, угроза уничтожения штаба полка со стороны вражеских танков была сорвана.
> Боевая задача, поставленная полку, была выполнена.
> Так героически, на поле боя, в борьбе с немецкими танками погибла бесстрашная медработница тов. Гнаровская.
> Достойна посмертно правительственной награды Герой Советского Союза[1].

Язык этого представления отражает культурные сдвиги, произошедшие на советской передовой с начала войны. К осени 1943 года советские военные уже обладали официальным языком, способным описать явление женщины-бойца, не прибегая к традиционным гендерным парадигмам, структурировавшим общество военного времени по принципу противопоставления мужских и женских областей деятельности и идентичностей.

---

[1] РГАСПИ. Ф. М-7. Оп. 2. Д. 319. Л. 1–2.

Вместо того чтобы представить подвиг Гнаровской, например, в качестве исключительной, воодушевляющей других бойцов реализации якобы типично женской способности к самопожертвованию, авторы этого представления (вместе с генералами, поставившими свои подписи на документе) вписывали героиню в сценарий общих военных усилий Красной армии, где женщины-бойцы разделяли с мужчинами и командирами и боевые пространства и умение воевать. Характеризуя Гнаровскую как образцового «бесстрашного... воина Красной армии» и отмечая ее способность увлекать за собой бойцов как характерную черту ее характера и поведения в бою, представление прямо указывало на ее солдатские достоинства. Гнаровская выступает здесь как женщина — военный медик и вместе с тем как полноправный солдат. Ее самопожертвование описано не как подвиг женщины-мученицы, а как подвиг женщины-солдата. Сражаясь активно и бесстрашно, Гнаровская погибла, защищая штаб полка от вражеских танков, чем обеспечила успех всего боевого эпизода. Таким образом, она олицетворяла собой тот факт, что у советского понятия «солдат» появилось две социально приемлемые инкарнации — мужская и женская[2].

В течение тридцати лет после войны — в 1950–1970-е годы — рассказы о героическом подвиге Гнаровской часто появлялись в центральной прессе. Их печатали всесоюзный молодежный журнал «Смена», женский журнал «Крестьянка», а также «Медицинская газета». В процессе рассказывания и пересказывания послевоенные журналисты и историки подвергли подвиг Гнаровской серьезной правке. Смыслоопределяющие факты и детали были вычеркнуты. В результате тот образ женщины-солдата-гражданина, который создал в наградном листе 1944 года полковник Пожидаев, качественно изменился.

---

[2] Чтобы понять, насколько переосмысливающий гендерные вопросы язык, которым написано это представление, был распространен за пределами официальной переписки, см. два личных письма из папки Гнаровской, которыми обменялись ее непосредственный командир капитан Романов и ее отец: Там же. Л. 24, 30.

В новой редакции уничтожение Гнаровской 28 врагов, ее образцовое и бесстрашное поведение в бою, ее лидерские качества — все это исчезло. Угроза полковому штабу со стороны двух немецких танков — главная причина самопожертвования Гнаровской — также не упоминалась. Однако при этом в историю вписали новые, ранее не известные, а другими словами вымышленные, подробности. К середине 1960-х годов эпизод героической гибели Гнаровской поместили в новый контекст. Она превратилась в медсестру, которая осталась одна с ранеными солдатами в тыловом перевязочном пункте. Историк М. Кузьмин так рассказывал эту новую историю в 1965 году в «Медицинской газете»:

> 23 сентября 1943 г. шел жестокий бой... Танки врага прорвали нашу оборону. Один из них, ведя обстрел из пушки и пулеметов, двигался на перевязочный пункт. Санинструктор В. О. Гнаровская, спасая жизнь тяжелораненых бойцов, со связкой гранат бросилась под танк и подорвала его[3].

Новая история была запечатлена на картине «Подвиг Валерии Гнаровской» художника Ивана Пентешина. На ней изображена девушка в юбке, вышедшая навстречу танку с гранатами в руках. За спиной у нее — сидящие и лежащие на земле раненые солдаты в окровавленных бинтах. Гнаровская «погибла, спасая людей», — подытожил смысл ее подвига еще один журналист в статье, напечатанной в журнале «Крестьянка». Опираясь на сочинения друг друга, послевоенные историки и журналисты постепенно лишили историю Гнаровской тех элементов, которые позволяли опознать ее как женщину-солдата. Она была подвергнута дискурсивной трансформации, превратившись в легко узнаваемую традиционную материнскую фигуру, чуждую воинственности и движимую только инстинктивным желанием спасти своих подопечных[4].

---

[3] *Кузьмин М.* В годы Великой Отечественной войны // Медицинская газета. 1965. 12 мая.

[4] *Малышев В.* Подвиг «Ласточки» // Крестьянка. 1974. Декабрь; См. также: *Пиккиев И.* С гранатами под танк // Смена. 1950. 8 октября; *Гинзбург В.* Девушка с гранатой // Медицинская газета. 1969. 9 мая.

Заключение

Метаморфозы представления героической личности Гнаровской показывают лишь один ряд дискурсивных приемов, изобретенных в послевоенном советском обществе для того, чтобы превратить женщин-солдат — как в общественном дискурсе, так и в исторической памяти — в готовых жертвовать собой женщин-*несолдат*. В случае Гнаровской статьи газеты и журнала формально не отрицали ее подвиг, но и не позволяли читателю полностью понять его смысл. Сохраняя имя женщины-героини и общие контуры ее поступка, послевоенные журналисты и историки единодушно выдавали солдата за медработницу. В соответствии с основным направлением развития послевоенной литературы и кинематографа, они опускали ту идентичность женщины-солдата, которая составляла суть наградного листа 1944 года и исторического исследования в этой книге[5].

Какие же выводы можно сделать из истории создания и послевоенной маргинализации гендерных понятий и отношений, бытовавших в советском обществе в 30-е годы и в годы Великой Отечественной войны? Наши выводы напрямую зависят от выбора общей интерпретативной парадигмы, в которую мы поместим историю советской женщины-солдата. На протяжении всей книги я старалась не прибегать к хорошо известным в западной историографии и гендерной теории интерпретационным подходам, согласно которым история создания нового гендерного мировоззрения в советскую эпоху сводится либо к тезису об «идеологии», оторванной от жизни, либо к тезису о полной «амнезии» советского альтернативного опыта в послевоенные годы. Мой отход от устоявшихся академических нарративов, как мне кажется, позволяет историку увидеть гендерную историю сталинского периода со всеми присущими ему противоречиями и вариативностью и отрицает саму возможность вписать этот исторический опыт советского общества в прямолинейный и де-факто отрицающий его нарратив. В связи с этим я хочу

---

[5] Анализ процессов маргинализации альтернативных гендерных дискурсов в послевоенном советском обществе см. в [Krylova 2010].

подвести итог сказанному с помощью трех наблюдений и показать, что феномен советской женщины-солдата не только обогащает наше понимание истории советского социализма и гендерной истории, но и содержит в себе столь необходимый толчок к переосмыслению женской и феминистской истории XX века в целом.

Во-первых, история советской женщины-солдата и неотделимая от нее история советской концепции «женщина», не предполагающей априори внутреннего противопоставления женского, солдатского, гражданского и материнского призваний, позволяет нам по-новому ответить на вопрос о том, насколько современное государство, со всеми его институциональными и образовательными возможностями, способно влиять на гендерный порядок общества. Так, в своей сталинско-тоталитарной форме государство, как мы видели, оказало глубокое и, в исторической перспективе, удивительно быстрое воздействие на понимание массами гендерных норм, различий и табу. На протяжении жизни всего лишь одного поколения произошла радикальная реорганизации гендерных понятий. И скорость, и социальный размах этих перемен были бы невозможны без государственной поддержки, позволявшей мужчинам и женщинам довоенного поколения рассматривать себя и другого (другую) не как безусловные противоположности. Анализ происходившего в довоенные и военные годы заставляют нас сделать трудный вывод, что институциональные пространства и культурные дискурсы, организованные вопреки традиционной логике бинарных оппозиций, могут способствовать широкомасштабной креативной переработке гендерных отношений даже в крайне репрессивных условиях гражданской и военной жизни, как это происходило в СССР при Сталине.

Во-вторых, данная книга предлагает историкам и теоретикам гендерных проблем подробный исторический сценарий-анализ, показывающий, как происходят глубинные изменения в массовом восприятии гендерных норм. В сталинском государстве 1930-х годов появление небинарных гендерных идентичностей, например, не отменило традиционного понимания человеческой природы. Но несмотря на то, что «традиционные» представления не были ликвидированы, возникли альтернативные представления о гендерных, гетеросексуальных отношениях, как и возможность оспаривать само понимание «правильного» женского и мужского поведения в обществе «строящегося социализма». Таким образом, советский сценарий ломки традиционной гендерной культуры предполагает не полное и немедленное отмирание традиционных гендерных форм, а только потерю ими своей абсолютной ценности в общественном сознании.

Именно такое понимание «гендерной революции», как мы видели, определило особый характер советской феминистской логики 30-х и 40-х годов, которую активистки вроде Марины Расковой использовали для продвижения женщин в вооруженные силы. Присущее Расковой видение освобождения женщин не было основано на идеологии универсализирующего феминизма, то есть отмены традиционных гендерных отношений для всех, сразу и навсегда. Ее борьба за право женщин участвовать в боевых действиях в качестве солдат-граждан и кадровых офицеров не была призывом к отказу от традиционных идеалов как таковых, а только к отказу придавать этим идеалам статус всеобъемлющей нормы, применимой ко всем без исключения женщинам.

В-третьих, парадоксальным образом, деятельность сталинской системы 1930-х годов, постоянно противоречившей самой себе по гендерным вопросам, требовала активного исторического субъекта и зависела от него: советского гражданина, который был вынужден создавать свое советское, социалистическое, гендерное «я» среди противоречивых гендерных идеалов. В конкретной обстановке школ, военных кружков и передовой двойственные и противоречивые культурные и институциональные реалии сталинизма постоянно порождали конфликтные ситуации, которые я трактовала как новые возможности для выработки функциональных социальных отношений, часто на условиях, альтернативных традиционным гендерным сценариям. Конечно же, из-за проводимых сталинским режимом чисток, репрессий и травли, то и дело исключавших советских граждан из гражданской и военной жизни общества, активная позиция советского субъекта всегда была уязвима. И тем не менее без его/ее участия противоречивые установки и конфликтные ситуации не могли быть разрешены, а их креативный потенциал не мог быть реализован. Таким образом, советская гендерная история содержит в себе исторический пример, опять же, как бы парадоксально это ни звучало, взаимодействия исторического субъекта и системы, в котором субъект является не только зависимой, но и необходимой величиной для объяснения исторического действия и возникновения альтернативных социокультурных форм.

Особенно ярко этот субъект проявил себя на фронте, где процессы перестройки гендерных отношений получили новый импульс развития в конкретных боевых ситуациях и, конечно же, в мемуарах и воспоминаниях, в которых, наперекор послевоенной массовой культуре, писалась другая гендерная история Великой Отечественной войны. Важно не забывать, что мы имеем дело не с краткосрочным, а с аккумулятивным процессом переосмысления гендерных понятий и отношений — процессом, который начался еще в предвоенном сталинском обществе, затем получил развитие в военные годы, и наконец, обрел свое наиболее полное выражение в воспоминаниях ветеранов. Тот факт, что эта история заканчивается на периферии послевоенного советского общества, не отменяет ее, а свидетельствует о том, что гендерное сознание общества способно претерпевать долгосрочные перемены и варьировать за пределами традиционного понимания гендерных различий.

В завершение — о перспективах дальнейшего изучения феномена женщины-солдата за рамками советской истории, а именно как общей транснациональной проблемы середины XX века. Как мне кажется, рассмотрение этого феномена как транснационального открывает новые возможности в изучении как европейской и американской женской истории, так и истории радикальных направлений феминистской мысли и современной военной истории. Так, новая гендерная история этого периода могла бы начаться со следующего факта: что в годы Второй мировой войны идея женщины-солдата-гражданина была вовсе не чужда ни британскому, ни американскому обществам. Напротив, эта идея являлась предметом общественных споров, личных фантазий, государственных постановлений и военных экспериментов.

В Великобритании, например, роль женщин в вооруженной защите страны обсуждалась в палате общин. В течение нескольких лет, начиная с 1940 года, ведущая феминистка и член парламента Эдит Саммерскилл неоднократно обращалась к членам палаты с призывами поддержать право женщин вступать в отряды местной самообороны, использовать летальное оружие и защищать себя и свою страну. В борьбе Саммерскилл за полноту гражданских прав для женщин можно без труда узнать логику и стратегию довоенных советских гендерных дискурсов. Саммерскилл осуждала запреты, накладываемые на право женщин учиться военному делу, видя их корни в восходящем к XIX веку традиционном понимании женской природы, по-прежнему определявшем мышление большинства британских политиков. Словно в поддержку Саммерскилл, британские мужчины и женщины в разных частях страны открыто нарушали недвусмысленные запреты Министерства обороны на доступ женщин к стрелковой подготовке и вступление в отряды самообороны. Спонтанно возникшее оборонное движение самовольно занималось организацией групп, в которых женщины учились стрелять из огнестрельного оружия, а руководство местных сил самообороны записывало в свои ряды женщин-добровольцев. Новаторское исследование Пенни Саммерфилд и Коринны Пенистон-Бёрд показало, что формальные запреты на участие женщин в боевых действиях ни до, ни во время Второй мировой войны не соблюдались британским обществом. Феминистки, государственные служащие, обычные мужчины и женщины жили и действовали в условиях множественных и противоречивых представлений о женской и мужской природе [Summerfield, Peniston-Bird 2007: 64–67][6].

В гораздо более приватной обстановке на другой стороне Атлантики американки, служившие в Женской службе пилотов Военно-воздушных сил США, в разговорах, которые они вели

---

[6] См. также проведенный Соней Роуз анализ репрезентаций советских женщин-бойцов в британской прессе времен войны: [Rose 2003].

в своих казармах, мечтали участвовать в настоящих боях, — об этом вспоминала Энн Ноггл в своих мемуарах 1994 года. Ноггл и ее подруги-летчицы представляли, как попадут в самую гущу сражений Второй мировой. Эти фантазии не были совершенно оторваны от реальности. Во всяком случае, Верховное командование США не рассматривало женщину как абсолютную антитезу современного боя. Следуя британскому примеру, Верховное командование организовало и подготовило экспериментальный женский противовоздушный батальон. Хотя женщины — бойцы этого батальона — продемонстрировали способность быстро обучаться военному делу, американская женская военная часть так и не была опробована в деле. Информация о существовании батальона тоже не стала достоянием общественности. Однако этот эксперимент свидетельствует о широте спектра возможных ролей, считавшихся подходящими для женщин во время войны в американской армии [Noggle 1994: IX–X; Campbell 1993].

Приведенные выше примеры указывают на то, что отдельные общественные и военные деятели, равно как и отдельные граждане, не разделяли распространенное традиционное убеждение в том, что идентичность солдата противоположна его «женскому другому». Соответственно, эти примеры и дискурсы позволяют нам поместить советское явление женщины-солдата в контекст общей транснациональной проблематики середины XX столетия как мыслимый, обсуждаемый, практически осуществимый и питающий фантазии феномен. В более широком смысле вопрос касается природы транснациональных основ радикально-альтернативных сценариев гендерных отношений, гражданственности и солдатской идентичности в середине XX века и социокультурных механизмов их появления, развития и маргинализации.

В случае Энн Ноггл ее размышления об альтернативной военной карьере в качестве военной летчицы — «как <она> проявит себя, если <ей> придется участвовать в боях», — не остались в военном прошлом и занимали ее все последующие годы. Через сорок пять лет после войны интерес Ноггл к этому вопросу нисколько не угас. В 1989 году она случайно прочитала статью о советских летчицах и на следующий год отправилась в Россию, чтобы «увидеть и услышать советских женщин, участвовавших <в боях> и знавших реалии войны по долгим годам сражений». В результате этой и еще нескольких поездок, предпринятых в течение следующих двух лет (она побывала в Москве, Петербурге и Киеве), в 1994 году вышла книга, содержавшая беседы с 69 женщинами. Эта книга многократно цитировалась в моей работе. Смелое предприятие Ноггл позволило создать богатый исторический архив воспоминаний советских летчиц. Кроме того, оно позволило ей дать ответ на мучивший ее всю жизнь вопрос. В предисловии к своей книге Энн Ноггл написала, что советские летчицы «заставили <ее> гордиться тем, что она женщина» [Noggle 1994: X].

Приложение

Подсчет числа девушек комсомольского возраста, принимавших участие в боевых действиях в 1941–1945 годах

Таблица 1. Комсомолки на фронте

	Январь 1942 г.	Январь 1943 г.	Январь 1944 г.	Январь 1945 г.	Июнь 1945 г.
Число комсомолок*	8683	163 172	247 551	246 530	212 419

* Цифры приводятся по [Еремин, Исаков 1977: 91].

Таблица 2. Оценка потерь, в том числе невосполнимых, среди комсомолок

		1941	1942	1943	1944	1945
Невосполнимые потери среди женщин: убитые, пропавшие без вести, попавшие в плен	Процент средних потерь в войсках*	98,97 %	56,34 %	30,95 %	21,57 %	9,98 %
	Потери среди женщин**	4297	48 412	63 560	53 287	22 902
Другие потери: раненые и больные	Процент средних потерь в войсках*	43–45 %	76,92 %	86,18 %	77,72 %	34,62 %
	Потери среди женщин**	1887	66 096	176 981	192 000	79 444

		1941	1942	1943	1944	1945
Раненые и больные, не вернувшиеся на фронт	Процент средних потерь в войсках*	10,0 %	17,8 %	19,9 %	18,0 %	8,0 %
	Потери среди женщин**	436	15 268	40 883	44 352	18 352
Общее число потерь женщин-бойцов за год***		4733	63 680	104 443	97 639	41 254

* Проценты приводятся по таблицам 62 и 72 из изд.: [Кривошеев 1993: 136, 152–153].

** Среднее число комсомолок в определенный год рассчитано как среднее арифметическое между числом женщин в начале и в конце каждого периода (см. Таблицу 1). Предполагается, что в июне 1941 года комсомолок на фронте не было.

*** Общее число потерь женщин-бойцов рассчитано как сумма числа невосполнимых потерь и числа раненых и больных, не вернувшихся на фронт.

Таблица 3. Комсомолки, прибывшие на фронт для участия в боевых действиях*

Июнь 1941 — январь 1942	Январь 1942 — январь 1943	Январь 1943 — январь 1944	Январь 1944 — январь 1945	Январь 1945 — июнь 1945	Июнь 1941 — июнь 1945
13 000 ± 5000	220 000 ± 60 000	190 000 ± 20 000	96 600 ± 10 000	7000 ± 3000	520 000 ± 80 000

* Число женщин-бойцов в указанный период рассчитано как разность между числом женщин-бойцов в конце и в начале данного периода (из Таблицы 1) плюс число потерь женщин-бойцов в данный период (из Таблицы 2). Погрешности отражают возможную вариативность числа женщин-бойцов на фронте в каждом году. Общая погрешность составляет 15 % от общего числа принимавших участие в боевых действиях комсомолок.

Библиография

Архивы

РГАСПИ — Российский государственный архив социально-политической истории
ГАРФ — Государственный архив Российской Федерации

Газеты, специальные и популярные журналы

Известия
Комсомольская правда
Красная звезда
Литературная газета
Литературная Россия
Правда
Смена
Советская педагогика
Советская Россия сегодня

Источники

Алексиевич 1985 — Алексиевич С. А. У войны — не женское лицо. Минск: Мастацкая літаратура, 1985.
Алексиевич 1988 — Алексиевич С. А. У войны — не женское лицо. М.: Советский писатель, 1988.
Алигер 1943 — Алигер М. И. Зоя: поэма. М.: Молодая гвардия, 1943.
Аронова 1969 — Аронова Р. Е. Ночные ведьмы. М.: Советская Россия, 1969.
Артамонова 1985 — Артамонова (Даниловцева) В. Дни, которые трудно забыть // Рожденная войной / Под ред. Е. Н. Никифоровой. М.: Молодая гвардия, 1985. С. 64.

Аршавская 1985 — Аршавская З. Счет мести открыт // Рожденная войной / Под ред. Е. Н. Никифоровой. М.: Молодая гвардия, 1985.

Бабушкина 1944 — Бабушкина А. Володька // Девушки-воины. Очерки о девушках — героинях Великой Отечественной войны / Под ред. Б. Дьякова. М.: Молодая гвардия, 1944. С. 75–84.

Барсуков 1997а — Русский архив. Великая Отечественная война: приказы Народного комиссара обороны СССР. 22 июня 1941–1942 гг. Т. 13 (2-2) / Отв. сост. А. И. Барсуков. М.: Терра, 1997.

Барсуков 1997б — Русский архив. Великая Отечественная война: приказы Народного комиссара обороны СССР. 1943–1945 гг. Т. 13 (2-3) / Отв. сост. А. И. Барсуков. М.: Терра, 1997.

Беляков А. В. В полет сквозь годы. М.: Воениздат, 1981.

Березницкая 1962 — Березницкая А. М. Первые дни // В небе фронтовом. Сборник воспоминаний советских летчиц — участниц Великой Отечественной войны / Под ред. М. А. Казариновой, А. А. Полянцевой. 1 изд. М.: Молодая гвардия, 1962.

Богатырев 1983 — Богатырев А. Т. Девушки в серых шинелях. Киев: ЦК ЛКСМУ, 1983.

Бондарин 1957 — Бондарин С. Лирические рассказы. М.: Советский писатель, 1957.

Бородкина 1996 — Бородкина А. В. Не забуду до конца жизни // Женщины на защите Отечества. 1941–1945 гг. Кн. 2 / Сост. В. И. Фесенко. М.: АКАЛИС, 1996.

Бочаров 1967 — Бочаров Л. П. Мужеству учили коммунисты // У черноморских твердынь. Отдельная Приморская армия в обороне Одессы и Севастополя. Воспоминания / Под ред. В. П. Сахарова, Е. И. Жидилова, А. Д. Харитонова. М.: Воениздат, 1967.

Буков и др. 1995 — Москва военная. 1941–1945. Материалы и архивные документы / Сост. К. И. Буков, М. М. Горинов, А. Н. Пономарев. М.: Мосгорархив, 1995.

Васьковский 1967 — Васьковский Я. Я. Стойкость // У черноморских твердынь. Отдельная Приморская армия в обороне Одессы и Севастополя. Воспоминания / Под ред. В. П. Сахарова, Е. И. Жидилова, А. Д. Харитонова. М.: Воениздат, 1967.

Верхозин 1963 — Верхозин А. Командир полка // Героини войны. Очерки о женщинах — Героях Советского Союза // Сост. А. Белановский, П. Перепеченко. М.: Политиздат, 1963. С. 102–110.

Верхозин 1964 — Верхозин А. Самолеты летят к партизанам. Записки начальника штаба. М.: Политиздат, 1964.

Вершинин 1975 — Вершинин К. А. Четвертая воздушная. М.: Воениздат, 1975.

Гарина 1996 — Гарина Е. Посвящается девушкам из 202 зенитно-артиллерийского дивизиона // Женщины на защите Отечества. 1941–1945 гг. / Сост. В. И. Фесенко. Кн. 2. М.: АКАЛИС, 1996.

Гармаш 1968 — Гармаш П. Е. Анка-пулеметчица // Строки, обагренные кровью. Последнее слово павших героев / Под ред. П. Е. Гармаша, Н. Д. Лугова. Симферополь: Крым, 1968.

Гельман 1995 — Гельман П. О боях-пожарищах, о друзьях-товарищах... М.: Изд-во МГУ, 1995.

Гладков 1972 — Гладков В. Ф. Десант на Эльтиген. М.: Воениздат, 1972.

Головачев 1963 — Головачев П. Листая летную книжку // Герои и подвиги / Под ред. М. Ф. Лощица и др. Кн. 1. М.: Воениздат, 1963.

Грибанов 1971 — Грибанов С. Лиля // В небе фронтовом. Сборник воспоминаний советских летчиц — участниц Великой Отечественной войны / Под ред. М. А. Казариновой и др. 2 изд. М.: Молодая гвардия, 1971.

Джунковская 1971 — Джунковская Г. Комэск // В небе фронтовом. Сборник воспоминаний советских летчиц — участниц Великой Отечественной войны / Под ред. М. А. Казариновой и др. 2 изд. М.: Молодая гвардия, 1971.

Драбкин 2005 — Я дрался на Ил-2 / Под ред. А. В. Драбкина. М.: Яуза, 2006.

Драбкин 2007а — Я дрался на истребителе. Принявшие первый удар / Под ред. А. В. Драбкина. М.: Яуза, Эксмо, 2007.

Драбкин 2007б — Я дрался на Т-34 / Под ред. А. В. Драбкина. М.: Яуза, 2007.

Драбкин 2007в — Я дрался с панцерваффе / Под ред. А. В. Драбкина. М.: Яуза, 2007.

Драгомир 2001 — Драгомир В. В. Судьбы людские. М.: Гелиос АРВ, 2001.

Еремин, Исаков 1977 — Еремин В. Г., Исаков П. Ф. Молодежь в годы Великой Отечественной войны. М.: Мысль, 1977.

Ерусалимчик 1971 — Ерусалимчик Л. История одного вымпела // В небе фронтовом. Сборник воспоминаний советских летчиц — участниц Великой Отечественной войны / Под ред. М. А. Казариновой и др. 2 изд. М.: Молодая гвардия, 1971.

Журавлев 1988 — Журавлев Д. А. Огневой щит Москвы. 2 изд. М.: Воениздат, 1988.

Заречная 1942 — Заречная С. А. Горячее сердце. М.: Детгиз, 1942.

Захаров и др. 1985 — Источник Победы / Под ред. И. З. Захарова и др. М.: Мысль, 1985.

Злыденный 1975 — Злыденный И. Язык один — огонь по врагу! // Память огненных лет / Под ред. М. Ф. Лощица и др. М.: Воениздат, 1975. С. 76–80.

Иванова 1962 — Иванова Л. Свободный охотник // В небе фронтовом. Сборник воспоминаний советских летчиц — участниц Великой Отечественной войны / Под ред. М. А. Казариновой, А. А. Полянцевой. 1 изд. М.: Молодая гвардия, 1962. С. 219–227.

Избах 1939 — Избах А. Отважный пилот // Женщины страны социализма. М.: Политическая литература, 1939.

Казаков 1985 — Казаков М. Н. Спасибо вам за ратный труд // Рожденная войной / Под ред. Е. Н. Никифоровой. М.: Молодая гвардия, 1985. С. 135.

Казаринова 1962 — Казаринова М. А. Родина зовет! // В небе фронтовом. Сборник воспоминаний советских летчиц — участниц Великой Отечественной войны / Под ред. М. А. Казариновой, А. А. Полянцевой. 1 изд. М.: Молодая гвардия, 1962.

Казаринова, Полянцева 1962 — В небе фронтовом. Сборник воспоминаний советских летчиц — участниц Великой Отечественной войны / Под ред. М. А. Казариновой, А. А. Полянцевой. 1 изд. М.: Молодая гвардия, 1962.

Казаринова 1971 — В небе фронтовом. Сборник воспоминаний советских летчиц — участниц Великой Отечественной войны / Под ред. М. А. Казариновой и др. 2 изд. М.: Молодая гвардия, 1971.

Кетлинская 1972 — Кетлинская В. К. Мужество. М.: Молодая гвардия, 1972.

Коломиец 1967 — Коломиец Т. К. Чапаевцы стояли насмерть // У черноморских твердынь. Отдельная Приморская армия в обороне Одессы и Севастополя. Воспоминания / Под ред. В. П. Сахарова, Е. И. Жидилова, А. Д. Харитонова. М.: Воениздат, 1967.

Комаров 1990 — Государственный Комитет Обороны постановляет. Документы, воспоминания, комментарии / Под ред. Н. Я. Комарова. М.: Воениздат, 1990.

Космодемьянская 1942 — Космодемьянская Л. Т. Моя Таня. М.: Молодая гвардия, 1942.

Кравцова 1968 — Кравцова Н. От заката до рассвета. М.: Воениздат, 1968.

Кравцова 1971 — Кравцова Н. Наш командир // В небе фронтовом. Сборник воспоминаний советских летчиц — участниц Великой Отечественной войны / Под ред. М. А. Казариновой и др. 2 изд. М.: Молодая гвардия, 1971.

Кривошеев 1993 — Гриф секретности снят. Потери вооруженных сил СССР в войнах, боевых действиях и военных конфликтах. Статистическое исследование / Под ред. Г. Ф. Кривошеева. М.: Воениздат, 1993.

Крылов 1969 — Крылов Н. И. Не померкнет никогда. М.: Воениздат, 1969.

Крылов 1972 — Крылов Н. И. Об этой книге и ее авторе // Медведева З. М. Мы сражались под Одессой. Одесса: Маяк, 1972.

Кулаков 1982 — Кулаков А. С. Девушка в танковом шлеме. М.: Издательство ДОСААФ, 1982.

Кургузов 1971 — Кургузов И. П. Небо покоряется отважным. Воспоминания. М.: Воениздат, 1971.

Левченко 1964 — Левченко И. Н. Хозяйка танка. М.: Воениздат, 1964.

Левченко 1983 — Левченко И. Н. Повесть о военных годах. М.: Советская Россия, 1983.

Лелюшенко 1985 — Лелюшенко Д. Д. Москва — Сталинград — Берлин — Прага. Записки командарма. М.: Наука, 1985.

Лобковская 1995 — Лобковская Н. Была такая рота // Женщины на защите Отечества. 1941–1945 гг. / Сост. В. И. Фесенко. Кн. 1. М.: АКАЛИС, 1995.

Лоскутов 1966 — Лоскутов С. Три подруги // Герои и подвиги: В 5 кн. Кн. 4. / Под ред. М. Ф. Лощица и др. М.: Воениздат, 1966.

Лощиц 1966 — Герои и подвиги: В 5 кн. Кн. 4 / Под ред. М. Ф. Лощица. М.: Воениздат, 1966.

Максименко 2001 — Максименко К. В. Из воспоминаний // Судьбы людские / Под ред. В. В. Драгомира. М.: Гелиос АРВ, 2001.

Макунина 1962 — Макунина А. А. Первый командир полка // В небе фронтовом. Сборник воспоминаний советских летчиц — участниц Великой Отечественной войны / Под ред. М. А. Казариновой, А. А. Полянцевой. 1 изд. М.: Молодая гвардия, 1962. С. 187–191.

Малинина 1951 — Малинина А. С. Жизненный путь Марины. М.; Л.: Детгиз, 1951.

Малиновская 1936 — Малиновская М. Замечательный тридцать пятый год! // Давайте прыгать, девушки!: Рассказы девушек-парашютисток, поставивших мировой рекорд высотного прыжка. М.: Молодая гвардия, 1936.

Малькова 1962 — Малькова З. А. Из Московского Авиационного // В небе фронтовом. Сборник воспоминаний советских летчиц — участниц Великой Отечественной войны / Под ред. М. А. Казариновой, А. А. Полянцевой. 1 изд. М.: Молодая гвардия, 1962. С. 242–246.

Марков 1962 — Марков В. В. Горжусь боевыми друзьями! // В небе фронтовом. Сборник воспоминаний советских летчиц — участниц Великой Отечественной войны / Под ред. М. А. Казариновой, А. А. Полянцевой. 1 изд. М.: Молодая гвардия, 1962.

Марков 1971 — Марков В. В. Горжусь боевыми друзьями! // В небе фронтовом. Сборник воспоминаний советских летчиц — участниц Великой Отечественной войны / Под ред. М. А. Казариновой и др. 2 изд. М.: Молодая гвардия, 1971.

Маркова 1986 — Маркова Г. И. Взлет. О Герое Советского Союза М. М. Расковой. М.: Политиздат, 1968.

Медведева 1972 — Медведева З. М. Мы сражались под Одессой. Одесса: Маяк, 1972.

Меркулова 1985 — [Меркулова В.] Из дневника гвардии старшины Валентины Меркуловой // Рожденная войной / Под ред. Е. Н. Никифоровой. М.: Молодая гвардия, 1985.

Минаева и др. 1964 — Сражалась за Родину. Письма и документы героинь Великой Отечественной войны / Под ред. И. Н. Минаевой, Б. П. Тихомирова, Л. М. Чижовой. М.: Мысль, 1964.

Михайлов 1972 — Михайлов Н. А. Покой нам только снится. М.: Молодая гвардия, 1972.

Моисеенко 1985 — Моисеенко В. Боевое крещение // Рожденная войной / Под ред. Е. Н. Никифоровой. М.: Молодая гвардия, 1985.

Молочко 1965 — Молочко М. Д. Жил-был мальчишка. Из дневников и писем. Минск: Беларусь, 1965.

Молчанов 1985 — Молчанов М. За строкой оперативной сводки // Рожденная войной / Под ред. Е. Н. Никифоровой. М.: Молодая гвардия, 1985.

Мончадская 1939 — Мончадская Н. Штурман Советской авиации // Женщины страны социализма. М.: Политическая литература, 1939.

Морозова 2000 — Морозова Н. Москвички-добровольцы // Женщины на защите Отечества. 1941–1945 гг. Кн. 3 / Сост. В. И. Фесенко. М.: АКАЛИС, 2000.

Наровчатов 1965 — Наровчатов С. Слово о друге // Молочко М. Жил-был мальчишка. Из дневников и писем. Минск; Беларусь, 1965.

Насыпова 1985 — Насыпова Н. Помните, девочки? // Рожденная войной / Под ред. Е. Н. Никифоровой. М.: Молодая гвардия, 1985. С. 125.

Некрасов 1975 — О друзьях-товарищах. Сборник воспоминаний бойцов и командиров 3-й Московской коммунистической стрелковой дивизии / Сост. Т. К. Некрасов. Изд. 2-е, доп. и испр. М.: Московский рабочий, 1975. М.: Московский рабочий, 1975.

Никифорова 1985 — Рожденная войной / Под ред. Е. Н. Никифоровой. М.: Молодая гвардия, 1985.

Никулина 1985 — Никулина (Шпак) Т. Приближался прекрасный месяц май // Рожденная войной / Под ред. Е. Н. Никифоровой. М.: Молодая гвардия, 1985. С. 116.

Орлова 1983 — Орлова Р. Д. Воспоминания о непрошедшем времени. Ann Arbor: Ardis, 1983.

Осипенко, Осипенко 1940 — Осипенко П. Д., Осипенко А. С. От мотыги к сталинскому самолету // Октябрь. 1940. № 6–7.

Остряков 1937 — Остряков С. Что требует Комсомол от комсомольца. М.: Молодая гвардия, 1937.

Павленко 1937 — Павленко П. На Востоке. М.: Советский писатель, 1937.

Павленко, Эйзенштейн 1938 — Павленко П., Эйзенштейн С. М. Александр Невский. Сценарий, представленный в Комитет по кинематографии Совета Народных комиссаров 23 ноября 1938 г. Изд. № 2654, 1938.

Павличенко 1958 — Павличенко Л. М. Героическая быль. М.: Политиздат, 1958.

Паспортникова 1971 — Паспортникова И. Герои не умирают // В небе фронтовом. Сборник воспоминаний советских летчиц — участниц Великой Отечественной войны / Под ред. М. А. Казариновой и др. 2 изд. М.: Молодая гвардия, 1971.

Покрышкин 1970 — Покрышкин А. И. Небо войны. М.: Воениздат, 1970.

Ракобольская 1995а — Ракобольская И. В. Кто они, герои войны? // Руднева Е. Пока стучит сердце: Дневники и письма Героя Советского Союза Евгении Рудневой. 3 изд. М.: Изд-во МГУ, 1995.

Ракобольская 1995б — Ракобольская И. В. Послесловие // Руднева Е. Пока стучит сердце: Дневники и письма Героя Советского Союза Евгении Рудневой. 3 изд. М.: Изд-во МГУ, 1995.

Ракобольская 2002 — Ракобольская И. В. Другого такого полка не было // Ракобольская И. В., Кравцова Н. Ф. Нас называли ночными ведьмами. М.: Изд-во МГУ, 2002.

Раскова 1939 — Раскова М. М. Записки штурмана. М.: Молодая гвардия, 1939.

Рубинштейн 2001 — Рубинштейн Л. М. Исповедь счастливого альпиниста: несчастливых альпинистов уже нет. СПб.: Искусство России, 2001.

Руднева 1995 — Руднева Е. Пока стучит сердце: Дневники и письма Героя Советского Союза Евгении Рудневой. 3 изд. М.: Изд-во МГУ, 1995.

Самойлов 1995 — Самойлов Д. Памятные записки. М.: Международные отношения, 1995.

Симонов 1950 — Симонов К. Парень из нашего города // Симонов К. Пьесы. М.: Советский писатель, 1950. С. 3–80.

Симонов 1990 — Симонов К. Глазами человека моего поколения. Размышления о И. В. Сталине. М.: Книга, 1990.

Симонов 1960 — Симонов К. Живые и мертвые. М.: Советский писатель, 1960.

Симонов 1982 — Симонов К. Живые и мертвые. Книга вторая. Солдатами не рождаются. М.: Просвещение, 1982.

Словохотова 1962 — Словохотова Н. А. Боевой счет открыт // В небе фронтовом. Сборник воспоминаний советских летчиц — участниц Великой Отечественной войны / Под ред. М. А. Казариновой, А. А. Полянцевой. 1 изд. М.: Молодая гвардия, 1962. С. 192–197.

Словохотова 1971 — Словохотова Н. Боевой счет открыт // В небе фронтовом. Сборник воспоминаний советских летчиц — участниц Великой Отечественной войны / Под ред. М. А. Казариновой и др. 2 изд. М.: Молодая гвардия, 1971.

Смирнова-Медведева 1967 — Смирнова-Медведева З. М. Опаленная юность. Военные мемуары. М.: Воениздат, 1967.

Смородкин 1969 — Смородкин С. Алия // Героини: очерки о женщинах — Героях Советского Союза / Под ред. Л. Ф. Торопова. Вып. 1. М.: Политиздат, 1969.

Смородкин 1985 — Смородкин С. Алия // Рожденная войной / Под ред. Е. Н. Никифоровой. М.: Молодая гвардия, 1985.

Соловей 1985 — Соловей Н. Мы дали клятву Родине // Рожденная войной / Под ред. Е. Н. Никифоровой. М.: Молодая гвардия, 1985.

Соловей, Успенская 1985 — Соловей Н., Успенская Е. Об авторе-составителе этой книги Екатерине Никифоровне Никифоровой // Рожденная войной / Под ред. Е. Н. Никифоровой. М.: Молодая гвардия, 1985.

Софронов 1967 — Софронов Г. П. Одесский плацдарм // У черноморских твердынь. Отдельная Приморская армия в обороне Одессы и Севастополя. Воспоминания / Под ред. В. П. Сахарова, Е. И. Жидилова, А. Д. Харитонова. М.: Воениздат, 1967.

Суджан 1975 — Суджан Л. Зенитчицы // Память огненных лет / Под ред. М. Ф. Лощица и др. М.: Воениздат, 1975. С. 114–117.

Сычева 1989 — Сычева Т. А. По зову сердца. Киев: Молодь, 1989.

Таненбаум 2000 — Таненбаум И. Три судьбы // Женщины на защите Отечества. 1941–1945 гг. Кн. 3 / Сост. В. И. Фесенко. М.: АКАЛИС, 2000.

Тимофеева-Егорова 1983 — Тимофеева-Егорова А. А. Держись, сестренка! М.: Воениздат, 1983.

Тяжкун 1996 — Тяжкун Н. Подвиги сибирячек // Женщины на защите Отечества. 1941–1945 гг. Кн. 2 / Сост. В. И. Фесенко. М.: АКАЛИС, 1996.

Усенко, Бородин 1996 — Русский архив. Великая Отечественная война: приказы и директивы Народного комиссара ВМФ. 1941–1945 гг. Т. 21 (10) / Авт.-сост. Н. В. Усенко, Н. И. Бородин. М.: Терра, 1996.

Ушакова 1985 — Ушакова (Кошевая) А. «Не думая о славе...» // Рожденная войной / Под ред. Е. Н. Никифоровой. М.: Молодая гвардия, 1985.

Хоробрых 1989 — Хоробрых А. М. Главный маршал авиации А. А. Новиков. М.: Воениздат, 1989.

Хренов 1975 — Хренов А. Пулеметчица Зоя // Память огненных лет / Под ред. М. Ф. Лощица и др. М.: Воениздат, 1975. С. 212–215.

Чалая 1971 — Чалая Д. На посту // В небе фронтовом. Сборник воспоминаний советских летчиц — участниц Великой Отечественной войны / Под ред. М. А. Казариновой и др. 2 изд. М.: Молодая гвардия, 1971.

Чечнева 1976 — Чечнева М. П. Небо остается нашим. М.: Воениздат, 1976.

Чудакова 1965 — Чудакова В. В. Чижик — птичка с характером. Л.: Лениздат, 1965.

Чудакова 1980 — Чудакова В. В. Ратное счастье. М.: Воениздат, 1980.

Чуйков 1975 — Чуйков В. И. Сражение века. М.: Советская литература, 1975.

Шарапов 1995 — Шарапов Ю. Лицей в Сокольниках: Очерк истории ИФЛИ. М.: АИРО XX, 1995.

Яковлева 1962 — Яковлева О. А. На истребителе // В небе фронтовом. Сборник воспоминаний советских летчиц — участниц Великой Отечественной войны / Под ред. М. А. Казариновой, А. А. Полянцевой. 1 изд. М.: Молодая гвардия, 1962. С. 205–208.

Якушева 1985 — Якушева (Марьенккина) О. Освобождая города и села // Рожденная войной / Под ред. Е. Н. Никифоровой. М.: Молодая гвардия, 1985.

Noggle 1994 — A Dance with Death. Soviet Airwomen in World War II / Ed. by A. Noggle. College Station: Texas University Press, 1994.

Pavlichenko 1942 — Pavlichenko L. Lieutenant Liudmila Pavlichenko to the American People // Soviet Russia Today. 1942. October. № 9–10.

Литература

Андроников и др. 2005 — Действующая армия: науч.-справ. изд. / Под ред. Н. Г. Андроникова, Т. С. Бушуевой, В. В. Гнездилова. Жуковский; М.: Кучково поле; Amini Fortitudo, 2005.

Гареев 1999 — Гареев М. А. Неудачи на западном направлении // Великая Отечественная война 1941–1945. Кн. 3 / Под ред. В. А. Золотарева и др. М.: Наука, 1999. С. 10–19.

Золотарев 1998–1999 — Великая Отечественная война 1941–1945. Кн. 1–3 / Под ред. В. А. Золотарева. М.: Наука, 1998–1999.

Зубкова 1993 — Зубкова Е. Ю. Общество и реформы. 1945–1964. М.: Россия молодая, 1993.

Зюзин 1998 — Зюзин Е. И. Смоленское сражение // Великая Отечественная война 1941–1945. Кн. 1 / Под ред. В. А. Золотарева и др. М.: Наука, 1998. С. 169–184.

Иванова 2002 — Иванова Ю. Н. Храбрейшие из прекрасных: Женщины России в войнах. М.: РОССПЭН, 2002.

Ковалев 1975 — Ковалев И. Я. Комсомол и оборона Родины, 1921–1941. Киев: Вища школа, 1975.

Крылова 2000 — Крылова А. Советское личное: «семейно-бытовая» тема в предвоенной советской литературе // Соцреалистический канон / Под ред. Х. Гюнтера, Е. Добренко. СПб.: Академический проект, 2000. С. 803–813.

Куманев 1999 — Куманев Г. А. Военная экономика // Великая Отечественная война 1941–1945. Кн. 3 / Под ред. В. А. Золотарева и др. М.: Наука, 1999. С. 341–347.

Мурманцева В. С. Ратный и трудовой подвиг // Военно-исторический журнал. 1985. № 5.

Мурманцева 1971 — Мурманцева В. С. Женщины в солдатских шинелях. М.: Воениздат, 1971.

Мурманцева 1979 — Мурманцева В. С. Советские женщины в Великой Отечественной войне, 1941–1945. М.: Мысль, 1979.

Мурманцева 1985 — Мурманцева В. С. Ратный и трудовой подвиг советских женщин (1941–1945 гг.) // Военно-исторический журнал. 1985. № 5.

Невзоров 1998 — Невзоров Б. И. Зимнее наступление под Москвой // Великая Отечественная война 1941–1945. Кн. 1 / Под ред. В. А. Золотарева и др. М.: Наука, 1998. С. 285–318.

Растренин 2005 — Растренин О. В. Главная ударная сила // Я дрался на Ил-2 / Под ред. А. В. Драбкина. М.: Яуза, 2005. С. 296–414.

Раманичев 1998 — Раманичев Н. М. Тяжелые бои на Украине // Великая Отечественная война 1941–1945. Кн. 1 / Под ред. В. А. Золотарева и др. М.: Наука, 1998. С. 184–197.

Слезкин 2001 — Слезкин Ю. Л. СССР как коммунальная квартира, или Каким образом социалистическое государство поощряло этническую обособленность // Американская русистика: вехи историографии последних лет. Советский период: Антология / Сост. Дж. Маджеска. Самара: Самарский университет, 2001. С. 329–374.

Соколов 1998 — Соколов А. М. Нашествие // Великая Отечественная война 1941–1945. Кн. 1 / Под ред. В. А. Золотарева и др. М.: Наука, 1998. С. 129–168.

Карасева 1958 — Карасева Л. Клавдия Ивановна Николаева // Славные большевички / Под ред. Е. Д. Стасовой. М.: Политиздат, 1958. С. 229–242.

Стайтс 2004 — Стайтс Р. Женское освободительное движение в России: Феминизм, нигилизм и большевизм, 1860–1930 / Пер. с англ. И. А. Школьникова, О. В. Шныровой. М.: РОССПЭН, 2004.

Фассел 2015 — Фассел П. Великая война и современная память / Пер. с англ. А. Глебовской. СПб.: Европейский ун-т в Санкт-Петербурге, 2015.

Энгель 2022 — Энгель Б. Женщины в России. 1700–2000 / Пер. с англ. О. Полей. Бостон; СПб.: Academic Studies Press; Библиороссика, 2022.

Attwood 1999 — Attwood L. Creating the New Soviet Woman: Women's Magazines as Engineers of Female Identity, 1922–1953. London: Macmillan, 1999.

Barker, Gheith 2002 — A History of Women's Writing in Russia / Ed. by A. M. Barker, J. M. Gheith. Cambridge, UK; New York: Cambridge University Press, 2002.

Bartov 1985 — Bartov O. The Eastern Front, 1941–45, German Troops and the Barbarisation of Warfare. Oxford: MacMillan, 1985

Bartov 1991 — Bartov O. Hitler's Army: Soldiers, Nazis, and War in the Third Reich. New York: Oxford University Press, 1991.

Bartov et al. 2002 — Crimes of War: Guilt and Denial in the Twentieth Century / Ed. by O. Bartov, A. Grossman, M. Nolan. New York: New Press, 2002.

Bonnell 1997 — Bonnell V. E. Iconography of Power: Soviet Political Posters under Lenin and Stalin. Berkeley: University of California Press, 1997.

Borenstein 2000 — Borenstein E. Men Without Women: Masculinity and Revolution in Russian Fiction, 1917–1929. Durham, NC, and London: Duke University Press, 2000.

Bourke 1996 — Bourke J. Dismembering the Male: Men's Bodies, Britain and the Great War. Chicago: The University of Chicago Press, 1996.

Boydston 2008 — Boydston J. Gender as a Question of Historical Analysis // Gender and History. 2008. November. Vol. 20. № 3. P. 558–583.

Brooks 2000 — Brooks J. Thank You, Comrade Stalin! Soviet Public Culture From Revolution to Cold War. Princeton, NJ: Princeton University Press, 2000.

Butler 1990 — Butler J. Gender Trouble: Feminism and the Subversion of Identity. New York: Routledge, 1990.

Campbell 1993 — Campbell D. Women in Combat: The World War II. Experience in the United States, Great Britain, Germany, and the Soviet Union // The Journal of Military History. 1993. April. P. Vol. 57, № 2. P. 301–323.

Canning 2006 — Canning K. Gender History in Practice: Historical Perspectives on Bodies, Class and Citizenship. Ithaca, NY: Cornell University Press, 2006.

Chatterjee 2000 — Chatterjee Ch. Soviet Heroines and Public Identities, 1930–1939. Pittsburgh: University of Pittsburg Press, 2000.

Chatterjee, Petrone — Chatterjee Ch., Petrone K. Models of Selfhood and Subjectivity: The Soviet Case in Historical Perspective // Slavic Review. 2008. Winter. Vol. 67. № 4. P. 967–986.

Conze, Fieseler — Conze S., Fieseler B. Soviet Women as Comrades-in-Arms: A Blind Spot in the History of the War // The People's War. Responses to World War II in the Soviet Union / Ed. by B. Bonwetsch, R. W. Thurston. Urbana; Chicago: University of Illinois Press, 2000.

Cottam 1980 — Cottam K. J. Soviet Women in Combat in World War II: The Ground/Air Defense Forces // Women in Eastern Europe and the Soviet Union / Ed. by T. Yedlin. New York: Praeger, 1980.

DeGroot 1997 — DeGroot G. J. Whose Finger on the Trigger? Mixed Antiaircraft Batteries and the Female Combat Taboo // War in History. 1997. Vol. 4, № 4. P. 434–453.

DeGroot, Peniston-Bird 2000 — A Soldier and a Woman: Sexual Integration in the Military / Ed. by G. J. DeGroot, C. Peniston-Bird. Harlow, UK; New York: Longman, 2000.

Dobrenko, Young 2007 — Dobrenko E., Young S. Creation Myth and Myth Creation in Stalinist Cinema // Studies in Russian and Soviet Cinema. 2007. August. № 3. P. 239–264.

Dombrowski 1999 — Women and War in the 20th Century: Enlisted with or without Consent / Ed. by N. Dombrowski. New York: Garland Press, 1999.

Edele 2008 — Edele M. Soviet Veterans of the Second World War. A Popular Movement in an Authoritarian Society 1941–1991. Oxford; New York: Oxford University Press, 2008.

Edele, Geyer 2009 — Edele M., Geyer M. States of Exception: The Nazi-Soviet War as a System of Violence, 1939–1945 // Beyond Totalitarianism: Stalinism and Nazism Compared / Ed. by M. Geyer, Sh. Fitzpatrick. Cambridge; New York: Cambridge University Press, 2009. P. 345–395.

Engel 1999 — Engel B. A. «The Womanly Face of War»: Soviet Women Remember World War II // Women and War in the 20th Century: Enlisted with or without Consent / Ed. by N. Dombrowski. New York: Garland Press, 1999.

Engel 2004 — Engel B. A. Women in Russia, 1700–2000. New York: Cambridge University Press, 2004.

Erickson 1975 — Erickson J. The Road to Stalingrad. New York: Harper & Row, 1975.

Erickson 1983 — Erickson J. The Road to Berlin. Continuing the History of Stalin's War with Germany. Boulder, CO: Westview Press, 1983.

Erickson 1993 — Erickson J. Soviet Women at War // World War 2 and the Soviet People / Ed. by C. Garrard, J. Garrard. New York: St. Martin's Press, 1993. P. 50–76.

Erickson 1997 — Erickson J. Red Army Battlefield Performance, 1941–45: The System and the Soldier // Time to Kill. The Soldier's Experience of War in the West, 1939–1945 / Ed. by P. Addison, A. Calder. London: Pimlico, 1997. P. 233–248.

Fisher 1959 — Fisher R. T. Pattern for Soviet Youth: A Study of the Congresses of the Komsomol, 1918–1954. New York: Columbia University Press, 1959.

Fitzpatrick 1993 — Fitzpatrick Sh. Ascribing Class: The Construction of Social Identity in Soviet Russia // Journal of Modern History. 1993. Vol. 65. №. 4. P. 745-770.

Fitzpatrick 2006 — Fitzpatrick Sh. The Two Faces of Anastasia: Narratives and Counter- Narratives of Identity in Stalinist Everyday Life // Everyday Life in Early Soviet Russia: Taking the Revolution Inside / Ed. by Ch. Kiaer, E. Naiman. Bloomington: Indiana University Press, 2006.

Fritz 1995 — Fritz S. G. Frontsoldaten. The German Soldier in World War II. Lexington, KY: The University Press of Kentucky, 1995.

Fussel 1989 — Fussel P. Wartime: Understanding and Behavior in the Second World War. New York; Oxford: Oxford University Press, 1989.

Fussel 2003 — Fussel P. The Boys' Crusade: The American Infantry in Northwestern Europe, 1944-1945. New York: A Modern Library Chronicles Book / The Modern Library, 2003.

Glantz 2005 — Glantz D. M. Colossus Reborn: The Red Army at War, 1941-1943. Lawrence, KS: University Press of Kansas, 2005.

Goldman 1982 — Female Soldiers — Combatants or Non-Combatants? Historical and Contemporary Perspectives / Ed. by N. L. Goldman. Westport, CT: Greenwood Press, 1982.

Goldman 1993 — Goldman W. Z. Women, the State, and Revolution: Soviet Family Policy and Social Life, 1917-1936. New York: Cambridge University Press, 1993.

Goldman 2002 — Goldman W. Z. Women at the Gates: Gender and Industry in Stalin's Russia. Cambridge, UK; New York: Cambridge University Press, 2002.

Gorsuch 2000 — Gorsuch A. E. Youth in Revolutionary Russia: Enthusiasts, Bohemians, Delinquents. Bloomington: Indiana University Press, 2000.

Goscilo, Holmgren 1996 — Russia, Women, Culture / Ed. by H. Goscilo, B. Holmgren. Bloomington: Indiana University Press, 1996.

Griesse, Stites 1982 — Griesse A. E., Stites R. Russia: Revolution and War // Female Soldiers — Combatants or Non-Combatants? Historical and Contemporary Perspectives / Ed. by N. L. Goldman. Westport, CT: Greenwood Press, 1982.

Harrison 2000 — Harrison M. Wartime Mobilization: A German Comparison // The Soviet Defence-Industry Complex from Stalin to Khrushchev / Ed. by J. Barber, M. Harrison. London; Basingstoke: Macmillan, 2000. P. 99-117.

Hellbeck 2006 — Hellbeck J. Revolution on My Mind: Writing a Diary Under Stalin. Cambridge, MA: Harvard University Press, 2006.

Hicks 2005 — Hicks J. The International Reception of Early Soviet Sound Cinema: Chapaev in Britain and America // Historical Journal of Film, Radio and Television. 2005. June. Vol. 25, № 2. P. 273–289.

Higgonet 1987 — Higgonet M. R. Behind the Lines: Gender and the Two World Wars. New Haven, CT: Yale University Press, 1987.

Hoffmann 2000 — Hoffmann D. L. Mothers in the Motherland: Stalinist Pronatalism in Its Pan-European Context // Journal of Social History. 2000. Fall. Vol. 34. № 1. P. 35–54.

Hoffmann 2003 — Hoffmann D. L. Stalinist Values: The Cultural Norms of Soviet Modernity. Ithaca, NY; London: Cornell University Press, 2003.

Holmgren 1993 — Holmgren B. Women's Works in Stalin's Time: On Lidiia Chukovskaia and Nadezhda Mandelstam. Bloomington; Indianapolis: Indiana University Press, 1993.

Ilic 2008 — Ilic M. Soviet Women and Civil Defense Training in the 1930s // Minerva Journal of Women and War. 2008. Spring. Vol. 2, № 1. P. 100–113.

Keegan 1976 — Keegan J. The Face of Battle. Harmondsworth: Penguin Books, 1976.

Kirschenbaum 2006 — Kirschenbaum L. A. The Legacy of the Siege of Leningrad, 1941–1995: Myth, Memories, and Monuments. New York: Cambridge University Press, 2006.

Kirshin 1997 — Kirshin Y. Y. The Soviet Armed Forces on the Eve of the Great Patriotic War // From Peace to War: Germany, Soviet Russia and the World, 1939–1941 / Ed. by B. Wegner. Providence; Oxford: Berghahn Books, 1997. P. 381–394.

Koonz 2003 — Koonz C. The Nazi Conscience. Cambridge, MA: Belknap Press, 2003.

Kotkin 1995 — Kotkin S. Magnetic Mountain: Stalinism as a Civilization. Berkeley: University of California Press, 1995.

Krylova 2010 — Krylova A. Neither Erased nor Remembered: Soviet «Women Combatants» and Cultural Strategies of Forgetting in Soviet Russia, 1940s–1980s // Histories of the Aftermath: The Legacies of the Second World War in Europe / Ed. by F. Biess F., R. G. Moeller. New York: Berghahn Books, 2010. P. 83–101.

Krylova 2016 — Krylova A. Gender Binary and the Limits of Poststructuralist Method // Gender History. 2016. August. Vol. 28, № 2. P. 307–323.

Krylova 2017a — Krylova A. Bolshevik Feminism and Gender Agendas of Communism // The Cambridge History of Communism / Ed. by S. Pons, S. Smith. Cambridge University Press, 2017. P. 424–448.

Krylova 2017b — Krylova A. Imagining Socialism in the Soviet Century // Social History. 2017. August. Vol. 42, № 3. P. 315–341.

Kuhne 2002 — Kuhne Th. Comradeship: Gender Confusion and Gender Order in the German Military, 1918–1945 // Home/Front: The Military, War and Gender in 20th Century Germany / Ed. by K. Hagemann. Oxford, New York: Berg Publishers, 2002. P. 233–254.

Leed 1979 — Leed E. No Man's Land: Combat and Identity in World War 1. Cambridge; New York: Cambridge University Press, 1979.

Leyda 1960 — Leyda J. Kino. A History of the Russian and Soviet Film. New York: Collier Books, 1960.

Linderman 1997 — Linderman G. F. The World Within War. America's Combat Experience in World War II. New York: Free Press, 1997.

Maier 1988 — Maier Ch. S. The Unmasterable Past: History, Holocaust, and German National Identity. Cambridge, MA: Harvard University Press, 1988.

Markwick 2008 — Markwick R. «A Sacred Duty»: Red Army Women Veterans Remembering the Great Fatherland War, 1941–1945 // Recalling the Past — Reconstructing the Past: Collective and Individual Memory of World War II in Russia and Germany / Ed. by W. Bonner, A. Rosenholm. Jyväskylä, Finland: Aleksanteri Institute, 2008.

Mawdsley 2005 — Mawdsley E. Thunder in the East. The Nazi-Soviet War, 1941–1945. London: Hodder Arnold, 2005.

Merridale 2006 — Merridale C. Ivan's War: Life and Death in the Red Army, 1939–1945. New York: Metropolitan Books, 2006.

Merryman 1998 — Merryman M. Clipped Wings: The Rise and Fall of the Women Airforce Service Pilots (WASPs) of World War II. New York: New York University Press, 1998.

Meyer 1996 — Meyer L. D. Creating GI Jane: Sexuality and Power in the Women's Army Corps During World War II. New York: Columbia University Press, 1996.

Michaels 2001 — Michaels P. Motherhood, Patriotism, and Ethnicity: Soviet Kazakhstan and the 1936 Abortion Ban // Feminist Studies. 2001. Summer. Vol. 27. № 2. P. 307–333.

Mohanty 1991 — Mohanty Ch. Under Western Eyes: Feminist Scholarship and Colonial Discourses // Third World Women and the Politics of Feminism / Ed. by Ch. Mohanty et al. Bloomington: Indiana University Press, 1991. P. 51–80.

Moi 1999 — Moi T. What Is a Woman? And Other Essays. Oxford; New York: Oxford University Press, 1999.

Naiman 2002 — Naiman E. Discourse Made Flesh: Healing and Terror in the Construction of Soviet Subjectivity // Language and Revolution: Making Modern Political Identities / Ed. by I. Halfin. London, Portland, OR: Frank Cass, 2002. P. 287–316.

Naimark 1995 — Naimark N. M. The Russians in Germany: A History of the Soviet Zone of Occupation, 1945–1949. Cambridge, MA: Belknap Press of Harvard University Press, 1995.

Neary 1999 — Neary R. B. Mothering Socialist Society: The Wife-Activists' Movement and the Soviet Culture of Daily Life, 1934–41 // The Russian Review. 1999. July. Vol. 58, № 3. P. 396–412.

Nikonova 2008 — Nikonova O. Soviet Amazons: Women Patriots During Prewar Stalinism // Minerva Journal of Women and War. 2008. Spring. Vol. 2, № 1. P. 84–99.

Northrop 2004 — Northrop D. Veiled Empire: Gender and Power in Stalinist Central Asia. Ithaca, NY: Cornell University Press, 2004.

Paynich 2008 — Paynich T. Celebrities or Scapegoats: Women in Prewar Soviet Aviation // Minerva Journal of Women and War. 2008. Spring. Vol. 2, № 1. P. 75–80.

Pennington 2001 — Pennington R. Wings, Women, and War: Soviet Airwomen in World War II Combat. Lawrence, KS: University Press of Kansas, 2001.

Petrone 2000 — Petrone K. Life Has Become More Joyous, Comrades: Celebrations in the Time of Stalin. Bloomington: Indiana University Press, 2000.

Priestland 2007 — Priestland D. Stalinism and the Politics of Mobilization: Ideas, Power, and Terror in Inter-War Russia. Oxford; New York: Oxford University Press, 2007.

Reese 2000 — Reese R. R. The Soviet Military Experience. A History of the Soviet Army, 1917–1991. London; New York: Routledge, 2000.

Reese 2005 — Reese R. R. Red Commanders. A Social History of the Soviet Army Officer Corps, 1918–1991. Lawrence, KS: University Press of Kansas, 2005.

Roberts 1994 — Roberts M. L. Civilization without Sexes: Reconstructing Gender in Postwar France, 1917–1927. Chicago: University of Chicago Press, 1994.

Roberts 2002 — Roberts M. L. Disruptive Acts: The New Woman in fin-de-siècle France. Chicago: The University of Chicago Press, 2002.

Rose 2003 — Rose S. O. Which People's War? National Identity and Citizenship in Britain 1939–1945. Oxford: Oxford University Press, 2003.

Rowley 2008 — Rowley A. Masha Grab Your Gun: 1930s Images of Soviet Women and the Defense of Their Country // Minerva Journal of Women and War. 2008. Spring. Vol. 2, № 1. P. 54–69.

Samuelson 2000 — Samuelson L. Plans for Stalin's War Machine: Tukhachevskii and Military-Economic Planning, 1925–1941. New York: St. Martin's Press, 2000.

Sapir 1997 — Sapir J. The Economics of War in the Soviet Union during World War II // Stalinism and Nazism: Dictatorships in Comparison / Ed. by I. Kershaw, M. Lewin. Cambridge: Cambridge University Press, 1997. P. 208–236.

Scott 1986 — Scott J. W. Gender: A Useful Category of Historical Analysis // American Historical Review. 1986. December. Vol. 91, № 5. P. 1053–1075.

Scott 2001 — Scott J. W. Fantasy Echo: History and the Construction of Identity // Critical Inquiry. 2001. Vol. 27. № 2. P. 284–304.

Shulman 2008 — Shulman E. Stalinism on the Frontier of Empire: Women and State Formation in the Soviet Far East. Cambridge; New York: Cambridge University Press, 2008.

Simpkin 1987 — Simpkin R. E. Deep Battle: The Brainchild of Marshal Tukhachevskii. London; Washington: Brassey's Defence, 1987.

Slezkine 1994 — Slezkine Y. The Soviet Union as a Communal Apartment, or How a Socialist State Promoted Ethnic Particularism // Slavic Review. 1994. Vol. 53. № 2. P. 414–452.

Stites 1988 — Stites R. The Women's Liberation Movement in Russia: Feminism, Nihilism and Bolshevism (1860–1930). Princeton, NJ: Princeton University Press, 1988.

Stites 1992 — Stites R. Russian Popular Culture: Entertainment and Society since 1900. Cambridge, England; New York: Cambridge University Press, 1992

Strachan 1983 — Strachan H. European Armies and the Conduct of War. London; Boston, MA: Allen & Unwin, 1983.

Summerfield, Peniston-Bird 2007 — Summerfield P., Peniston-Bird C. Contesting Home Defense: Men, Women and the Home Guard in the Second World War. Manchester, UK, New York: Manchester University Press, 2007.

Suny 1988 — Suny R. G. The Making of the Georgian Nation. Bloomington: Indiana University Press, 1988.

Tumarkin 1994 — Tumarkin N. The Living and the Dead: The Rise and Fall of the Cult of World War II in Russia. New York: Basic Books, 1994.

Tuten 1982 — Tuten J. M. Germany and the World Wars // Female Soldiers — Combatants or Non-Combatants? Historical and Contemporary

Perspectives / Ed. by N. L. Goldman. Westport, CT: Greenwood Press, 1982. P. 47–60.

von Hagen 1990 — von Hagen M. Soldiers in the Proletarian Dictatorship: The Red Army and the Soviet Socialist State, 1917–1930. Ithaca, NY: Cornell University Press, 1990.

Walkowitz 1992 — Walkowitz J. R. City of Dreadful Delight: Narratives of Sexual Danger in Late-Victorian London. Chicago: University of Chicago Press, 1992.

Warner 1999 — Warner M. The Trouble with Normal: Sex, Politics and the Ethics of Queer Life. New York: Free Press, 1999.

Wegner 1990 — Wegner B. The Road to Defeat: The German Campaigns in Russia, 1941–1943 // Journal of Strategic Studies. 1990. Vol. 13, № 1. P. 105–127.

Weiner 2001 — Weiner A. Making Sense of War: The Second World War and the Fate of the Bolshevik Revolution. Princeton, NJ: Princeton University Press, 2001.

White 1987 — White H. The Content of the Form: Narrative Discourse and Historical Representation. Baltimore: Johns Hopkins University Press, 1987.

Wingfield, Bucur 2006 — Gender and War in Twentieth-Century Eastern Europe / Ed. by N. M. Wingfield, M. Bucur. Bloomington: Indiana University Press, 2006.

Wood 1997 — Wood E. A. The Baba and the Comrade. Gender and Politics in Revolutionary Russia. Bloomington: Indiana University Press, 1997.

Youngblood 2007 — Youngblood D. J. Russian War Films: On the Cinema Front, 1914–2005. Lawrence: University Press of Kansas, 2007.

Ziemke, Bauer 1987 — Ziemke E. F., Bauer M. E. Moscow to Stalingrad: Decision in the East. Washington, D.C.: Center of Military History, U.S. Army, 1987.

Оглавление

Введение. Женщина-ветеран как мемуарист Великой Отечественной войны 7

Часть первая. До фронта. 1930-е годы

Глава 1. Портрет девушки как солдата-гражданина 27

Часть вторая. На пути к фронту. 1941–1945

Глава 2. «А мы и есть бойцы!» Женщины-добровольцы в 1941 году 91

Глава 3. «Исключительный» призыв 1941 года 131

Глава 4. По приказу государства 161

Часть третья. На фронте. 1941–1945

Глава 5. Женщина-боец в 1941 году 199

Глава 6. «Женщина-командир — это здорово!» Красная армия в 1942–1945 годах 229

Глава 7. «Рожденная войной». Новая гендерная культура на передовой 271

Заключение 329

Приложение 340

Библиография 342

Научное издание

Анна Крылова
ЖЕНЩИНА, СОЦИАЛИЗМ И ВОЙНА

Директор издательства *И. В. Немировский*
Ответственный редактор *И. Белецкий*
Куратор серии *Р. Борисова*
Заведующая редакцией *И. Емельянова*

Дизайн *И. Граве*
Редактор *Р. Рудницкий*
Корректоры *А. Филимонова, И. Манлыбаева*
Верстка *Е. Падалки*

Подписано в печать 30.09.2025.
Формат издания 60 × 90 $^1/_{16}$. Усл. печ. л. 22,6.
Тираж 200 экз.

Academic Studies Press
1577 Beacon Street, Brookline, MA 02446 USA
https://www.academicstudiespress.com

ООО «Библиороссика».
198207, г. Санкт-Петербург, а/я № 8

Эксклюзивные дистрибьюторы:
ООО «Караван»
ООО «КНИЖНЫЙ КЛУБ 36.6»
http://www.club366.ru
Тел./факс: 8(495)9264544
e-mail: club366@club366.ru

Книги издательства можно купить
в интернет-магазине: www.bibliorossicapress.com
e-mail: sales@bibliorossicapress.ru

Знак информационной продукции согласно
Федеральному закону от 29.12.2010 № 436-ФЗ

www.ingramcontent.com/pod-product-compliance
Lightning Source LLC
Chambersburg PA
CBHW052044220426
43663CB00012B/2435